文艺风云书系

程光炜 著

文学想像与文学国家

——中国当代文学研究（1949~1976）

河南大学出版社

图书在版编目(CIP)数据

文学想像与文学国家:中国当代文学研究:1949~1976/程光炜著.—开封:河南大学出版社,2005.4
(文艺风云书系)
ISBN 7-81091-332-8

Ⅰ.文… Ⅱ.程… Ⅲ.当代文学-文学研究-中国-1949~1976 Ⅳ.I206.7

中国版本图书馆 CIP 数据核字(2005)第 023137 号

出 版 人	王刘纯
责任编辑	袁喜生
责任校对	和彩霞
责任印制	王 慧
装帧设计	张 胜

出 版	河南大学出版社
	地址:河南省开封市明伦街 85 号　邮编:475001
	电话:0378-2864669(行管部)　0378-2825001(营销部)
	网址:www.hupress.com　E-mail:bangong@hupress.com
经 销	河南省新华书店
排 版	河南大学出版社印务公司
印 刷	河南省瑞光印务股份有限公司
版 次	2005 年 5 月第 1 版　　印 次　2005 年 5 月第 1 次印刷
开 本	650mm×960mm　1/16　　印 张　14.5
字 数	210 千字
印 数	1-3000 册

ISBN 7-81091-332-8/I·238　　　定　价:22.00 元

(本书如有印装质量问题请与河南大学出版社营销部联系调换)

目　录

导论：文学思潮与现代性 …………………………………… （1）

第一编　文学形象的"重构"

第一章　知识者、文化气候与本土化倾向………………… （19）
　　一　尝试"知识考古学" …………………………………（19）
　　二　规训与矛盾 ……………………………………………（24）
　　三　想像的差异性 …………………………………………（29）
　　四　本土化的历程 …………………………………………（35）

第二章　农民形象的"经典化"……………………………… （40）
　　一　怎样对"农民"定义 …………………………………（40）
　　二　寻求"本质化" ………………………………………（45）
　　三　超越赵树理 ……………………………………………（51）

第三章　英雄：走出历史的现代修辞……………………… （59）
　　一　"官逼民反"的小说原义 ……………………………（60）
　　二　英雄的型构 ……………………………………………（63）
　　三　"单向度"的问题 ……………………………………（68）
　　四　如何"重进"文学史 …………………………………（72）

第四章　论"反面"人物的形成…………………………… （77）
　　一　最初的分类 ……………………………………………（77）
　　二　进入文学的经典画廊 …………………………………（81）

三　人物称谓的再修改 …………………………………… (86)
　　四　命名的意义 …………………………………………… (90)

第二编　民族国家的叙事

第五章　关于"历史"的叙事 ………………………………… (97)
　　一　客观性和能指性 ……………………………………… (97)
　　二　叙事的概念 …………………………………………… (101)
　　三　被简化的叙事倾向 …………………………………… (105)
　　四　全知全能的"叙事" …………………………………… (108)

第六章　《红旗谱》、《红日》和《红岩》的创作策略 ……… (114)
　　一　《红旗谱》：复仇与革命 ……………………………… (114)
　　二　《红日》：战争史诗的探索 …………………………… (119)
　　三　《红岩》：关于"红色"的讲述 ………………………… (123)
　　四　未完的话题 …………………………………………… (127)

第七章　《青春之歌》文本的复杂性 ………………………… (130)
　　一　创建"走向集体"的故事模式 ………………………… (131)
　　二　《青春之歌》主题的分裂 ……………………………… (135)
　　三　从小说到电影 ………………………………………… (140)

第八章　《林海雪原》：英雄传奇与生活虚构化 …………… (144)
　　一　英雄的"传奇" ………………………………………… (144)
　　二　战场：在实与虚之间 ………………………………… (149)
　　三　改编为现代革命京剧 ………………………………… (153)

第三编　阅读·重现·成长

第九章　阅读与反应 …………………………………………… (161)
　　一　文学工程的启动 ……………………………………… (161)
　　二　另一记忆的形成 ……………………………………… (164)
　　三　文学教材的制度化 …………………………………… (168)
　　四　从红卫兵运动到伤痕文学 …………………………… (171)
　　五　怎样看待革命文学 …………………………………… (174)

第十章　历史文献的解密……………………………（178）
　　一　历史的"重现"方式……………………………（178）
　　二　陈述与记忆的缠绕……………………………（182）
　　三　进一步"解密"的障碍…………………………（185）
　　四　档案中的"身份"………………………………（191）

第十一章　在电影中成长…………………………（194）
　　一　60年代的文化时尚……………………………（194）
　　二　《地道战》、《地雷战》中的游戏性 ………………（197）
　　三　"反面教材"的意义……………………………（200）
　　四　《列宁在十月》与成人仪式……………………（203）
　　五　寻找偶像的年代………………………………（206）

附录　在两个世界之间
　　　　——周扬与当代文学…………………………（209）

　主要参考文献……………………………………（225）

导论　文学思潮与现代性

　　如果较为概括地看待中国现代文学史,它实际上主要是由两个文学运动组成的。首先是"五四"新文学运动,它扭转了从《诗经》到晚清文学的整个中国古典文学的方向,赋予了中国文学适应变革时代的现代性特征;另外是中国的左翼文学运动,它在"五四"文学革命的基础上发展起来,但却在许多重要方面改变了"五四"新文学的价值目标和思想选择,而转向中国革命的具体实践。我们这里所说的"十七年文学"的当代文学,实际上是左翼文学思潮在新的、特殊历史语境中的一个发展。它的发展方向、文学原则和政策,在20世纪30年代的左翼文学运动中就已经初步具备,特别是作为指导思想的马克思、恩格斯、列宁和斯大林的文艺观,早在20年代末到30年代左翼文学的发展进程中就翻译和传播到了中国。毛泽东把马克思主义经典文献与中国革命的实践相结合,发表了《在延安文艺座谈会上的讲话》,从此规范了从解放区文学到"十七年文学"的基本面貌和根本特征。但值得指出的是,虽然"五四"文学和左翼文学都是在外国文学的影响下发生的,然而在"文学接受"的方式上,又有着显著差别:"五四"文学革命的眼光是全球化的,它所受的影响是多元的,因此它始终不以一种统一的理论为目标,外国文学作品的影响在其发展中发挥了直接而显著的作用。左翼文学一开始就是以寻求和确立统一的文学指导思想为目标的,因而"批判"和"论争"成为它发展过程中的一个主要标志和特征,外国文学思潮的影响明显要大于外国文学作品的影响。

　　本文无意对"五四"文学与左翼文学作比较,也不着眼于对左翼文学思潮进行考察性的清理。它感兴趣的是居于左翼文学思潮核心地位的"批判理论",这种理论与中国文学的现代性是怎样一种关系;思潮"传播者"的社会身份与思想认同,它又是怎样把这些因素带入"十七年文学"中的;"十七年文学"主要概念中的"左翼"特征,以及它们在文学创作中的决定作用,等等。

一　"批判理论"与现代性问题

　　有人把"十七年文学"概括为"战歌"和"颂歌"的文学,其根据就在于它对"旧社会"和"旧文化"所持有的批判色彩。实际上,"批判理论"正是左翼文学思潮中的"核心理论"。"批判理论"在其特定意义上,是指德国法兰克福学派的社会哲学理论。它以马克思主义的激进意识和批判潜能为起点,在整合了精神分析、存在哲学等现代思想后,扩充为对现代社会,特别是发达工业社会进行跨学科综合性的研究和批判。它植根于欧洲传统哲学的核心而又敏感于时代的重大问题,形成了自己特有的理论姿态。但广义的批判理论,就是德国思想家反省文明历史、批判现代社会的思想学说。席勒对恐怖政治和机械分工的美学否定,青年黑格尔对古典哲学的实践转向,马克思主义对资本主义社会的经济的、哲学的分析,尼采对重估一切价值的呼吁,弗洛伊德对被文明压抑的人性的关注,海德格尔对"存在"的研究和对"技术"的敌意等,都属于"批判理论"的家族成员。马克思主义与"批判理论"的主要区别,在于它不仅选择了思想领域,而且还将它直接运用到具体的社会实践当中。而这,正是马克思主义与中国左翼文学的一个主要结合点。

　　从晚清到辛亥革命,中国在社会体制上初步完成了由"传统"向"现代"的转型。20年代末至30年代初,开始了社会转型的第一次现代化飞跃。但现代化造成的贫富悬殊、激烈而严重的阶级对立,却导致了知识分子"富国强民"理想(实际就是"现代化")的普遍幻灭。

对"现代化"的失望,使左翼文学在历史关口与批判"封建传统"的"五四"文学和批判"资本主义"制度的马克思主义迅速汇合,从而形成了以"反现代性"为出发点的极具中国特色的"批判理论"。"反封"与"反资"并举,成为左翼文学运动中的一条贯穿始终的思想主线。郭沫若曾对鲁迅进行过否定性评价,认为他是"封建余孽",是"二重的反革命"。① 冯乃超把"五四"以后的大部分作家都划入"小资产阶级"的行列,指出,那些小资产阶级的文学家,在没有真正的革命的认识时,只是自己所属的阶级的代言人。他们的历史的任务,不外一个忧愁的小丑。30年代,周扬在其《论〈雷雨〉和〈日出〉》中,始终紧扣反封建主义和反资本主义的政治主题,他看周萍,看出的是"他的血管里正流着他父亲的血统,他的性格里也有封建的性质"。② 40年代初,当高层领导者从文化政治的角度批判中国文学的"现状"时,注意吸收了左翼文学思潮的某些思想资源。他指出:"文艺是为地主阶级的,这是封建主义的文艺。中国封建时代统治阶级的文学艺术,就是这种东西。直到今天,这种文艺在中国还有颇大的势力。文艺是为资产阶级的,这是资产阶级的文艺。"③ 50、60年代,又将清除这些"毒草"与建设现代民族国家的具体实践联系在一起。直到"文革"前夕,还在关于文艺问题的"两个批示"中,提醒人们注意"封建主义"和"资产阶级"对革命事业的严重危害性,号召对它们做坚决的斗争。他指责说,"许多共产党人热心提倡封建主义和资本主义的艺术,却不热心提倡社会主义的艺术",这是因为"十五年来,基本上(不是一切人)不执行党的政策,做官当老爷,不去接近工农兵,不去反映社会主义的革命和建设"所导致的,"最近几年,竟然跌到了修正主义的边

---

① 杜荃《文艺战线上的封建余孽》,《创造月刊》第2卷第1期,1928年8月。
② 《周扬文集》第1卷,第201、202页,人民文学出版社,1984年。
③ 《在延安文艺座谈会上的讲话》,《毛泽东选集》第3卷,第855页,人民出版社,1991年。

缘"。① 到60年代中期,左翼文学思潮对"封建主义"和"资产阶级"的批判性的认识,以及这种认识对"十七年文学"的渗透性影响,发展到了一个比较成熟的阶段。

穆尔认为,现代化就是传统社会像西方先进国家那样向经济富裕、政治稳定的社会的总体过渡。在这里,他把"现代性"与"西方性"作为同一个概念来看待。富永健一是从"东亚文化"的语境中来认识现代性的。他说:"非西方后发展社会现代化的第一个条件,就是通过与本国文明完全异质的、作为外来文明的西方文明的输入,使脱离本国传统主义的精神为广大群众所接受和支持。这一动机来自对本国传统社会的极其强烈的危机意识。"虽然他不认为"非西方后发展社会"的现代性就等于西方性,却承认"现代化"的内部是存在着"科学革命(现代科学和技术)、市民革命(民主政治)、产业革命(现代产业和资本主义)"这样的"西方标准"的。② 但是,阿维内里警告说,"马克思和恩格斯也对防卫性的现代化,或者像艾森斯塔特所说的'分裂的现代化'深表怀疑。他们对普鲁士防卫性现代化的评论表明,他们认为正是这种现代化导致了德国社会的不平衡性质,致使市场经济忐忑不安地与专制的政治制度并存在一起",从而出现了"非欧洲社会"的那种"错层式的现代化"。③

如果深入到"十七年文学"内部,会发现,左翼文学的"批判理论"与现代性本身确实存在着某种矛盾和紧张的关系。也可以说有某种"分裂"和"错层"的现象。比如,建国初期一些人曾对建立现代化"国家"(国家工业化)进行了非常热情的展望,然而又对"资产阶级文化"和"中国封建主义文化"保持着一定的警觉。可以注意到,在诸多有

---

① 参见刘景荣、袁喜生《毛泽东文艺年谱》,第287、301页,吉林人民出版社,2002年。

② 富永健一《"现代化理论"今日之课题——关于非西方后发展社会发展理论的探讨》,《现代化理论与历史经验的再探讨》,第112、119、120页,上海译文出版社,1993年。

③ 什洛莫·阿维内里《马克思与现代化》,《现代化理论与历史经验的再探讨》,第23页,上海译文出版社,1993年。

影响的评说中,周扬一直在沿用和发展上述观点。例如,他把"社会主义建设"(国家工业化进程)与思想观念上的反对"资产阶级文艺思想"严格地加以区分,认为社会主义文学精神上的"纯洁性",与这种文学对物质层面的国家工业化建设的"歌颂"和"表现",应该属于两个不同的范畴。

很长一个时期内,提倡社会主义文学创作与指责某些作家、作品并以此为突破口频繁发动政治运动的交错进行,成为"十七年文学"发展中一个值得注意的"规律":1949年的第一次文代会,曾鼓励广大作家用"新的主题、新的人物、新的语言和形式"去表现新的时代,一年后却接连发动了对电影《武训传》和"萧也牧创作倾向"的批判;1953年秋,全国第二次文代会呼吁人们"为创作更多的优秀的文学艺术作品而奋斗",但仅过去半年,就改变了刚刚培育的良好的创作环境,把以胡风为代表的另一批左翼作家视为异类;"双百方针"的实施还只是起步,急风骤雨式的"反右运动"便接踵而来;60年代初,文艺界的"纠左"恢复了文学艺术家的创作热情,然而,"两个批示"的指责又把文艺带入到更为困难的境况当中。最耐人寻味的是都对"城市化"表现出羡慕与向往、"命运"却完全不同的两部作品——小说《我们夫妇之间》和话剧《霓虹灯下的哨兵》。《我们夫妇之间》最初发表在1951年6月10日《人民日报》的副刊《人民文艺》上。小说告诉读者,进城之后,革命者"我"与出身农村的妻子对城市的态度发生了分歧,丈夫感受到都市"强烈的诱惑",而妻子却反应木然,变得愈加"狭隘、保守、固执"。在《霓虹灯下的哨兵》中,羡慕城市生活的战士与坚持乡村朴素生活方式的"哨兵"作为"对立面"出现在人们面前,前者还成为被作品讽刺的对象。与《霓》剧受到赞扬的情形相反,《我们夫妇之间》被指责为"依据小资产阶级观点、趣味来观察生活,表现生活","是在糟蹋我们新的高贵的人民和新的生活",反映了在进城之后,"特别容易引起旧思想感情的抬头"的不良倾向。① 从农村进入城市,曾被认为是反映了中国革命发展的基本规律,而在"十七年文学"创作中,"城市化"所展现的现代化前景却受到了猜忌和怀疑,成为一个充满矛盾的文学命题。

物质的"现代化"与精神的"纯洁化"之所以构成当代文学发展中一个"分裂性"主题,实际反映了左翼文学思潮进入现代民族国家历史阶段后,一个自身无法克服的矛盾与困惑。它在世界性的左翼文学现象中,也很难说不带有某种普遍性。值得追问的是问题是:既然左翼文学是中国"现代"文学的一个分支,那么它为什么却把"反现代性"建立在现代民族国家的一系列价值目标之上?并把它确定为"十七年文学"的审美理想?左翼文学思潮究其根源,不是中国传统文化的产物,而是西方现代文化的产物,既然要实现国家的"现代化",为什么却把作为现代化标准的市民革命(消费性、娱乐性)、产业革命(资本主义化)等等,冠以资产阶级"腐朽性"、"小资情绪"等含有歧视性和等级性的命名呢?显然,以此思路观察"十七年文学"的发展历程,"战歌"与"颂歌"显然不只代表着它基本的审美特征,还深刻蕴涵着某种"断裂"的"不协调"的声音。在这里,"批判理论"恰恰反映了批判者在实现国家现代化目标过程中的焦虑,它构成了对并非"莺歌燕舞"的文学现实的一种巧妙的遮蔽。

二 思潮"传播者"的社会身份及其表现

左翼文学思潮在中国的传播,并发展为"十七年文学"的思想主脉,有其复杂原因。但是,"传播者"兼"实践者"的社会身份所导致的人生选择和文化选择,又为人们的研究,提供了一个非常有意思的视野。为便于说明问题,现列出下面表格:

---

① 陈涌《也谈"生活平淡"与追求"轰轰烈烈"》,1951年4月7日《光明日报》"文学评论"副刊;李定中(冯雪峰)《反对玩弄人民的态度,反对新的低级趣味》,《文艺报》第4卷第5期,1951年6月20日。

导论 文学思潮与现代性

姓名	出生时间	籍贯	出身	学历与经历
郭沫若	1892年	四川乐山县	中等地主兼商人	留学日本，1923年毕业于九州帝国大学医科。创造社主要发起人。回国后没有正式职业，以文艺创作为生。1926年，任北伐军总政治部副主任，30年代曾任国民政府军事委员会政治部第三厅厅长。1949年后，先后任中华人民共和国政务院副总理、人大副委员长、中国科学院院长、中国文联主席等职。
成仿吾	1897年	湖南新化		留学日本，1921年入东京大学，专业为军械制造。创造社主要成员。职业一直不固定。参加过长征。延安时期任陕北公学校长。解放后历任中国人民大学副校长、东北师大和山东大学校长等职。
田汉	1898年	湖南长沙	农民	留学日本，1922年毕业于东京高等师范学校教育系。创造社主要发起人。回国后，在上海从事戏剧活动。解放后，任文化部戏曲改进局局长、中国文联副主席、中国戏剧家协会主席等职。
钱杏邨	1900年	安徽芜湖		20年代在上海中华工业专门学校土木工程系就读。太阳社发起人。没有正式职业，以文艺批评为生。1930年参加"左联"。建国后，任天津市文化局局长、华北文联主席。
李初梨	1900年	四川江津		留学日本，1927年毕业于东京大学文学部哲学科。后期创造社骨干。没有固定职业。1930年参加"左联"。1948年后，任中共中央东北局宣传部副部长、中联部副部长。
茅盾	1896年	浙江桐乡	中等商人	北大预科肄业。1916年入上海商务印书馆，长期任普通职员。文学研究会主要发起人之一。从事左翼文学创作及批评。解放后，任文化部部长、中国作家协会主席。
蒋光慈	1901年	安徽霍丘	小商人	1927年入苏联莫斯科共产主义劳动大学，学习政治经济学。发起太阳社。无正式职业，以文艺创作为生。

续　表

胡风	1902年	湖北蕲春	农民	1925年进北大预科,次年进清华大学英文系,均未完成学业。1931年留学日本,入庆应大学英文系,两年后因从事普罗活动被驱逐回国。一直没有固定职业,主要编刊物和从事文艺批评。1954年,因所谓"胡风反革命集团案"蒙难。
瞿秋白	1899年	江苏武进	破落官绅	1917年入北平俄文专修馆。1931年起,在上海从事左翼文艺运动。在苏区受到排挤,后被国民党军队杀害。
冯雪峰	1907年	浙江义乌	农民	1921年,考入浙江第一师范学校。一度在北大旁听。1930年,受命筹备"左联"。无正式职业,以批评、翻译活动为生。新中国成立后,出任人民文学出版社社长、《文艺报》主编、中国作家协会副主席。后被划为"右派分子"。
周扬	1908年	湖南益阳	地主	1928年毕业于上海大夏大学,同年留学日本。1930年辍学回国,参加"左联"。无正式职业,以文艺批评、翻译为生。抗战开始后去延安,任陕甘宁边区教育厅厅长、鲁艺副院长。建国后,任中宣部和文化部副部长、全国文联和中国作家协会副主席。
张光年	1913年	湖北光化		1932年,入武昌中华大学中文系。毕业后生活一直处在动荡之中。1939年去延安。解放后,任中国作家协会书记处书记、副主席等职。
邵荃麟	1906年	浙江慈溪		1926年毕业于上海复旦大学。无正式职业,长期从事左翼文艺活动。1953年起,任中国作家协会副主席。
赵树理	1906年	山西沁水	农民	1925年入山西省立第四师范学校。失业后,曾一度流浪。做过小学教员。1937年参加革命。建国后,任《曲艺》主编、《人民文学》编委、全国文联委员、作家协会理事。
柳青	1916年	陕西吴堡	农民	1934年入陕西西安中学。1938年去延安。1952~1966年在陕西长安县长期安家落户,任县委副书记。

续　表

郭小川	1919年	河北丰宁	教师	抗战前夕，随父母逃亡北平。中学期间参加学生运动。1937年去延安，曾在马列学院学习。1954年起，任中国作家协会书记处书记兼秘书长，后被撤职。
贺敬之	1924年	山东峄县	农民	抗战爆发后，随所读中学流亡湖北、四川。1942年去延安。50年代初，在戏剧部门担任编辑和领导工作。80年代，任中宣部副部长。
李準	1928年	河南洛阳	农民	50年代初参加工作，后回乡务农。成名后到河南省作家协会和中国作家协会工作。
浩然	1932年	天津宝坻	农民	50、60年代任农村基层干部。"文革"中，任北京市文联主要负责人。
姚文元	1931年	浙江诸暨	作家兼书商	中学毕业。解放后，曾长期在上海卢湾区、《解放日报》任职。"文革"中发迹，在北京担任要职。
李希凡		北京通州		50年代就读于山东大学。因"批判"红学家俞平伯受到毛泽东欣赏，毕业后到北京工作。曾任中国艺术研究院常务副院长。

从上述名单可以看出，20~70年代左翼文学思潮的传播者主要是两类人：一是20、30年代的日本留学生，曾受到晚清革命思想、马克思主义和日本左翼社会思潮极深的影响。归国后，他们与另一批由破败乡村走向城市的知识青年汇合，通过上海这个新文化中心，把左翼激进思潮传播到中国的广大城乡；一是抗战时期的流亡学生和解放后培养的工农作者，他们人生的选择与中国革命的发展具有某种"同步性"，在他们身上，折射出左翼文学思潮的本土化走势和文化心理特征。

左翼文学思潮的传播者大多来自中国的中、下等社会阶层，诸如

"中等地主兼商人"、"破落官绅"、"中小商人"和"农民"等家庭。20世纪上半叶,中国社会一直处于内忧外患的急剧动荡之中,社会的中、下阶层是各种社会矛盾和冲突的主要受害者,这一"人生境况"对这些左翼作家们性格气质的发展和思想定型产生了极大影响。由于"家道中落",茅盾1916年不得不中断在北京大学预科的学业,入商务印书馆做了一位普通译员。田汉在长沙读师范时,他母亲在丧葬用品店扎过"喜花",在织布厂当过"过纬纱、打锭子"的临时工,摆过茶摊子、杂货铺,"母亲这种挣扎自立、为儿子牺牲的精神,使懂事的田汉又感激又难过,给他心灵上的撞击是沉重的"。① 因无家庭资助,钱杏邨、蒋光慈一直在经济拮据的状态中从事文艺创作和批评。据周扬夫人回忆,30年代的"周扬除工作外,相当一部分时间要用来去'找钱'。我们'借'过许多同志的钱,如章汉夫、夏衍、羊枣、谭林通、梅雨(梅益)、林林等,向沙汀、周立波借的更经常","当时我们的生活很困难,几乎天天为生活作难"。② 选择左翼文学立场,并不是出身寒微、对社会不满的青年必然和惟一的选择,某些与他们经历相同而加入自由主义作家阵营的青年,如沈从文、废名等走的却是截然不同的道路——但这种人生"境遇"确实容易与抨击现代社会、强调阶级斗争的左翼文化思想不谋而合,在心灵的深层次上产生孤愤、失衡、反抗的心理和社会情绪,与它发生强烈的感情共鸣。

从该表提供的情况,还可以看出:

一、不仅社会职业、经济收入,而且作家的地域范围也需要纳入研究的视野。在统计的21人中,除茅盾一人外,郭沫若、成仿吾、田汉、钱杏邨、李初梨、茅盾、蒋光慈、胡风、冯雪峰、瞿秋白、周扬、邵荃麟基本都是回国后失业,临时在大学兼课,或在一些办办停停的刊物做编辑,写点文章,没有固定职业和经济来源,生活经常处于窘迫和飘零之中;张光年、郭小川、贺敬之、柳青、赵树理、李準、浩然、姚文元、李希凡,有的开始文学创作时是流亡学生和青年,有的童年在贫

---

① 董健《田汉传》,第67页,北京十月文艺出版社,1996年。
② 袁鹰、王蒙编《忆周扬》,第59页,内蒙古人民出版社,1998年。

寒中度过,有的直到解放后才有了工作,考上了大学。20～40年代,是中国现代化"受挫"进而因异族侵略产生"危机"的时期,缺乏宽裕、稳定的生活,紧张而冒险的经历,使之对社会、人生和中国传统文化的观察与体验更进了一步,他们的文学意识、文学创作逐步向着重实践而轻幻想,厚本土而薄西化,崇集体而忽视个体的倾向发展和倾斜。这种倾向,在解放后更是随着革命实践的深入而走入了深层和体制化。另外,入表作家的地域还表现出由现代化起步较早的沿海、长江流域,向传统、闭塞和落后的内地,例如从浙江、江苏、四川、安徽、湖南、湖北向陕西、山西、河南、河北等地转移的趋势,这与中国革命从南方转移到北方、由摒弃西方化而转向民族化的历史趋向和选择是一致的。而这种"转移",正好反映了左翼文学思潮"本土化"和"传统化"的变化。

二、这些出身社会中下层,实际也从未真正有过"学院"和"书斋"体验的作家,对中上层社会抱的是敌视的态度。当时代激流涌来时,它便容易作出告别都市走向乡村、告别个性而选择大众、告别幻想而投身革命的抉择。郭沫若、成仿吾和茅盾曾有投身北伐革命的经历,其他30年代作家是在大革命失败后秘密加入共产党的,更年轻的一批作家后来也都有过"参军"、"土改"的人生实践。在他们的作品中,上层人物、知识分子的形象越来越多地与"腐败堕落"、"风花雪月"和"资产阶级"等说法联系在一起,相反,下层的工农和士兵则成为被歌颂、赞美的对象。这也决定了,当他们中的一些人解放后走上文艺界的领导岗位后,仍然会按照此类社会情绪、思想模式来制订和执行符合这一标准的文艺政策与管理方式。

三、这批作家中,年轻的一代基本没有接受过系统的学校教育,资深的一代虽然留学日本,或上过大学,所学专业却是医学、工科、英语、俄语、政治经济学等"实用"的学科,这些学科不属于文、史、哲等中国传统文化的范畴。这使他们在与社会实践结合时,往往采取一种"实用"、"直接"、"迅速"等急功近利的态度。也使他们不那么满足"边缘",而向往和羡慕"中心"的文化地位,对文化"霸权"和语言"强势"产生浓厚兴趣。比如,在"革命文学"论争中,郭沫若、成仿吾、钱杏邨曾指责鲁迅等人是所谓"封建"和"落伍"作家;在"第三种人"和"两个口号"争辩中,胡风、冯雪峰、周扬、瞿秋白等为建立自己的"文化霸权",发表了许多批评文章;茅盾、周扬、邵荃麟等40、50年代参与过对胡风思想的批判;李希凡50年代敢于向俞平伯等"反动学术权威"挑战;姚文元60年代则直接对周扬、邓拓、吴晗等身居"高位"的人士发难,等等。这一切都表明,在与中国传统文化结合的过程中,左翼文学表露出它鲜明的"反传统"性格;在它的反现代性中,又包含着消解传统秩序(上层社会、等级制)和与传统文学"断裂"的现代性的人文特征。这使他们的文学实践,成为一种特殊背景中的"斗争"实践:斗争别人,同时也被别人斗争;但斗争又意味着人格的某种分裂,由人生的失败而怀疑自己原来的追求。但是,这一过程却赋予左翼文学一种富于激情和浪漫的艺术境界,使之在严酷的文化环境中始终葆有某种艺术的活力。

三 "十七年文学"的双重性格

由于以上原因,"十七年文学"在其发展中,体现出一种双重性格,和两个相互矛盾的主题:正面与反面,审美与反审美。它们经常处在相互纠结、缠绕的一种比较紧张的状态。

在第一次文代会上,有人对文学的历史选择和本质特征曾做过这样的概括:"五四"以来,以鲁迅为首的一切进步的革命的文艺工作者,为文艺与现实结合、与广大群众结合,曾作了不少苦心的探索和努力。30年代的左翼文学运动,始终把"大众化"作为文艺运动的中心,在解决文学与人民群众的关系上作了不懈的尝试。但由于历史条件的限制,当时革命文学的根本问题——为什么人服务和怎样服务的问题——并没有真正解决,广大文艺工作者同工农群众还没有很好结合。而在解放区,由于有了1942年召开的延安文艺座谈会,由于有了毛泽东文艺方针的直接指导,由于有了人民的军队和人民的政权,"先驱者们的理想开始实现了"。① 在这里,作者使用了两个重要概念:"现代民族国家"和"文艺政策"。纵观20世纪中国文学的发展,对现代民族国家的热烈向往,成为现代文学基本观念产生与发展的基本依据,也是我们考察它的历史走向的一条思想线索。1901年,梁启超在《新民说》一文中提出的"文学救国"的观点,周氏兄弟世纪初提出的"改造民族灵魂"的文学观,以及之后现代文学的扬弃与发展,无一不显示出中国作家对这一富国强民现代化目标的顽强追索。20~40年代,文学虽然在某一阶段表现为强势文学对弱势文学的压抑和征服,但多元丛生仍然是它的基本格局和发展走向。1949年后,随着文化和文艺体制的确立,文学理想发生了根本性的改变。1949年,周扬明确指出:文艺工作者应该"将政策作为他观察与描写生活的立场、方法和观点",学习政策,"必须直接深入生活,深入群众;具体考察与亲自体验政策执行的情形","必须与学习马列基本理论与中国革命的总路线、总政策"结合起来。② 在"十七年文学"的实践中,于是出现了一个母题性的矛盾:既然已经建立了现代民族国家,那么受梁启超、周氏兄弟文学观影响的现代文学,很自然就应该变对现代民族国家的精神认同而为对领导着现代民族国家的文化和文艺政策的认同;"离开了政策观点,便不可能懂得新时代的人民生活中的根本规律"③,因此,人们就会这样理解,在新社会,每个个体的命运,都被他所属的阶级地位所左右,对这个阶级基本政策的态度,便被视为对该阶级的态度。于是,晚清和"五四"所确定的"现代民族国家"的价值观和思想目标,在此过程中遭到了"消解"。鲁迅在投身文艺之始,曾思考过三个相关的问题:一、怎样才是最理想的人性?二、中国国民性中最缺乏的是什么?三、它的病根何在?可以说,鲁迅提出的是现代民族国家的两个重要侧面:个人的现代化和国家的现代化。没有个人的现代化即精神的觉醒,国家的现代化就缺

---

①②③ 周扬《新的人民的文艺——在全国文艺工作者代表大会上关于解放区文艺运动的报告》,转引自朱寨主编《中国当代文学思潮史》,第20、21、23页,人民文学出版社,1987年。

少根本的基础和前提；而国家的现代化，又是每个个人的现代化获得充分发展的重要保障。因此，现代民族国家的目标，是要求个人与集体在现代文明的平台上磨合、协调并符合理性地发展，不是要求"个人"对"政策"服从，更不是以牺牲和压抑个人来确保国家现代化的发展。由此可以看出，既然不能全面地理解和包容"两个现代化"的丰富而复杂的内涵，那么，就会难以避免地造成它们之间的紧张和对立，加剧"十七年文学"内部的冲突和矛盾。这是"十七年文学"发展中政治运动频繁发生，时而"纠左"时而"反右"和忽冷忽热的主要社会根源之一。

对"十七年文学"的"释义"，其基本根据是对中国历史道路"真理性"的解释，它来自对近代以来文化状况和发展的一个判断："在'五四'以前，中国的新文化，是旧民主主义性质的文化，属于世界资产阶级的资本主义的文化革命的一部分。在'五四'以后，中国的新文化，却是新民主主义性质的文化，属于世界无产阶级的社会主义的文化革命的一部分。"①这种对"新"与"旧"文化的甄别，实际已包含了审美的体验。所以，当人们用诗一般的语言揭示历史选择的必要性和正确性，这段论述已不单单是一个"文化范畴"，它还是一个"审美范畴"。作为对历史进程的形象演绎和历史叙事，"十七年文学"本来就负有使之美学化的特殊任务。比如，在关于"十七年文学"作品的评价中，人们经常可以读到诸如"史诗般的"、"革命历史画卷"、"民族气魄"、"民族色彩"、"一部震撼人心的共产主义教科书"、"纪念碑"、"血与火的考验"、"英勇斗争"、"雪山草地"、"井岗山的烽火"、"朝霞"、"红日"、"延安窑洞的灯光"、"暴风雨般"、"可歌可泣"等等经过审美化处理的特殊修辞。正如有人所强调的那样："文艺发生作用的范围比过去是大得多了。作家、艺术家可以采取各种不同的题材，利用各种不同的艺术形式来服务于这个伟大的时代。"②因此，文学的"审美

---

① 《新民主主义论》，《毛泽东选集》第 2 卷，第 698 页，人民出版社，1991年。

② 《周扬文集》第 2 卷，第 475 页，人民文学出版社，1985 年。

内涵"就自然被确定为：一、用新的"朝气蓬勃"的文学形象，替代旧的"腐朽没落"的文学形象，以实现批判旧文化和封建主义"糟粕"的目的；二、使文学作品发挥"震撼人心"、"形象生动"的审美作用，成为一部"影响"、"规范"人民群众思想和社会生活的"教科书"。

但在很长一个时期内，"十七年文学"围绕审美和人性问题而展开的讨论出现过多种困难和曲折。原因就在，审美和人性是否有抽象性和普遍性的特点呢？还是它仅仅是属于具体的、阶级性的？这一争论和分歧一直制约着问题讨论的继续和深入。后来，这一带有政治意味的"人性"观，又被浓缩到更为狭窄的范围，在50、60年代的文艺观点中，则被具体确定为人所共知的"三爱"。至于什么是文学的审美，也遭遇到了一定的困难和障碍。一种权威性的意见是：检验一个作家的主观愿望即其动机是否正确，不是要看他的宣言，而是看他的行为（主要是作品）在社会大众中产生的效果。这是因为，社会实践及其效果是检验主观愿望或动机的标准。因此，"政治标准"被置于优先的位置，"艺术标准"要受到它的检验和制约。由此不难想像，既然文学作品的"社会效果"也即"政治标准"在审美的判断上具有优先权、否决权，那么，真正独立的文学审美现象其实是难以存在的。人们发现，在"十七年文学"中，尽管作家对突破"人性"和"审美"问题的禁区在不同阶段做过顽强努力，但最终都因更严厉批判的压抑而夭折。例如,1951年有些作家因为探索进城后"革命者"心态的变化，而招致了对"萧也牧创作倾向"的指责；1958年，在批判巴人、钱谷融"人性论"之后，提出了"两结合"的创作方法，在此基础上出现了实际违背文学创作规律、也扭曲了基本文学审美原则的大跃进民歌；1962年，邵荃麟、赵树理等人坚持的写"中间人物"论再次受到压制，随后，"阶级斗争"便上升为文学创作的普遍原则和"根本规律"。它使人不由得想到，虽然要求什么与什么"统一"，要求什么与什么"结合"的权威性意见，一直是指导文学创作的基本方针，但它与作家的具体创作过程，与一部小说、一首诗歌从构思、酝酿到写作的复杂而细致的环节之间，却明显是脱节的，失去了"指导"的意义。这就使得"文学理论"与"文学创作"在较长一个时期里处在一个关系紧张的不和谐的状态。

　　人们还会注意到,正像具有功利目的的"内容和形式"很难能真正"统一"一样,上述"十七年文学"的双重性格在本质上也是矛盾的、分裂的。这不仅表现在一些当代卓越的诗词创作与文艺论述在审美观的对立上,也表现在一些左翼作家的文艺修养与文艺观的分裂上。因此,这种矛盾不断激化和自我冲突的特征,可以用于对左翼文学思潮与"十七年文学"的关系,以及当代文学文化性格和审美倾向的比较性考察:信奉"矛盾——统一"的原则,使"十七年文学"在特定时代中充满了对自己的浪漫主义想像;而想像与现实的剥离,则使"十七年"作家陷入到虽然被认为表现了"时代",但这个"时代"却又不是真实的"生活"的二难境地;激进的文化要求,有时也可能孕育出某些陈旧、封闭与落后的社会内容,等等。在今天,难以超越自己时代的"矛盾与分裂",也许正是我们重新观察"十七年文学"的一个富有历史深度的切入点。

第一编

文学形象的"重构"

第一篇

"求真"的象牙塔

第一章 知识者、文化气候与本土化倾向

一 尝试"知识考古学"

认识"十七年文学"知识者形象的"重构"历程,困难在于,它既不像有的人所说,无保留地融入到时代的大文化气候之中,与它之前的文学出现了根本性的差别;也不像有的人所描述的那样,它始终与文化气候有一种不协调的或别扭的关系,而是在一段时间内呈现出彼此交叉胶着的多重状态。因此,对它的研究,就不能不采取"知识考古学"的方法,以便回到历史本来的"上下文"中。

解放后的最初几年,在人们面前所呈现的,正是一幅"上下文"的图景。一方面,持续已久和空前激烈的战争暂告一个段落,新的现代民族国家宣告成立;但是,"新"与"旧"两种文化面貌之间的边界并不像一般人所想像的那么清晰,由于历史、文化本身的复杂性,这种"混和"状态也许还会存在和延展一段时间。在这个特殊的历史空间中,围绕知识者形象塑造问题而发生的商榷和争论,出现了三个引人注目的现象:关于"可不可以写小资产阶级"的讨论、对萧也牧等人小说的批评和王蒙、刘宾雁等人的思想艺术探索。第一个进入人们视野的,是1949年8月至11月在上海《文汇报》副刊"磁力"上进行的"可不可以写小资产阶级"的讨论。争论是由陈白尘参加第一次文代会

回到上海后的讲话,和洗群对陈的批评引起的,①在此基础上,形成了"可以"派和"不可以"派两种针锋相对的意见。"可以"派认为,写什么,是属于寻找题材的问题;怎样写,才是立场、态度问题,所以小资产阶级也可以"少写";②因此,为了以文艺的力量来影响小资产阶级"认识新时代的新生活",写以小资产阶级为主角的作品似乎也未必不可。他们的理由是,为谁服务的问题,"并不就是以谁为主角的问题"。③"不可以"派认为,作家要忠于现实,就只能"以工农兵为主角",而小资产阶级"绝不可能成为文艺的主角"。④ 虽然争论最后以"可以"派的主要代表洗群1952年的"自我反省"而告结束,⑤但"这种思想顾虑,在当时新解放区的文艺工作者中,特别是在文艺工作者比较集中的上海,是有相当代表性的"。⑥ 显然,在解放初期,尤其是在"第一次文代会"的特殊语境中,"小资产阶级"的说法里虽然已经包括了市民、城市自由职业者等社会阶层,但它的主要指称仍然是"知识者"及他们的文学形象。对从旧社会刚刚跨入新社会的知识者出身的作家来说,能否塑造"知识者"的形象,不单关联到与其过去的创作密切相关的现代文学本身的"合法性",而且实际也触及到了后者在新社会的"社会身份"等切实问题。

引人注意的,是1951年6月文艺界开展的对"萧也牧创作倾向"

---

① 见1949年8月22日《文汇报》有关上海话剧、电影界参加第一次文代会代表自京返沪的一则报道;又见洗群《关于"可不可以写小资产阶级"的问题》一文,1949年8月27日《文汇报》。

② 张毕来《应该不应该写小资产阶级呢》,1949年8月31日《文汇报》。

③ 黎嘉《我对于"可不可以写小资产阶级"的一点意见》,1949年9月3日《文汇报》;何其芳《一个文艺创作问题的争论》,《文艺报》第1卷第4期,1949年10月。

④ 乔桑《关于"可不可以写小资产阶级"的问题的几点意见》,1949年9月3日《文汇报》。

⑤ 洗群《文艺整风粉碎了我的盲目自满——从反省我提出"可不可以写小资产阶级"的问题谈起》,1952年2月1日《文汇报》。

⑥ 朱寨主编《中国当代文学思潮史》,第38页,人民文学出版社,1987年。

的批评。在这场算是"小小"的运动中,除萧也牧的《我们夫妻之间》之外,另外被点名的,还有根据朱定同名小说改编的电影《关连长》、白刃的长篇小说《战斗到明天》、碧野的长篇小说《我们的力量是无敌的》、商延思的诗《笑——颂》、刘盛亚的长篇小说《再生记》等等。人们注意到,《战斗到明天》之所以引起了"麻烦",不单单被认为有萧也牧式的"小资倾向",还因为它早别人一步地塑造了知识者的人物形象。作品描写的是三五个知识者干部,在敌后随军战斗的日常生活。由于小说对特定环境中这些人物的描写比较真实生动,有自己的特色,因此博得了茅盾的欣赏。在为该书初版撰写的序言中,茅盾肯定地说:"'五四'以来的作品以知识分子题材为多数,而把知识分子放在敌后游击战争环境中表现还没有人写过,所以值得欢迎。"值得留意的是,在知识者形象开始受到质疑的文化环境下,这部作品在对知识者历史作用的认识上所显露的"异质声音",和艺术表现上的某种"特点",的确显得比较抢眼。在对作品逐渐升高的批评声浪中,茅盾和作者白刃的"实际表现",同样也值得引起今天研究者的兴味。迫于批评的压力,茅盾次年在《人民日报》著文做了检讨,他说:"我的确也为书中写得比较好的部分所迷惑而忽略了书中严重的错误,而这,又与我存在着浓厚的小资产阶级思想意识是不可分离的。"但他还是保留了序言的基本观点,认为"这本书的主题(知识分子改造的过程)是有意义的,值得写的"。① 刚开始,白刃曾做过"深刻检查",在环境稍微宽松之后,其态度又发生了一些变化。1958年,在该书的"修改本"的"后记"中,他对当年的批评作了这样的答复,"有些教条主义者,硬不顾抗战敌后的真实情况,拿现在解放军的标准衡量当时的部队",云云。这说明,在文学作品中塑造知识者的形象尽管已越来越困难,但言说的空间还在文章、小说和其他文本形式的缝隙里存在着,并没有完全被压瘪。在当时公开发行的出版物中,茅盾并没有因为压力而把自己的观点全部推翻。这一微妙的信息使人意识到,当时在一定"条件"下,文学仍旧可以与体制话语进行一定程度上的"错

---

① 文章见1952年3月13日《人民日报》。

动"或"磨合"。

另一个值得注意的现象,即对知识者形象的"实验性"描写,是在1956年到1957年上半年出现的。当时,文学创作为什么会有这种"突破"? 在我看来,不外有两个原因:一是受到了"双百方针"的鼓舞,社会上出现了较好的言论环境;二是作者主要是一些"时代青年",在他们身上,不存在"可不可以"的历史"包袱"。这在"社会身份"决定着一位作者的"写作权力"的时期,显然是非常重要的。今天看来,以王蒙的《组织部新来的青年人》、刘宾雁的《在桥梁工地上》、《本报内部消息》等为代表的一批作品,其意义恐怕不止是对新社会背景中官僚主义现象提出的批评,而且还应包含着创作者的"知识者意识"在同样背景中的"觉醒"这一或许更有意味的精神现象。当小说中的林震抱着极浪漫的幻想参加工作时,却发现老干部刘世吾麻木、冷漠的精神状态与自己对革命的想像相距甚远,于是内心生活出现了"危机"。大学生出身的新干部江玫虽然妥善处理了个人恋情与革命事业的冲突,但属于知识者观念层面的人格的裂痕,却没有真正地弥合起来。小说的这些描写使人意识到,知识者"意识"虽然在文学理论对创作的要求上被划上了句号,但在文本之外的读者的丰富想像中,却顽强地生存了下来。根据这些作品"写真实"和"干预生活"视角所展现的文学史线索,还促使人联想到40年代延安时期作家那些重建"批评"权利的探索。与后者有些相似的,是其中所包含的现代的科学民主思想与小农意识,知识者对环境的清醒意识与官僚习气之间相冲突的内容。它使人想到,上述三个"现象"之间尽管没有"必然"联系,也缺乏"逻辑"的关联,但却不失其"考古学"的价值。在这些已很遥远的文学史的"遗址"上,那些看似破碎和零乱的"瓦片",有时还能缝补起人们对历史图景的某些想像。

上述情况,在一定程度上表明了人们对刚确立的文艺"发展方向"的不安和担忧。在最初的几年里,虽然提出了将工农兵当做文学描写的主角的文艺方针,然而在具体实施和创作的过程中,它还会有反复、有反弹,会处在无主体、无规则的变动的状态。因此,根据能够看到的文学史资料,各方面对上述"探索"的反应,并不像人们想像的那样"及时"和"敏感"。在"实际存在"的历史与"今天想像"的历史之间,曾经有过一定程度的"时间差"——甚至可以说,有过文学发展的"开阔地带"和其它的可能性。在一种特殊"气候"和特殊的"情况"下,上述作品有的虽然曾被指责为"毒草"和"个人主义",与此同时却受到了广大读者的欢迎。比如,《组织部新来的青年人》发表不久,《文艺学习》编辑部就收到了一千三百多封读者来信,肯定作品"是好的,有积极的意义"。① 更有意思的是,在《关于正确处理人民内部矛盾的问题》的讲话中,连毛泽东本人也为这位名不见经传的青年作家辩护说,小说批评官僚主义是可以的,中央还出官僚主义,所在地为什么不能出,中央还出陈独秀、张国焘等人,写一个区委有什么不可以。这些复杂状态很可能昭示出以下一些"话题":一、因为具有较大社会影响力的文学理论还没有真正形成,并对文学艺术创作和相关的社会活动发挥应有的指导和管理的作用;又因为文学艺术自身存在的矛盾状态,文艺队伍结构中的多重复合现象,以及一个时期内批评者与被批评者之间的"界限"尚未最后划定,有时还会处于彼此交叉的状况中;所以,该阶段的文学有某种"过渡性"的特征,是可以理解的。二、知识者在当时还未被正式归入文化"另类",所以从事文学创作的知识者作家仍然把自己的精神状态、心理情绪和审美意识视为合理性要求,很容易在自己熟悉的艺术领域和知识者形象上找到创作的兴奋点。三、一种大文化气候,也促使作家们重新去思考知识者与国家叙事的关系。这种"思考"中不单包含有通过批评、建议的方式使社会体制更为完善的内容,也包含了调整个人姿态以便使它与国家利益更为协调的文化心理。这样,在一种可以想像的情况下,塑造知识者形象在文学界发展成为一个不小的创作潮流。

---

① 朱寨主编《中国当代文学思潮史》,第 331 页,人民文学出版社,1987年。

二　规训与矛盾

　　50年代中期的那场运动后,"知识者"形象在公众心目中走向了低迷。虽然"百分比"的著名说法对这一阶层有进一步区分和团结改造的意思,但对前者的重新"定位",却使上述努力难有实质性的效果。一种福柯所说的"规训"开始取代"说服",遍及文学创作的各个领域。与此同时,文学批评不再满足于与文学创作"平起平坐"的地位,变得突出和重要了起来。人们注意到,在长文《社会主义现实主义是无产阶级革命时代的新文学》和《论文学上的修正主义思潮》中,有人把刘宾雁的《本报内部消息》、宗璞的《红豆》中的知识者称做"被美化了的'反现状'的个人主义者",和"反党的个人主义者"。① 周扬的《文艺战线上的一场大辩论》、张光年的《个人主义与癌》和《再谈个人主义与癌》等文,② 从更醒目的角度对知识者和个人主义做了比较性的,同时是歧视性的分析,"个人主义在反封建斗争中,曾经有过光荣的历史。听到这说法已经很久了。到底还不能使人完全信服",这是因为,"许多革命知识分子身上的个人主义毒素。说它是头脑中的私有制,是再恰当不过的"。因此断言:"我们中间许多人就是经过个人奋斗走上革命道路,背着个人主义的包袱参加革命的。"

　　恰如有人指出的,"个人主义"在"十七年文学"中被批评者赋予了两个特征:一是把"五四"时期"个人主义"与"现代民族国家"价值目标同一性的认识,转变为对现代民族国家建立和发展的对抗性的关系。认为个人主义在民主革命阶段还有一些革命性,在社会主义革命阶段则成了"万恶之源",因此"置'个人主义'以不合法的地位"。二是把人本主义思潮中的"个人主义"与道德范畴的自私自利相混

---

①　文章分别见《人民文学》1957年9月号;姚文元《论文学上的修正主义思潮》,第50~94页,新文艺出版社,1958年。
②　文章分别见1958年2月28日《人民日报》(《文艺报》1958年第4期转载);张光年《文艺辩论集》,作家出版社,1958年。

渚,"而置之以被憎恶、被质疑、被审判的位置之上"。① 显然,对"知识者"的重新定位,使"十七年文学"思想和美学上的规训制度得以确立,由此结束了过去那种含糊不清和犹豫不决的局面。但是,这种规训也有自身的麻烦和问题。既然知识者在建立现代民族国家的过程中扮演着主导角色,他们在这一复杂曲折的历史过程中自始至终发挥着其他社会阶层无法替代的思想启蒙等方面的特殊作用,所以,这种启蒙作用在文学创作中,就很难简单地回避和否定。它还会面对如下一些问题:知识者与农民的关系。知识者在上述历程中扮演着"先驱者"或说"领导者"的角色,然而在对社会变革的"历史规律"的解释中,知识者又被认为在精神水准上落后于农民——那么,他们是怎样由"先进"变成"后进"的? 其中的标准是什么? 另外,知识者与现代民族国家的关系。在现代中国复杂的社会环境中,尽管大多数知识者拥护对社会的改革,但不一定所有的知识者都倾向于激烈的变革,或自愿成为一个变革者。于是,就需要对知识者阶层的思想态度和行为方式做仔细甄别和区分,说明哪些是"进步"的,哪些是"不进步"的,甚至是"逆反"的,文学作品在人物的塑造上应该如何去处理这些属于思想层面而非政治层面的复杂问题。这些问题的处理,显然关系到"十七年文学"在走过最初阶段之后的进一步发展,和它将如何确定自己的价值目标和审美意识等诸多问题。

　　在此前后,一批被上述"规训"所指导、重构的知识者形象相继出现在人们的视野中,它们是:长篇小说《青春之歌》中的林道静,《小城春秋》中的四敏、剑平、秀苇,《红岩》中的成岗、刘思扬,《野火春风斗古城》中的杨晓冬,《三家巷》、《苦斗》中的周炳,《红旗谱》中的贾湘农、江涛、张嘉庆;诗歌有郭小川《白雪的赞歌》、《深深的山谷》、《严厉的爱》、《致大海》和《一个和八个》中的男女主人公,蔡其矫、李瑛等人作品的中的抒情主人公;戏剧有《红色风暴》中的施洋、《考验》中的杨仲安、《在新的事物面前》中的高泉,等等。这些人物形象突出地表现为两种精神形态:一种是通过对"个人主义"的压抑和放弃,经过"脱

---

① 洪子诚《百花时代》,第 197、198 页,山东教育出版社,1998 年。

胎换骨"的革命洗礼,最终成为一个合格的革命战士;另一种是在成为革命战士之后,由于死灰复燃的"个人主义"与现代民族国家的发展构成潜在的对抗性关系,这些人物重新处于被怀疑、被谴责的地位。前者以林道静、四敏、成岗、周炳等为代表,后者以杨仲安和高泉为代表。林道静出场不久,就处在"个人主义"的弱势中:她因为出身封建地主家庭,在"根正苗红"的革命者卢嘉川、江华面前总是自惭形秽,他们对革命道路、前途的激情洋溢的滔滔议论,每每令她茅塞顿开,激动不已;她要投身革命,追求个人奋斗目标的余永泽就成了无形的障碍;她无论在示威还是在狱中表现得怎样勇敢,仍然被"看成"是不成熟的,是个人主义的狂热表现,心灵和精神始终处在很压抑的状态。在小说结尾,她如愿以偿地成长为一个革命者,也就是说,这一形象完成了对人物"原型"的超越。与此同时,她也通过了严格的"思想检验",获得了革命者的"合法身份"。《小城春秋》的主题思想不像《青春之歌》那样重在表现知识者的成长过程,探索知识者的人生道路和意义,但作品仍然对这个"成熟"的革命者四敏偶尔流露的个人主义进行了含蓄批评。比如,他不该西服革履地出现在刚从游击队基地归来的何剑平的面前,当他妻子蕴冬还活着时,他更不该对另一个革命者秀苇心有"缭乱",等等。作者如此处理,本来是要塑造一个"活生生的、有血有肉的"革命者的形象,①这本是一个叙事技巧的问题,但无意之中,却对知识者出身的四敏做了歧视性的描写。与林道静等相反,杨仲安、高泉是以"民主革命阶段"的革命者的身份走到"社会主义阶段"的,然而,在迅猛发展的革命形势面前,却迷信自己,裹足不前,不相信群众,也不相信工人,"整天困在事务圈子里面,就看见鼻子下面的事情,大问题都轻轻放过去了",结果成了前进路上的绊脚石。杨、高精神上的落伍,涉及的是一个更大范围内的文学思想史问题,即一个时期文学所要表现的知识者在建立现代民族国家的历史选择中的"落后性",以及他们形象的"未完成"性。

但这一时期的"文坛",也存在着一定的差异,不是完全"一致"

---

① 张钟等《当代中国文学概观》,第 396 页,北京大学出版社,1986 年。

的。一些作家在努力迎合新的美学规训的要求，塑造知识者出身的革命者的形象时，有意删除了这些形象中所包含的个人主义成分，即"五四"个性解放和个性自由的成分；也有一些作家，尽管主观上意识到个人主义对革命的"危害"，但在具体创作过程中，又会出于艺术感觉而"情不自禁"地去服膺生活和人物性格的逻辑。在这些作品中，人们看到的不仅是人物的精神困惑，同时也能感知到，作者在创作过程中的精神困惑。例如，郭小川的叙事诗《白雪的赞歌》、《深深的山谷》，蔡其矫的抒情短诗《川江号子》、《雾中汉水》；即使是受到称赞的长篇小说《青春之歌》、《三家巷》、《苦斗》、《野火春风斗古城》等，在被指责和修改的那些章节中，我们仍然可以感觉到作者"个人主义意识"的某种潜在活动。像作品的女主人公一样，郭小川对她的丈夫——那个"软弱无能"的青年知识者在艰苦斗争中的动摇和幻灭进行了谴责，同时，却不厌其烦地用极其细腻的笔触去展现他充满冲突和痛苦的内心世界（《深深的山谷》）。《白雪的赞歌》写了被俘的丈夫面临敌人酷刑时所表现出的革命气节，但也写了孤独的妻子在双方离散之后所经受的感情空虚和动摇的危机。郭小川一方面热烈肯定个人对社会集体的投入，肯定以革命利益规训个人感情和行动；另一方面，同样热烈地显露出对爱和人道精神的向往，对个人感情世界的欣赏与尊重。这些内在的分裂意象虽然当时遭到了严厉责难，但说明了美学规训制度对文学创作的控制并不总是天衣无缝的。值得注意的还有《青春之歌》的修改过程。在该书的"初版本"中，林道静落难到北戴河附近的一个乡村小学，她每天独步海滨，与当地的农民似乎格格不入。后来，《中国青年报》、《文艺报》的讨论文章指责这些描写是"不与工农结合"，在无形压力下，"修改本"中增加了林道静深入农村的章节，以便"使她从一个小资产阶级知识分子变成无产阶级战士的发展过程更加令人信服"①。但如果"颠倒"过来读，人们会发现作品的上述"潜文本"却没有完全被删除。因为，修改本删除的可能是一些文字上的东西，它其实并没有、也不可能真正删除得掉作者内

---

① 杨沫《青春之歌·再版后记》，北京十月文艺出版社，1998年。

心世界中的知识者意识和审美趣味。再比如,李英儒在谈到《野火春风斗古城》的"修改"时说:"小说主人公之一的杨晓冬,是个中级领导干部",为避免"损害"他的形象,"在处理他的恋爱问题上,即使银环张开双手赶过来准备接受他的热烈拥抱,而他也只是摸了摸她的头发"。① 这一"处理"使研究者意识到,虽然男主人公没有进一步的"行动",并不表明他没有类似的心灵活动;"个人主义"从文学文本中缺席,不能说明它根本上不存在;有时候,没有"发表"出来的东西,往往比发表的东西更真实,因此就更强烈。

有人曾指出:"在我国,一九五七年才在全国范围内举行一次最彻底的思想战线和政治战线的社会主义大革命,给资产阶级反动思想以致命的打击,解放文学界及其后备军的生产力,解除旧社会给他们带上的脚镣手铐,免除反动空气的威胁,替无产阶级文学艺术开辟了一条广泛开展的道路。"②如果纯粹从社会意识的层面上讲,经过反右运动的思想整肃,文学界的"混乱状况"确实得到较大改观,从多元化走向了一元化,在此基础上开始形成一套比较完备的思想和美学的规训。然而,文学有其独特性和复杂性,有其"规训"所不能规训的东西。比如,知识者形象既然出自知识者的作家笔下,他们的文化积累、感情倾向就不可能完全割断与前者的联系,写作不可能完全与表现的对象无关;另外,作品文本有里外之别,有时是难以辨认和区分的,可能主观上是要压抑知识者的意识的,但潜意识里却往往通过"潜文本"把这种意识不自觉地流露了出来,例如对爱情的诉求,对个人艺术趣味、精神世界的某种保留,等等。因此,我们从"十七年文学"乃至后来的"文革"文学中发现了一个有趣的现象:一方面,在塑造知识者形象时作者往往有意识地表现出对形势"迎合"的姿态,另

---

① 李英儒《关于〈野火春风斗古城〉——从创作到修改》,《人民文学》1960年7月号。

② 此为毛泽东为周扬文章《文艺战线上的一场大辩论》所做的修改,乃为毛的手笔。参见龚育之《几番风雨忆周扬》,《忆周扬》,第217页,内蒙古人民出版社,1998年。

方面,批评者却对这些作品仍然表现出不满;一方面批评者是从非知识者的角度去指责知识者形象的塑造的,试图与后者"划清界限",但同时,批评者本人其实就来自这一群体,也"难辞其咎"。这就出现了批评者的"社会身份"与知识者的"社会身份"相抵触、相混淆的现象,一种因自我"认同"而发生的危机,当时弥漫在文艺界的方方面面。例如,有人曾注意到,"每次运动之后",周扬"都要开许多会议,作一些内部讲话,调子与公开发表的文章不同,重在强调文艺发展的规律"。以至在对某人进行"批判"和"组织处理"后,如果社会空气有变化,或情况允许,还会对他采取一些"补救"的措施,以改善其"生存的环境"等等。① 这种自相矛盾、不一致的现象,在50、60年代,其实不止发生在周扬一个人身上,有时也发生在他同时代的许多人身上。……由此我想到,在对"十七年文学史"的研究中,也许我们不应该只注意"大"的方面,也应注意到"小"的方面,注意对"社会行为"中的"潜意识"展开研究。

三 想像的差异性

为此,我想把问题的讨论范围稍微扩大一点,比如,我会注意,在"文革"文学中,众人对文学的"想像"是否存在"差异"? 进一步说,这种"差异"的存在说明了什么? 如果从文学社会学的角度看,它是否依然有学术研究的价值? 是否有讨论的余地? 我们知道,"十七年文学"包括"文革"文学一向被认为在"文学意义"上是比较贫乏的。近年来,有的研究者试图从民间文化的角度重新考察它的意义,希望藉此建构一个不同于过去当代文学史叙述的"隐形结构",②这种开掘性的工作显然是有意义的。但我觉得,除此之外还应该注意"文革"

---

① 周健明《我所见到的周扬》,《忆周扬》,第385页,内蒙古人民出版社,1998年。

② 陈思和《民间的浮沉:从抗战到"文革"文学史的一个解释》,《陈思和自选集》,广西师范大学出版社,1997年。

文学对美学的刻意追求,譬如样板戏中的灯光、服饰、唱腔、形象设计和正反人物的强烈对比效果,以及其中所揭示的更为复杂和矛盾的文本意义等。

　　我要讨论的"文革"文学,不包括那些处于地下状态的文学创作,而主要指公开发表或上演的作品和剧目。表面上看,由于激进文化思潮的控制,知识者题材和其塑造的文学形象,至"文革"之初已经完全衰落。还有一种观点认为,知识者写作变成了一种"潜在写作",它只存在于少数几位硕果仅存作家未公开发表的作品之中。① 这些观点的偏颇在于,把知识者的生存状况与现实世界简单地对立起来,试图用二元对立式的思想模式解读文学史的复杂面貌,而实际忽略了,即使在知识者正面形象"缺席"的"文革"文学中,和"文革"的艺术舞台上,它仍旧在以各种独特的叙事方式和形态存在着,并不断延伸到这一时期文学的各个方面及领域中。在诸多场合中,它表现为以下多种状态:尽管在价值选择上主动与权威文化合谋,服从于具体的政治任务和政策,在创作、演出效果上尽量适应"工农兵"大众化的欣赏习惯和嗜好,但审美意识却明显是典型的知识者的。知识者形象虽然从文学作品和演出场所的"前台"退到了后台,受到压抑和贬低,但它又意外地在文化的高压下获得了相对独立的审美空间,因为,它在作家的笔下,通过演员的一招一式呈现于人们面前,例如《红灯记》、《智取威虎山》的创作、演出过程等;在"文革"中,有所谓"领导定题目,作家出作品"的著名说法,岂不知,领导虽然"管住"了作家和演员的思想,掌握着他们的命运,但究竟不能改变其把作品写得尽量"好看",把戏唱得"美妙动听"的强烈的艺术愿望。于是,与"文革"时代万木凋零的状况相比,那时文艺作品的语言、人物描写、灯光、唱腔和服饰等却光彩夺目,栩栩生动,给世人留下了极其美艳照人的印象。那是让人难忘的非常文人化的文学创作和艺术表演——在李玉和、杨子荣的形象设计、舞台上的转身"亮相",政治抒情诗《西沙之战》对

----

　　① 陈思和《试论当代文学史(1949——1976)的"潜在写作"》,《文学评论》1999年第6期。

南国风光的诗意化描写上,都有淋漓尽致的表现。如前所述,"文革"文学是这样一个十分奇怪而矛盾的文学文本:在"文革"文学艺术中,传统的知识者(才子佳人)虽然被工农兵(民间劳动者)所代替,然而这些工农兵形象中却充满了知识者的气质、趣味和审美眼光。与其说他们是一群被称为国家新主人的"工农兵",莫如说是另外一群换上了工农兵服装的"知识者的自我形象"。① 其实,"革命"本身就是极具现代性的美学,它是现代中国知识者投入社会实践的一种独特方式,和精神的存在状态。因此,它必然会在不同时期,以不同的审美形态表现出来,从而勾画出那个时期文学艺术的特殊面貌。

　　知识者有广义和狭义两种。广义的知识者是指那些受过较高教育,具有专门技能和从事脑力劳动的人。但他们通常不关心知识中的文化价值,因此也不承担精神的义务和责任。狭义的知识者是指人文知识者。他们不光从事脑力劳动,关心知识系统中的文化价值,而且对公众自觉承担精神义务和批判的责任。即如康德所说,他们是"把每一个人当做本身即是目的来对待",并且在语言和行为上服从"内心的道德力"的一些人。② 但在当代中国复杂的文化语境中,广义和狭义的两种知识者的界限并不总是非常严格和泾渭分明的。迫于某种无形压力,一些知识者作家的文学作品和评论,在不同时期是截然不同,甚至是明显对立的;出于对变化中的政治形势的适应和利用,另一些知识者作家、评论家和组织家的言论行为,被充分政治化了,以致否定了自己在民主革命阶段的历史和艺术表现。这就使我们很难用纯洁化(或曰西方化)的"知识者"的思想和精神标准来裁定、评论一个作家的全部"历史"。比如,周扬 50、60 年代曾写下过维护文化权威而指责知识者精神探索的《我们必须战斗》、《文艺战线上的一场大辩论》等长文。在 80 年代,他又写下《三次伟大的思想解放

----

① 这涉及到一个复杂的问题:在要求知识者与工农"相结合"时,一些知识者仍在顽强坚持自己的精神特点,但也有一些知识者无论在着装、言谈和行为上努力在模仿"工农兵",在极力追求"工农兵化"。

② 转引自罗素《西方哲学史》下卷,第 247 页,商务印书馆,1982 年。

运动》、《关于马克思主义的几个理论问题的探讨》等批判"文革"、反思异化现象的著名文章。"文革"后,尤其是在周扬死后,许多人是用"觉醒"的观点来看待"两个周扬"的。① 然而,如果用这条进化论的思想尺度,就不容易解释在反右中遭人清算、因而被人同情的冯雪峰、丁玲和艾青等,反右之前为何也写过批判胡风和萧也牧等人的那些很"左"的文章,更难解释这些左翼作家在政治风云变幻中都曾有过的激进表现,以及其中所包含的历史复杂性。② "文革"后,很多批判"文革"文学的文章仍然受到政治因素的制约,掺杂了"好人"与"坏人"的道德评价标准,和因人因事的感情好恶,它不仅不能客观和复杂地看待50~70年代左翼文学之间的历史相承性,也不可能客观和冷静地看待"文革"文学。没有认识到,在一定程度上,"文革"文学实际依然是知识者文学,它是从当代中国条件下偏于温和与比较激进的知识者文学中延伸出来的,是另一种更加激进的知识者文学的类型。

在此情况下,有必要研究来自50、60年代的文学资源,和具有"文革"特征的两个值得注意的现象。其一,是"文革"文学人物形象的"知识者化"的问题。众所周知,"文化大革命"是由知识者出身的文化权威亲自发动,主要是知识者(包括红卫兵)参与的一场史无前例的革命运动。工农兵虽然以"工宣队"、"军宣队"和"贫下中农"等名义活动于这一历史过程,扮演"文革"的主角(这其实是一个历史"假相"),但精神上仍然明显处于被动的和被"领导"的状态。因为,他们身上的革命性与其说来自他们的"阶层"和生存状况的"原生态",莫如说来自于一种被强加的"知识者性",即当代中国知识者激进化的革命追求。上海京剧团《智取威虎山》剧组在谈到如何塑造英

---

① 参见《忆周扬》一书中张光年、于光远、王蒙等人的文章,内蒙古人民出版社,1998年。
② 参见李定中(冯雪峰)《反对玩弄人民的态度,反对新的低级趣味》,《文艺报》第4卷第5期,1951年6月22日;丁玲《作为一种倾向来看——给萧也牧的一封信》,《文艺报》第4卷第8期,1951年8月10日,等等。

雄人物的问题时曾强调,"陪衬就是服从。谁服从谁,就是舞台上谁被谁专政的问题。也就是哪个阶级主宰舞台的问题"①,鲜明地提出了人物身上的"阶级性"问题。北京京剧团《杜鹃山》剧组则把这一观点发挥为一种"斗争哲学",他们认为:现代革命京剧应该"以成长中的英雄人物来陪衬主要英雄人物",而"刻画反面人物"的目的,也是为了"反衬主要英雄人物"。② 中国京剧团《平原作战》剧组在文章中也认为,无产阶级文艺要"多层次、多回合、多波澜地描写矛盾斗争"。具体说来,多层次要求写出"矛盾冲突的发端、发展、激化直至解决的全过程;"多回合"是表现"长期的斗争和反复的较量";"多波澜"是反映斗争的"波澜起伏,曲折跌宕",等等。③ "阶级"、"斗争哲学"、"多层次、多回合、多波澜"等修辞显然不是工农兵固有的话语,而是典型的知识者话语。按照马克思主义经典作家的说法,"亚细亚的生产方式"的基本特征是村社农民中"手工业和农业保持自给自足的统一",其本质特性使它抑制着社会的分解和经济的进化,因此很自然会对社会革命产生冷漠与疏离的态度。④ 他们即使在革命时代被"组织"起来,但内心世界仍然是保守和传统的。因此,人们所言的"工农兵",其实就是传统的中国农民的社群。所以,在"文革"舞台上,《白毛女》中的大春、喜儿,《红色娘子军》中的吴清华,《沙家浜》中的阿庆嫂、郭建光,《红灯记》中的李玉和等,尽管始终处于戏剧旋涡的中心,是作品的主要英雄人物,是一群栩栩如生的工农兵形象,但观众通过其程式的表演,通过其思想、感情的活动,强烈地感觉到的却是这些

---

① 上海京剧团《智取威虎山》剧组《努力塑造无产阶级英雄人物的形象》,《红旗》1969年第11期。

② 北京京剧团《杜鹃山》剧组《疾风知劲草,烈火见真金》,1974年8月20日《人民日报》;江天《努力塑造无产阶级英雄典型》,1974年7月12日《人民日报》。

③ 中国京剧团《平原作战》剧组《坚持塑造无产阶级的英雄典型》,1974年8月7日《人民日报》;上海市《龙江颂》剧组《沿着毛主席无产阶级文艺路线前进》,《红旗》1972年第6期。

④ 马克思《资本主义生产以前各形态》,第20页,人民出版社,2003年。

形象的"知识者化"。他们的思想、情感、唱腔、对白等等,实际都与真实的工人、农民和士兵有着很大的差距。或者,他们即使还扮演着工农兵的艺术角色,那角色顶多也是一副副面具,是现代中国文化的符号,并不是他们自己。

其二,是内容与形式之间的革命性"裂变"。正如有人指出的:"按照科学意义上的革命,'文化大革命'不能在任何意义上称为一个革命。它不是用一种什么先进的生产关系去代替一种落后的生产关系,也不是用一种先进的政治力量来取代一种反动的政治力量。"①因此,它不是马克思主义经典作家所阐述的文化革命。就"文革"文学的内容来说,实际上也没有什么"先进性"可言:《白毛女》写农民对地主的复仇,《红色娘子军》写下层社会对上层社会的造反,《沙家浜》、《红灯记》写的是反抗异族的侵略,《智取威虎山》写的是山区剿匪。出现在这一时期的其它文学作品也不例外,比如,小说《金光大道》、《牛田洋》反映的是农村生产中的矛盾,《征途》揭示的是垦边的生活,李瑛的诗集《红花满山》、《北疆红似火》是兵营素描,臧克家旧体诗集《忆向阳》写的是士人落难之中"媚上"的欢悦,张永枚的诗报告《西沙之战》其实就是传统的御外战争。它们仍然继承着传统文学的叙事模式,例如善有善报、恶有恶报,例如悬念丛生、环环相扣,又例如因果报应、大团圆结局等等。从某种角度上,旧的、传统的内容或许只有用崭新的艺术形式"包装",才能显示出"旧瓶装新酒"和"推陈出新"的现实效果来。但人们不难发现,虽然戏剧、小说和诗歌的内容不免陈旧,但舞台人物穿的却是极其现代(或曰革命)的服装,使用的是现代口语,诗歌用四句一行或者楼梯式的现代书写形式,甚至出现了不免夸张的对话、道白、人物描写和过于渲染的戏剧语言。虽然经过现代艺术形式包装的"文革"文学不乏光彩夺目,具有引人注目的装饰感,然而实际上却表现为内容与形式的分裂,它给人一种过分明显的撕裂感和扭曲感。

---

① 胡乔木《谈〈关于建国以来党的若干历史问题的决议〉对"文化大革命"的几个论断》,《学习》1993年第1期。

值得注意的是,在"文革"文学中,人们注意到的是知识者身份的丧失,却没有注意到他们通过与民间、传统的结合所成功实现的身份转换。正是在革命样板戏,和1971年以后被允许公开出版的小说、诗歌和散文中,知识者有了重新写作的可能。不过,这种写作在本质上已经不是人们通常所说的"知识者写作",而变成了一种"非知识者写作"。或者更准确地说,是一种处于人格分裂状态的知识者的写作。这样的写作,虽然在审美意识、艺术形式上是知识者的,但在思想内容上却是"工农兵"的,民间的和传统的。与此同时,由于工农兵被赋予了知识者式的"阶级意识",尽管"文革"文学宣称要以工农兵话语为主体性话语,要求作家与工农兵相结合,其实这种阶级意识在本质上也不属于工农兵,工农兵在"文革"文学中经历的是另一种阶级身份的"丧失"。在这里,人们进一步发现的是一个深刻的历史命题:在过去社会动荡和战争环境中,知识者尽管经历了集团的分化却奇迹般地保留了精神传统上的完整;在这一时期,他们却从社会存在到心灵上经历了彻底的碎片化。

四 本土化的历程

进入50年代以后,随着文艺体制的进一步调整,一些20、30年代成名的老作家逐渐停止了创作。活跃于文坛的主要是三支队伍:来自解放区的作家,解放后成长起来的青年作家,和从工农兵中培养的作家。由于经历和文化背景不同,他们不仅表现出各不相同的创作姿态,笔下的文学形象也存在着一定差异。老作家们的退出,① 使得"五四"文学不再是当代文学创作的主要资源,从工农中培养的作家又不熟悉知识者生活,所以,在此历史"间隙"中,前两类作家便回归到自己熟悉的生活领域,当代文学中出现了战士型知识者形象、城市知识者形象和政治运动型知识者形象三种类型。

---

① 50年代后,除老舍偶尔还有作品发表外,茅盾、曹禺、巴金、冰心等人写的基本是"应时"的评论和歌颂的文章,在创作上陷入了窘境。

在三种类型中,无论是作品数量还是所产生的社会影响力,战士型的知识者形象都在"十七年文学"中占据着显要位置。这些作家和作品是:高云览的《小城春秋》、曲波的《林海雪原》、梁斌的《红旗谱》、杨沫的《青春之歌》、雪克的《战斗的青春》、李英儒的《野火春风斗古城》、欧阳山的《三家巷》、罗广斌和杨益言的《红岩》、孙犁的《山地回忆》、郭小川的《白雪的赞歌》、《深深的山谷》、《甘蔗林——青纱帐》、贺敬之的《回延安》、吴伯萧的《记一辆纺车》和康濯的《我的两个房东》等;另一方面,林道静、卢嘉川、运涛、杨晓冬、周炳、江姐、成岗、刘思扬等人物形象不仅进入了革命文学的"经典"行列,而且在我国读者中具有持久而深远的历史影响。出现上述情况,有其历史的特定原因:首先,作为中国革命的参与者,这些作家和他们所塑造的知识者形象都经受了战争和革命斗争极其艰苦的考验,与过去的作家和文学形象不同,前者的心灵世界具有非常鲜明的"战士"和"知识者"的双重性格。这就使他们的文学创作,在建国后的文学叙事中获得了其它作家集团不具备的"合法性"和"优先权";在这一过程中,即使其人物形象塑造上偶尔露出知识者的某种情绪和心态,甚至精神世界的矛盾和冲突,一定条件下也是被允许的。因为它们可以在作品的"修改"、"增删"过程中,与权威化重新恢复并进一步建立起"信任"与"默契"的关系。梁斌就曾谈到过创作中出现的这种"特殊情况",他说:"我记得在那个年代里接触的农民和知识分子,性格上带有慷慨义气的色彩,我很喜欢这样的人。"但是后来,他又对自己的这种说法做了调整,表示:"严萍我原来打算把她写成是对革命动摇的小资产阶级知识分子,写到后来,越写越觉得没有办法叫她动摇,因为我很爱这个人物,下意识地愿叫她走向革命,不愿叫她离开革命。"① 杨沫也承认,《青春之歌》原先的叙事框架不是这样,在接受了别人的批评之后,就作了较大的变动,作品的几次"修改都是围绕着林道静的成长,围绕着林道静走过的道路,围绕着林道静这个人物的典型意义

---

① 梁斌《漫谈〈红旗谱〉的创作》,《人民文学》1959年第6期。

来进行的"。① 其次,知识者与战士的结合,反映的正是中国革命的基本"规律",而这一结合被认为是"必然性"的人生选择。建国后,这一在人物塑造上的新的"认识",不仅被许多作者所接受,而且被贯彻到文学的创作实践之中。所以,从文学叙事策略上讲,战士型知识者形象的塑造反映的恰恰是革命传统与当代社会的接续与延伸,它理所当然会在主要以青年知识者为主体的"广大读者"中受到欢迎,起到其它宣传工作难以替代的教育作用。正因为如此,在"十七年文学"中,虽然其它类型的知识者形象塑造会因各种原因受到指责,但它始终能得到主流批评的认可。

在一定意义上,城市知识者形象与其说是与"五四"文学传统精神和叙事上的"缝合",莫如说更体现为一种变异。80年代,许多评论文章都把王蒙等人在50年代的创作名之为"少年布尔什维克情结"。这说明,他们的创作具有与苏联社会主义文学、毛泽东的《讲话》和解放区文学精神上的同一性。但评论者没有注意到的是,他们所塑造的虽然是成长于新社会的知识者人物形象,这些人物思想与精神上所表露的矛盾,以及所反映的,恰恰是社会主义在其探索期无法避免的矛盾和困惑。需要指出的是,与"五四"时代的知识者形象的极大区别在于,50年代的知识者形象所思考的并不是整个社会的本质问题,而是体制内部如官僚主义等可以通过"调整"来"改善"的局部性问题,诚如有的作家所指出的:"只要你从生活实际出发,深信自己所写的东西对党对人民有利,就不必怕,它一定会受到党的欢迎。"② 由此我们看到,在创作过程中,由于这些青年作家把"对党对人民"是否有利作为其出发点,所以《组织部新来的青年人》中的林震,《红豆》中的江玫,《在桥梁工地上》中的青年工程师曾刚对"现实"的怀疑和批判,自然不会超出这一历史所允许的范围。他们所认识的生活的局限,既带有王蒙这一代作家人生道路和精神成长的鲜明特点,也带有50年代与"五四"新文化传统既有所联系,也开始脱节

---

① 杨沫《青春之歌·再版后记》,北京十月文艺出版社,1998年。
② 刘宾雁《和奥维奇金在一起的日子》,《文艺报》1956年第8期。

的思想特征。但应该看到,与战士型的知识者形象有所不同的是,城市知识者形象在文化价值观上依托的不是中国革命背景下的战争环境,而是有着深厚的自由和民主思想土壤的现代都市,所以,他们身上既有对革命的精神依附性,同时也有对都市现代性的精神认同。正因为如此,它的存在往往被人视为"异端",在社会转折期经常会遭到正统思想的误解和排斥。

政治运动型知识者形象主要得益于一个时期内政治运动频繁发生的社会土壤。它是前两种知识者类型在新的历史条件下一种非常偏激的表现,是从左翼文艺阵营内部分裂出来的激进化的文学现象。50年代,与"五四"文学和鲁迅精神瓜葛较深的胡风、丁玲、冯雪峰,遭到了批判和排斥。60年代中期,以周扬为代表的30年代左翼文艺也被冠以反对毛泽东文艺思想的罪名,从社会主义文学的主流中剔除了出来。70年代的当代文学在与"五四"文学、30年代左翼文学发生断裂的基础上,实现了与"工农兵"和民间文学传统更紧密的结合。这样,虽然文学和舞台的主角是工农兵,然而支配他们的却是政治运动型的知识者。后者的"形象"尽管没有公开出现于作品和舞台上,但始终隐含在作品构思、情节、编导、舞美、唱腔、服装和它们综合性的叙事效果中。于是乎,政治型知识者利用文艺这个特殊形式,积极而巧妙地参与了当时的政治斗争。例如,八个革命样板戏宣传了无产阶级文艺取得的胜利,长篇小说《金光大道》证明了阶级斗争长期存在的必要性和合理性,《李自成》第2卷形象地演绎了"人民创造历史"的革命实践,电影《欢腾的小凉河》批判了"老干部",另一部电影《决裂》则否定了"十七年"的教育制度,等等。观察这类文学形象生产的渊源及其过程,会发现它们仍然是30年代左翼文学、解放区文学中某些极端文艺观的延续和变化,它们在精神上有着较深的关联。只不过在当时多层次的文学形态中,左翼文学和解放区文学尚未取得绝对的统驭地位,而在70年代,它终于成为了惟一的文学形态。

综上所述,知识者形象在"十七年文学"和"文革"文学中的变异和调整,一定程度上说明了写作者思想探索上的艰难和文坛上难以预料的复杂性。通过宏观描述和具体的取样分析,人们会进一步认识到,知识者形象对当代文化环境的"疏离"或"反抗"其实是不明显和缺乏典型性的,因此它很难严格地作为一段"精神史"或"文学史"而存在。相反,它与周围现实的关系更多的是"互动"的,既有有条件的冲突和矛盾,也有一定的配合与默契。这是因为,经过几十年对文艺家结构和队伍的控制,作为知识者的作家和评论家大部分已被纳入严密的文艺体制当中(遭到排斥的另一部分作家则基本失去了创作权利)。在一定意义上,他们成为各种协会、文学期刊、出版社和文艺团体的"领导"、"成员"和"作者",与后者建立了一种合作性的,至少是协约式的关系——因此,在我看来,在体制之外出现所谓"自由文学"创作不仅缺少赖以生存的土壤,也几乎不可能成为一种现实可能。因此,我倾向于认为,"十七年"及其后来文学中的知识者形象既不同于现代文学中的知识者形象,也不是西方文学中的知识者形象,而是当代中国本土化的知识者形象,它们错综复杂的文化形态和类型,很值得进一步思考与研究。

第二章　农民形象的"经典化"

"十七年文学"中的农民形象，是当代中国文学最具"经典"意义的形象之一。这些长期被遮蔽的"小人物"，终于登上了历史舞台，由文学的配角变成了主角。从中国传统文学的角度看，这种位置的"调整"是十分罕见的。但如果联系历史的漫长过程，它又在人们的意料之中。因为我们可以从"五四"文学中理出其思想的发展线索，在30、40年代复杂的文化矛盾中发现它存在的根据。并且还可以把上述空间中的理论和实践资源，尽量放在本文的考察视野当中。这样，不仅能够展示它在当代语境下的多种形态，也避免了简单和武断的判断。

一　怎样对"农民"定义

按照辞典的解释，"农民"一词是一个中性概念。它通常是指从事农业耕作，并以此为生的人。辞典中的农民，比社会人文科学中的农民形象更接近生活的原生态，接近他们真实的情感、处境和生命气质。马克思主义经典作家认为，亚洲农民的基本特征是在村社中"手工业和农业保持自给自足的统一"[①]，在亚细亚的生产方式下，"产品

---

① 马克思《资本主义生产以前各形态》，第20页，人民出版社，1956年。

成为商品,从而人作为商品生产者而存在的现象,处于从属地位"。①公社本身的独立自在性质和整个东方制度,决定了公社的隔绝状态。公社内的全部关系"使人的头脑局限在极小的范围内,成为迷信的驯服工具,成为传统规则的奴隶,表现不出任何伟大的作为和历史首创精神","它们把自动发展的社会状态变成了一成不变的自然命运"。② 这一观察虽然承认农民被压抑的处境有可能发展成革命的"温床",但它着重强调的是这个阶层在历史过程中的自在状态,和这种状态对社会发展的深刻影响。

20世纪的中国是一个革命的时代。在这个时代中,革命要求人们加入到激烈的社会改革实践当中,这势必会对各个阶层包括农民的概念做出重新解释。在众多充满歧义和矛盾的评论中,毛泽东、鲁迅的结论无疑是最具代表性和影响力的。这不光因为,他们赋予关于农民的知识方案两个独特的角度即政治家和文学家的角度,而且在所关切的对象身上,倾注了全部的想像力和思想感情,他们比任何人都更深刻地预见了农民在中国的历史命运,并对其展开了积极而热烈的现代性的思考。事实证明,中国农民在后来的历史道路中所呈现出的矛盾冲突和真实处境,建国后文学对农民形象的塑造和思考,无一不在这些预见之中。

鲁迅是以"历时性"的深邃眼光看待现代中国农民形象的。在他1926年以前的著述中,关于农民的问题占有相当多的篇幅。在《娜拉走后怎样》中,他看到了农民的历史被动性:"群众,——尤其是中国的,——永远是戏剧的看客。牺牲上场,如果显得慷慨,他们就看了悲壮剧;如果显得觳觫,他们就看了滑稽剧。"③在《灯下漫笔》里,又从"怎样服役,怎样纳粮,怎样磕头,怎样颂圣"中联想到"暂时做稳

---

① 马克思《资本论》,《马克思恩格斯全集》第23卷,第96页,人民出版社,1956年。
② 马克思《不列颠在印度的统治》,《马克思恩格斯选集》第1卷,第765~766页,人民出版社,1995年。
③ 《鲁迅全集》第1卷,第163页,人民文学出版社,1991年。

了奴隶"的命题。① 《从胡须说到牙齿》所震惊的,是"乡下人捉进知县衙门去,打完屁股之后",继之"谢大老爷"的精神的麻木。② 《随感录三十七》则沉痛而尖锐地讽刺了"义和团"愚昧的"神勇"之态,说:"打拳打下去,总可达到'枪炮打不进'的程度(即内功?)。这件事从前已经试过一次,在一千九百年。可惜那一回真是名誉的完全失败了。"③ 在回答为什么要写阿Q的问题时,鲁迅明确表示,"据我的意思,中国倘不革命,阿Q便不做,既然革命,就会做的。我的阿Q的运命,也只能如此",又说,"此后倘再有改革,我相信还会有阿Q似的革命党出现。我也很愿意如人们所说,我只写出了现在以前的或一时期,但我还恐怕我所看见的并非现代的前身,而是其后,或者竟是二三十年之后"。④ 正因为鲁迅"亲见"过辛亥革命失败前后农民的盲目和麻木,既着眼于现实的当下性,又注意从历史的教训中观察和思考问题,所以他对农民形象的阐释包含着互为因果的三个层次:一、历史宿命性决定了农民对自己处境的麻木和无可奈何的指认,这即是"奴隶性"的精神由来;二、有革命的冲动,但像阿Q,又像张献忠、义和团,支配其行动的是思想的盲目和重复的悲剧;三、既然农民的命运关系到中国的未来,那么对其"病根"的审察,就成为一个核心问题。由于鲁迅是从"批判国民性"的立场上介入中国社会的现代化进程的,所以他对农民的认识无一不是以此为思想的出发点,深切的悲悯与严峻的批判中所包裹的复杂态度,同样可以在此找到渊源。阿Q的形象,最集中地体现了鲁迅的农民观。"'阿Q'已成为中国现代思想中能界定意义的一个范畴,一个'五四'时期以及后来很多中国人经常以此表达中国人传统本性的形象。"⑤

---

① 《鲁迅全集》第1卷,第212、213页,人民文学出版社,1991年。
② 《鲁迅全集》第1卷,第246页,人民文学出版社,1991年。
③ 《鲁迅全集》第1卷,第309、310页,人民文学出版社,1991年。
④ 《〈阿Q正传〉的成因》,《鲁迅全集》第3卷,第379页,人民文学出版社,1991年。
⑤ 林毓生《中国意识的危机》,第193页,贵州人民出版社,1986年。

毛泽东的农民观,主要反映在《中国社会各阶级的分析》《湖南农民运动考察报告》《中国革命和中国共产党》《在延安文艺座谈会上的讲话》四篇重要文章中。中国传统社会"均贫富"的朴素的人道主义观念、"五四"时期的平等理念、俄国的民粹思想和中国革命的斗争策略,是形成他特殊的农民概念的主要资源。尽管它在不同历史时期会因形势的变化而表现出种种灵活的姿态,有相应的方针和政策方面的调整,但基本没有脱离以下三条思路:首先,对中国社会各阶级阶级性质及现实态度的基本估计。在《中国社会各阶级的分析》这篇中国马克思主义关于阶级意识和阶级斗争问题的开拓性的著作中,毛泽东对农民的阶级成分做了如下分析:"贫农是农村中的佃农,受地主的剥削。其经济地位又分两部分。一部分贫农有比较充足的农具和相当数量的资金。此种农民,每年劳动结果,自己可得一半。不足部分,可以种杂粮、捞鱼虾、饲鸡豕,或出卖一部分劳动力,勉强维持生活,于艰难竭蹶之中,存聊以卒岁之想。故其生活苦于半自耕农,然较另一部分贫农为优。其革命性,则优于半自耕农而不及另一部分贫农。所谓另一部分贫农,则既无充足的农具,又无资金,肥料不足,土地歉收,送租之外,所得无几,更需要出卖一部分劳动力。荒时暴月,向亲友乞哀告怜,借得几斗几升,敷衍三日五日,债务丛集,如牛负重。他们是农民中极艰苦者,极易接受革命的宣传。"因此,在"谁是我们的敌人?谁是我们的朋友"这个事关"革命的首要问题"面前,他非常明确地指出,"一切勾结帝国主义的军阀、官僚、买办阶级、大地主阶级以及附属于他们的一部分反动知识界,是我们的敌人","一切半无产阶级、小资产阶级,是我们最接近的朋友"。[①] 其次,始终相信农民是推动历史前进的动力,是中国革命发展与胜利的根本基础。在一篇文章里,毛泽东曾兴奋地写道,"农民在乡里造反,搅动了绅士们的酣梦。乡里消息传到城里来,城里的绅士立刻大哗。我初到长沙时,会到各方面的人,听到许多的街谈巷议","实在呢,如前所说,乃是广大的农民群众起来完成他们的历史使命,乃是乡村的民

---

① 《毛泽东选集》第1卷,第3~9页,人民出版社,1991年。

主势力起来打翻乡村的封建势力。宗法封建性的土豪劣绅,不法地主阶级,是几千年专制政治的基础"。所以,他断然认为:"没有贫农,便没有革命。若否认他们,便是否认革命。若打击他们,便是打击革命。"①这一思想,贯穿在他终生的革命实践当中。最后,既然农民是中国革命的主力军,是中国革命得以实现的重要保证,那么文艺的核心问题就是"为工农兵服务"的问题。"我们的文艺,既然基本上是为工农兵,那末所谓普及,也就是向工农兵普及,所谓提高,也就是从工农兵提高",但它"不是把工农兵提到封建阶级、资产阶级、小资产阶级知识分子的'高度'去,而是沿着工农兵自己前进的方向去提高,沿着无产阶级前进的方向去提高"。②

显然,马克思主义经典作家、鲁迅和毛泽东关于农民的释义是各有侧重的。在马克思主义经典作家"他者"的考察眼光中,亚洲农民(包括中国农民)的精神状况是一种典型的"原始状态"。他们身上体现的,主要是"由自然预定的命运",因此很难显示出精神的主动性。鲁迅的农民观中极其触目的是"批判国民性"的思想线索,他强调的是对农民的精神"疗救"。但鲁迅不是一个社会改革的实践家,而是一个对中国历史传统及其劣根性有着透彻认识的思想家、文学家,他对传统的攻击超过了口号的呐喊,达到了对传统中国文化黑暗面与中国人性格的犀利而深入的了解,以此也延伸到对阿Q们能否革命的很深质疑上。与鲁迅极其不同的是,毛泽东不是从文化的方面,而是从政治的方面看待中国农民的。而且他领导的中国革命必须得到广大农民群众的支持,必须走一条"农村包围城市",进而夺取国家政权的特殊的道路。这决定了他的感受和为农民的"命名"不可能只具有理论的学术的意义。从实践的需要出发而延伸,反过来又用它来推动实践的发展,是毛泽东比同时代大多数知识分子更能与广大农

---

① 《湖南农民运动考察报告》,《毛泽东选集》第1卷,第15、21页,人民出版社,1991年。

② 《在延安文艺座谈会上的讲话》,《毛泽东选集》第3卷,第859~860页,人民出版社,1991年。

民的现实感受真正沟通的关键因素所在。如前所述,20世纪是一个革命的世纪。凡革命都希望尽快推翻封建主义等三座大山,所以它排斥迂缓的文化反思和思想的重建。因此,尽管同为20世纪中国的两个巨人,鲁迅虽然还被视为文化圣人,但农民对他其实很隔膜,而毛泽东则是作为"大救星"立于他们心中的。还应该看到的是毛泽东的个性对当代中国及其文学的深远影响。"受压与造反,压迫越深反抗越烈,在他的心目中,本来就是二而一的东西。他一生都从事着解放受压迫者的民主事业","这种观念一浸入他的艺术接受活动,便合乎逻辑地追求激进的审美效应,偏爱作品中各种各样的反抗性、挑战者形象——共工、孙悟空、青蛇、红娘、小谢……,推崇对封建专制和正统规范具有讽刺性、批判性的作家诗人——屈原、司马迁、李白"等等。① 从中,我们大致可以理出"十七年文学"中"农民概念"形成的线索,同样也可以理出一条当代中国文学发展的内在理路。②

二 寻求"本质化"

赵树理、丁玲和周立波创作于40年代的小说,是当代文学农民形象塑造的前奏。这一形象更为完整的艺术形态,是在1949到1976年间最后完成的。如果从作家对当代农民认识和表现的过程看,有三个明显的发展阶段:1949到1959年是第一个阶段,它的特点是从静态的考察和回忆中看农民,作家虽然在一定程度上获得了超越性的眼界,其作品给人的突出印象仍然是"本地人"的体验和感受,比如赵树理、周立波和李準等的小说。1960到1963年是第二个阶段,它的特点是从现实斗争的角度看农民,更重视农村中先进人物的创造,和对农业合作化、大跃进、人民公社等一系列人为性运动中

---

① 陈晋《毛泽东与文艺传统》,第36页,中央文献出版社,1992年。
② 毛泽东和鲁迅是对当代中国文学影响最大的两个大家。1976年后,鲁迅的影响开始从"象征性"的状态中走出来,取代毛泽东而成为当时"思想解放"文学思潮所尊崇的思想权威。

出现的人物形象"历史本质"的揭示。在此过程中,作家更像是乡村的"外来者",虽然他们尽力用农村的语言、心理刻划自己的人物。①这一时期的代表性作家是柳青、姚雪垠、陈残云和陈登科等。1959到1976年是第三个阶段,对农民形象的塑造完全进入了"本质化"的历史过程。在这一时期,文学创作基本抛弃了农村的文化特质和农民性格的逻辑,用阶级斗争的思想来取代人物的塑造,浩然是其中的突出代表。上述过程反映了当代政治在广大农村曲折而复杂的探索与追求,通过人物的塑造,可以窥见它的理念在与生活结合时的矛盾与艰难。

1949年3月,有人在一次重要的报告中宣布了工作重心的转移,他说:"从一九二七年到现在,我们的工作重点是在乡村,在乡村聚集力量,用乡村包围城市,然后取得城市。采取这样一种工作方式的时期现在已经完结。从现在起,开始了由城市到乡村并由城市领导乡村的时期。"②9个月后,又有人在一次讲话中重申并补充了这一观点,他特别提到了"社会主义"的问题:"在谁领导谁的问题上,今天我们确定了城市领导乡村、工业领导农业的方针。城市领导乡村、工业领导农业,资本主义社会就是如此,社会主义社会更是如此。"③随着民主主义革命阶段的结束,农民在中国革命中的精神优越性也宣告终结,它由更具社会主义特征的工人阶级和其他阶级的精神优越性所代替。正如毛泽东所阐述的:"严重的问题是教育农民。"因为农民的生产方式是"古代"的、"落后"的,已经不适应以大规模工业生产为特点的国家现代化的进程,"没有农业社会化,就没有全部的巩

---

① 参见茅盾《在反动派压迫下斗争和发展的革命文艺》,《中华全国文学艺术工作者代表大会纪念文集》,新华书店,1949年。茅盾在这篇报告中,对建国前后的农村小说不能很好地表现"现实的斗争"表示了不满;又见洪子诚《中国当代文学史》,第93页,北京大学出版社,1999年。
② 毛泽东《在中国共产党第七届中央委员会第二次全体会议上的报告》,《毛泽东选集》第4卷,第1426～1427页,人民出版社,1991年。
③ 《当前财经形势和新中国经济的几种关系》,《周恩来选集》下卷,人民出版社,1984年。

固的社会主义"。① 在现代文学中,关于乡土中国与现代中国的想像本来就是一个长期悬而未决的难题。对于在《讲话》指导下、在"中国气派"的文化氛围中成长起来的作家而言,他们更倾心于农民身上那种朴实、传统的道德,习惯从"本土资源"中获取创作的灵感。赵树理就曾说,他写的是为农民请命的"问题"小说,是"劝人"小说。几乎在所有的"创作谈"中,他都着力强调农村生活,"本地"的感情和经验。他虽然批评农民的自私落后,但对即将在现代化进程中成为"过去"的老派农民和传统的农业时代却抱以深切的同情。② 他积极拥护农业合作化的政策,曾几次下乡或返乡深入生活,写出了《三里湾》、《实干家潘永福》等歌颂赞美的小说。但赵树理毕竟在精神上与农民有天然的联系,这决定了他的政治热情、人生态度和文学观中,有一种与生俱来的"农民"色彩,一旦发现某些政策损害了农民的利益,他就会秉笔直书,不顾及各种"利害"。1956年,他曾给长治地委负责人写信:"最近有人从沁水县嘉峰乡来谈起该地区农业社发生的问题,严重得十分惊人……试想高级化了,进入社会主义社会了,反而使多数人缺粮、缺草、缺钱、缺煤,烂了粮,荒了地,如何能使群众热爱社会主义呢?劳动比起前几年来紧张得多,生活比前几年困难得多,如何能使群众感到生活的兴趣呢?"③实际上,当时不仅仅是赵树理,许多作家都对与现代性背道而驰的乡土中国的农民形象,对他们的语言方式和生存状态表现出强烈的留恋情绪。周立波的《山乡巨变》是通过特定地域乡村的日常生活展开的,他对农民在社会主义"道路"上

---

① 毛泽东《论人民民主专政》,《毛泽东选集》第4卷,第1477页,人民出版社,1991年。

② 参见赵树理这一时期若干文章,如:《也算经验》,1949年6月26日《人民日报》;《〈三里湾〉写作前后》,《文艺报》1955年第19期;《谈创作》,《长江文艺》1956年5月号;《当前创作中的几个问题》,《山花》1959年6月号;《谈"久"》,《争取社会主义文学更大的繁荣》,作家出版社,1960年;《与读者谈〈三里湾〉》,《文艺报》1962年第10期。

③ 转引自李辉《清明时节——关于赵树理的随感》,《风雨中的雕像》,第117页,山东画报出版社,1997年。

的冲突与矛盾,偏于持理解和宽容的态度,而且似乎丝毫也不掩饰自己对南方乡村口语的欣赏。李準的《李双双小传》试图塑造我国农村先进劳动妇女李双双的形象,然而,给人印象最深的,却是李双双那位思想保守、浑身散发着泥土气味的丈夫孙喜旺。显然,从总体上看,解放初期的农村题材小说尽管作出了配合农业合作化、大跃进和人民公社等运动的姿态,然而始终表现出暧昧的和比较消极的态度,在"大连会议"上,这一倾向发展成一种公开的抵触。作为大连会议的主角之一,赵树理的"中间人物"论理所当然遭到了严厉批判。大连会议的结束,意味着赵树理文学生命的结束,和怀疑现代性的乡土中国文学艺术探索的夭折。

1960年,柳青长篇小说《创业史》第一部在刊物上的连载。这部小说标志着中国作家对农民形象的认识开始跨越"赵树理的时代",朝着迎合农业现代化目标的方向迈进。两三年间,肯定和赞扬这部作品的评论有数十篇之多。1963年夏,严家炎却对它提出了中肯而尖锐的批评。他在一篇题为《关于梁生宝形象》的文章中,主要谈了三点意见:第一,他不同意把"作品中所写的新英雄形象"和"实事求是的给以评价"这两者对立起来的做法。第二,他认为,"梁生宝在作品中处于思想最先进的地位","但思想上最先进并不等于艺术上最成功;人物政治上的重要性,并不就能决定形象本身的艺术价值。艺术典型之所以为典型,不仅在于深广的社会内容,同时在于丰富的性格特征"。第三,他认为在梁生宝的形象塑造上,有以理念取代形象、有意拔高而牺牲了他本身的"农民气质"的偏颇,因此远不如梁三老汉的形象成功和真实。因此,作者不无讽刺地说:"哪怕是生活中一件极为平凡的事,梁生宝也能一眼就发现它的深刻意义,而且非常明快地把它总结提高到哲学的、理论的高度,抓得那么敏锐,总结得那么准确。这种本领,我看,简直是一般参加革命若干年的干部都很难得如此成熟如此完整地具备的。无怪乎有的读者会觉得梁生宝的思想政治水平比区干部还高,而有的评论文章则更是称颂他'具有思想家的风貌'了。"① 在此前后,柳青、艾克恩、刘隆琼、蔡葵、卜林扉、吴中杰和高云等人对严文表示了不满,并发表了商榷文章。该年8月26日,《文汇报》以《关于〈创业史〉主人公梁生宝的讨论》为题,对这场争论的双方观点给予了介绍。柳青在发表于1963年8月号《延河》的《提出几个问题来讨论》一文中,为自己的创作做了辩护,反驳说:"我根本没有一点意思把梁生宝描写为锋芒毕露的英雄。他不是英雄父亲生出来的英雄儿子,也不是尼采的'超人'","在这部小说中,是因为有了党的正确领导,不是因为有了梁生宝,村里掀起了社会主义革命浪潮。是梁生宝在社会主义革命中受教育和成长着。小说的字里行间徘徊着一个巨大的形象——党,批评者为什么始终没有看见它?"

其实,《创业史》在文学评论中的"受挫",正说明了农业现代化的宏伟理念与日常化的乡村生活实践"结合"的困难。在农民形象的塑造上,柳青的创作固然如有人所说是"一个创举",然而却很难说是无可挑剔的艺术实践。这一点,恰恰表明了柳青在农村题材小说历史进程中仍然是一个过渡性的、转变期的作家。从服从一个时期的农村政策出发,柳青塑造了梁生宝这个社会主义"新人"的形象。就历史观和文学观而言,作者对农民的认识还停留在当时比较肤浅的思想层次。严家炎虽然注意到了艺术表现与现实理念之间的矛盾,注意到农村现实和农民性格的复杂性,但他的清醒和批评却明显受到时代的局限。这一极有意义的工作,实际上很难真正地进行下去。在50、60年代,中国大地上出现的一系列农业合作化、大跃进和人民公社的运动,即是马克思所说的"乡村城市化"和文明现代化的历史进程。但问题和矛盾在于,人们虽然认识到农业现代化对于社会主义革命和建设的重要性,频繁欢呼一个又一个运动掀起的"高潮",却没有意识到"处于统治地位的城市上层社会和处于被统治地位的乡村下层社会之间的不平等关系",正是中国城乡二元社会结构的突出特点。它使得"中国的城乡关系具有剥夺与被剥夺的特点","一极是

---

① 严家炎《关于梁生宝形象》,《文学评论》1963年第3期。

人口、财富高度集中,作为政治、文化中心的城市上层社会,一极是分散、孤立、贫穷、落后的乡村下层社会。由此形成城市上层社会和乡村下层社会尖锐对立又共同存在"的"社会中的二元结构。这一结构深刻地规定着城市和乡村政治状况的不一致性"。① 这样,当代中国虽然超越了农村和农民的历史、似乎具有了最先进的思想意识,使柳青的创作远远超越了赵树理创作的阶段,但最终却导致了他笔下农民形象与农村"生活"的断裂,也使出现于这一时期文学作品中的农民形象,普遍地单薄苍白和不真实。

60年代中期后,阶级斗争学说的提出,使上述"断裂"现象进一步加剧。如果说,浩然1957年动笔、1966年出齐的三卷本长篇小说《艳阳天》,虽然有意识地表现农业合作化运动中"激烈的阶级斗争",并且让"工农兵读着方便、喜欢"的话,②那么,1970至1977年(基本在"文革"中)完成的四卷本长篇小说《金光大道》,在农民形象的塑造上则完全步入了公式化和极端化。至农村题材小说发展的第三个阶段,可以说,政治运动越来越紧迫地压抑了作家的艺术创造力,使文学创作陷入了全面的萎缩。在此情况下,人们发现,有关农村的方针政策越来越偏离中国农村的"固有形态",文学作品中的农民形象完全没有了农民的气质,急剧地向着当时流行的"先进人物"形象靠拢。这种过激化,很难说得上是"发展"。因为,赵树理们笔下的农民虽然长于"本地化"、又囿于"本地化",但它毕竟揭示的是中国农民的真实"形象",柳青等尽管在农民化和革命化之间一度显得犹豫不定,然而仍不失是一种艰难的"探索"。在这个意义上,浩然在1966至1976年长达十年农村题材文学中所保持的创作的"惟一性",不仅无法预示它"空前的繁荣",只能说明它走向了末路。我想,这不单是文学的不幸,也是浩然本人的不幸

---

① 徐勇《非均衡的中国政治》第53～55页,中国广播电视出版社,1992年。

② 浩然《寄农村读者——谈谈〈艳阳天〉的写作》,1965年10月23日《光明日报》。

三 超越赵树理

在当代文化语境中，如何塑造社会主义农村中的新人形象，一直是农村题材作家深感头痛的一个难题。中国革命是一场知识分子领导的，以农民为主体的社会大革命。但当新民主主义革命完成后，农民在社会主义阶段便成了落后的形象，需要经过现代化的改造，重新赋予它新的精神品质和适应大规模社会生产的能力。作家们所面临的新课题是，既要肯定具有农民色彩的中国革命的本质性，又要从解放后的农民群体中发现社会主义的先进人物；创作既要配合上述国家现代化的总进程，但文体形式上又要真正做到"为工农兵服务"。

赵树理是带着为政治服务的自觉意识，与农民、与土地庄稼互为依存的使命感走上中国文学的舞台的。由于他是响应《讲话》号召较早、也是最成功的作家，解放初年，赵树理在文坛的地位如日中天，享有很高的声誉。1949年，在为全国第一次文代会所做的报告中，周扬这样评价说："反映农村斗争的最杰出的作品，也是解放区文艺的代表之作，是赵树理的《李有才板话》。"①会议闭幕后，他获得了许多头衔：全国文联常委委员、全国文协常务委员、中国曲艺改进会副主任委员、《文艺报》和《小说月报》编委等。1956年，中国作协召开第二次理事会扩大会议，周扬在报告中又把赵树理与茅盾、巴金、老舍和曹禺并列在一起，称他们是当代语言艺术的大师。但刚开始，赵树理并没有找到写新社会和新人的感觉，他最初发表的两个短篇小说《田寡妇看瓜》和《传家宝》，一个是解放前后南瓜地上的两幕场景，另一个题材依旧是他所擅长的婆媳争端。由于创作的困窘和不习惯城市生活，赵树理一度变得百无聊赖。1952年后，他几度返回晋东南的平顺和家乡沁水两县，白天和农民一起干活，"夜里帮助农民算工帐，疲乏了，就倒在炕上睡一忽儿"，"休息时候，就唱上一段上党梆

---

① 周扬《新的人民的文艺》，《中华全国文学艺术工作者代表大会纪念文集》，新华书店，1949年。

子,使大家听了高兴,向他热烈鼓掌"。① 曾和他一起下乡的作家康濯对赵树理有个鲜明的感觉:"他把农村实在已提到了第一等最重大的、随时随地都无微不至地关心的位置。"②几年后,第一部反映农业合作化的长篇小说《三里湾》,终于打破最初几年创作的沉寂,获得了普遍好评。它以三户典型的农家为描写对象(全心全意走社会主义道路的支书王金生、三心二意想发展资本主义的村长范登高,和一心一意做富农梦的中农马多寿),以发展生产、兴修水利为冲突焦点(马多寿挖空心思不退让"刀把地",范登高与他联手,破坏修渠和反对扩社),从农民的家庭生活、劳动生活等方面反映合作化运动的全过程。然而,还是敏锐的茅盾看出了赵树理"解放后"的真实处境,他说:"赵树理的个人风格早已为大家所熟知。如果把他的作品的片断混在别人的作品之中,细心的读者可以辨别出来,凭什么去辨认呢?凭他的独特的文学语言。独特何在?在于明朗隽永而时有幽默感。把赵树理的风格看做只是幽默,未有确论。幽默只是形成赵树理风格的一种手法,而不是它的艺术构思的骨架,就它的整个风格来说,应当认为明朗隽永是主导的。同样地,如果把赵树理作品的幽默因素仅仅归之于散在篇中的解颐妙语,亦未为确论,赵作的幽默还在于概括人物的性格而给他一个形象的绰号。"③像周扬一样,茅盾肯定的依旧是赵树理解放前就已形成的风格,和作为农民作家的敦厚气质。它的潜台词是,赵树理的创作并没有真正跨入新中国的门槛。他陷入的仍旧是一个"怪圈":他虽然尽力去挖掘个别农民的落后性,但并不是认为落后就是广大农民的本质;他相信合作化会给农民带来一个美好的未来,却又怀疑大规模的组织性生产是否适合农村和农民。所以,《三里湾》不仅仍然被胡乔木批评为"不大、不深、不能振奋人

---

① 《与川底农民一夕谈话——从赵树理身上看艰苦朴素作风》,1957年6月12日《文汇报》。

② 康濯《写在前面》,载《赵树理文集续编》,中国工人出版社,1984年。

③ 见茅盾在全国第三次文代会上的报告《反映社会主义跃进的时代,推动社会主义的跃进》。

心",他留在当时人们心目中的形象也让人感到揪心而悲怆:"我走进他的屋里,只见他背对着窗前的书桌,坐在房子正中的一把椅子上,微微眯起眼睛,全神贯注地进行弹奏。……后来,老赵的乐弦一变,响起了舒缓缠绵哀悲凄恻的曲调。这声音,拖长了的韵尾,象一个弱者慨叹身世的不幸。"①同40年代一样,赵树理每到创作灵感来到,就必操起三弦拨弄一番。他的习惯、爱好乃至小说观,并没有随着时代的变化而变化。

赵树理没有意识到,国家和文艺界领导人希望看到的,其实是社会主义农村中涌现出来的革命的、具有最先进思想意识的人物,而非他笔下那些原汁原味、老实巴交的农民。更没有想到,50年代的合作化、大跃进不仅在改造广大农民,也包括他这样的农民作家。早在解放初,赵树理改任中宣部文艺干事。胡乔木亲自为他选定了契诃夫、屠格涅夫等俄罗斯大作家的作品,以及《新民主主义论》、《在延安文艺座谈会上的讲话》、《列宁论文艺》等理论著作,让他住进中南海庆云堂,排除干扰,闭门集中读书,但未奏效。"自从邵荃麟出任中国作协党组书记后,他就一直想把赵树理这个'土包子'改造为'洋包子'。在赵树理身后劫余的文稿中,有一张开着下列书目的纸片:马列主义、哲学、哲学史、中国史、世界史、共运史、民族革命史、马克思以前各派美学、中国文学史、世界文学史、中外古今文学名著。根据稿纸和字迹判断,大致可以肯定,这是赵树理在50年代受命学习的内容,因为凭他的阅读兴趣,是不会主动去看这些著作的。"②他所写的《邪不压正》、《登记》、《锻炼锻炼》、《灵泉洞》、《老定额》和《套不住的手》等小说,在滚滚而来的"新形势"面前,已经越来越"不合时宜"。这不是历史给赵树理开了一个玩笑,而是这位一生都在为农民而思、为农民而写的作家,无法理解历史对他提出的这么新和这么高的要求。或许康濯所为之感动的,就是赵树理那种农民式的倔强和朴实。

---

① 杜黎均《美好的记忆——怀念赵树理同志》,《北京文艺》1980年第11期。
② 戴光中《赵树理传》,第298页,北京十月文艺出版社,1987年。

在他身上,为政治服务和将生命同农民、大地互为依存,是一个难以结合的历史难题。

  柳青说:"我不能想像一个人经常不看报,不细读社论,不看与自己面对的生活有关的报道、论文和通讯,闷头深入生活的结果能写出好作品。"①他又谈到《湖南农民运动考察报告》对农民运动的极高热情和阶级分析方法对他的深刻影响,"毛泽东同志在这个文件里尽情描写农民运动的雄伟壮阔,具体举出十四件大事,是为了主张什么和反对什么。我们写文艺作品也是这样。我们把它叫做主题",所以,"这时摆在我面前的问题不仅是搞文艺不搞文艺的问题,而更重要的是革命不革命的问题了"。② 由此可以看到:第一,与不喜欢读经典哲学著作的赵树理不同,柳青把读社论看报和学习毛泽东著作看得比深入生活更重要。第二,虽然他们都出身农村,都赞成文艺为政治服务,但柳青是一个愿意表现农民的知识分子作家,赵树理则是以"乡下人"自居,而且始终为农民命运忧虑的农民作家。正因为如此,柳青更喜欢从"本质"、"规律"的视角看农村,塑造先进、高大的社会主义农民形象。所以,长篇小说《创业史》第一部一出版就好评如潮。冯牧说:"毛主席曾这样写道,'现在全国农村中,社会主义因素每日每时都在增长,广大农民群众要求组织合作社,群众涌现出了大批的聪明、能干、公道、积极的领袖人物'。在《创业史》中给人带来了深刻难忘印象的梁生宝,不正是这种农民当中的新的领袖人物的一个生动逼真和富有典型意义的写照么?"③冯健男认为,梁生宝"不是农民气质或农民意识的体现",而"是一个无产阶级化了的青年农民的高大而又真实的形象,社会主义、共产主义新人的形象"。④ 有人还把

---

  ① 柳青《回答〈文艺学习〉编辑部的问题》,《文艺学习》1954年第5期。
  ② 柳青《毛泽东思想教导我——〈湖南农民运动考察报告〉给我的启示》,1951年9月10日《人民日报》。
  ③ 冯牧《初读〈创业史〉》,《文艺报》1960年第1期。
  ④ 冯健男《再谈梁生宝》,《上海文学》1963年9月号。

《创业史》称做"史诗性"的作品,把梁生宝与阿Q放在一起比较。①由于梁生宝的形象被认为超越了民主革命阶段的农民形象,反映了中国农民的历史道路和在社会主义时期的成长过程,所以,作品中"梁生宝买稻种"一节不仅频繁入选各种选集、中学语文课本,实际已经成为社会主义文学中的一个"经典片段"。

因为要求提高对农民社会主义积极性的认识,也因为形势在不断变化,为维护梁生宝"无产阶级化"的高大形象,柳青一开始就陷入到小说"修改"的圈套当中。《创业史》第一部先在刊物上连载,出书时作者又对每章重新润饰,从1954年写作到1960年出版,他曾对这部小说"四易其稿"。1977年,新版的《创业史》第一部与读者见面时,"出版说明"还写道:"这次再版时,作者又进行了一些重要的修改。"据悉,柳青即使已身染沉疴,仍然不忘在修改中保护梁生宝精神的"纯洁性"。原作中的下列段落,都在这一时期被作者一一删去。

例如在第十五章,改霞照镜子,"她低下头,乐滋滋地瞅着过了乳峰,达到腰间的两个辫梢,带着女性共有的'画眉深浅入时无'的天赋心情,揣摩生宝看见她这身打扮的心理"。在第三十章,改霞决定当她和生宝在田间小路上走路时,"她将把身子紧挨着他茁壮的身子,肘子擦着肘子"。快要见到生宝时,"她怕他在黑夜看不见她笑,又扭怩地动了动穿着夏装显得很苗条的身子"。再看同一章梁生宝对自己欲念的"控制"和"不安":"第一次亲吻一个女人,这对任何正直的人,都是一件人生重大的事情啊!"接着是对梁生宝的心理描写:"他一想,一搂抱,一亲吻,定使两人的关系急趋直转,搞得火热。今生还没真正过过两性生活的生宝,准定一有空子,就渴望着和改霞在一块。要是在冬闲天,夜又很长,甜蜜的两性生活有什么关系?共产党员也是人嘛!"但现在,"他必须拿崇高的精神来控制人类的初级本能和初级感情",他"考虑到对事业的责任心和党在群众中的威信,他不

---

① 参见阎纲《史诗——〈创业史〉》,《延河》1979年第3期;姚文元《从阿Q到梁生宝——从文学作品中的人物看中国农民的历史道路》,《上海文学》1961年第1期。

能使私人生活影响事业"。人家等他开会,"他在这里考虑着是不是抱住个女人亲嘴哩！顿时觉得自己每一霎时,都不应当忘记自己是什么人啊！生宝轻轻地推开紧靠着他,等待他搂抱的改霞,他恢复了严肃的平静,说：'我去开会呀！人家等组长哩。'"

　　柳青按照报纸社论和领导人著作对新时代农民的重新阐释来刻画他们的形象,把不符合这些思想标准的加以调整或删去,但他又是作家,有另一套创作的想法和技巧。因此,它和前者不可能不出现"紧张"的关系；像大多数知识分子作家那样,他需要不断从现实生活中发现并迎合所谓的"本质"与"规律",才得以保住自己在社会中的合法"身份"(赵树理则始终不认为自己是一个"作家")。所以,他需要通过不断修改作品,来调整与主流意识形态的关系。据此可知,当时,柳青在创作中肯定感到了苦恼和茫然。由于没有可靠材料,我们不可能真正走进作家的内心世界,但可以从这里追问,他为什么删？为什么直到生命尚存的岁月里,还对自己的写作不满？对此,人们可以做进一步的探讨。

　　研究浩然,可以换一个角度,即从 80 年代开始。思想解放运动之后,浩然 60 年代和 70 年代创作的长篇小说《艳阳天》、《金光大道》在评论界受到广泛批评。人民文学出版社的《中国当代文学史初稿》、北京大学出版社的《当代中国文学概观》对其持否定的态度,认为它们是"从'阶级斗争为纲'的思想出发",为"适应'四人帮'的政治需要"而"走向创作歧途"的作品。① 对此,浩然颇为不满,并为自己做了辩解。他认为,"中国是个有组织的社会主义制度的国家","没有一个人不被党的方针政策所左右","如果作家要忠于现实,真实地反映现实社会生活",他写出的作品怎么可能与之"不搭'调儿'"呢？因此,"不能用'今天'的眼光看历史人物,也不能因'今天'政治气候需要苛求历史人物"。②

---

① 张钟等《当代中国文学概观》,第 362 页,北京大学出版社,1986 年。
② 浩然《关于〈艳阳天〉〈金光大道〉的通讯与谈话》,《浩然研究专集》,第 188～191 页,百花文艺出版社,1994 年。

其实，纯粹从修辞的角度讲，双方不存在分歧，都是运用"政策"的视角来认识浩然的创作道路。与在 30 年代读书求学时即已形成人生观、文学观，早年投身革命的赵树理、柳青们不同，浩然是新中国自己培养的作家。他说，"千百名高大泉、朱铁汉式的基层干部教育了我，千百名刘祥、邓久宽式的普通农民教育了我"，"社会主义能够救农民，社会主义的兴起，已经救了农民。这在我的世界观中深深打下印记"。① 《艳阳天》中的农业社社主任萧长春，是作者着力塑造的英雄人物。他与走"资本主义道路"的社副主任马之悦、地主马小辫做斗争，并争取动摇于"两条道路"之间的"中间状态"的人物，一起坚定地走"社会主义道路"。农村题材长篇小说的这种结构形态，在赵树理的《三里湾》和柳青的《创业史》中已经形成，但在对社会结构和文学结构所做的"阶级斗争"解说上，《艳阳天》却比前者表现得更加鲜明。1962 年后，"阶级斗争"开始作为一个权威性的政策推进到社会生活的各个角落。"文革"爆发后，它更以特殊的方式进入作家的思维、构思和叙述之中，成为一种思想和文学模式。与赵树理、柳青在文坛的"衰落"形成鲜明对比的，是浩然作为文学界"样板"的迅速崛起。70 年代，他按照阶级斗争的要求创作了反映合作化运动的《金光大道》，之后，又带着"特殊使命"写出了十分拙劣，且属于"败笔"的《西沙之战》。对各种"政策"的敏感，使浩然在这一时期保持着极其旺盛的创作热情，但"政策"在"新时期"被调整，最终结束了他的艺术生命。作为在时代旋涡中浮沉的作家，浩然身上留下了一段历史的缩影。

实际上，无论是赵树理、柳青还是浩然，只有我们把他们都置于历史的特定"语境"中来认识，才说得上是真正做到了尊重"历史"，不至于重蹈用"等级制"和排斥性思维来研究作家，简单判定作品是非的覆辙。必须看到，1949 年后，一种不同于马克思经典作家，也不同于以鲁迅为代表的"五四"作家的对中国农民的权威释义，逐渐占据

---

① 浩然《我是农民的子孙》，《浩然研究专集》，第 9、10 页，百花文艺出版社，1994 年。

主流，进入作家的观念、心态、审美态度、构思和文学叙述之中。作家只有在此前提下，才有写作的可能，否则只会被逐出文坛。用政治推动创作，在近50年的中国文坛中虽不能说普遍存在，但至少不是罕见的"案例"。所以，比较一个时期内的文学创作，分析农民形象塑造的沿革及其存在的矛盾，不仅要看到这一形象逐步被扭曲、被革命化的一方面，也应看到作家无法逃避的"创作怪圈"，更应该看到在经历了封建主义等三座大山压迫之后，执政党和中国农民在各种外来力量的压抑或激发下的对现代化道路的艰难选择。只有这样，今天的当代文学史才可能是真实、丰富和完整的。

第三章　英雄：走出历史的现代修辞

在"十七年文学"中，最令人瞩目的转折之一就是革命英雄形象画廊的形成。人们注意到，文学叙事开始摒弃一般的人生存在方式和意义，减弱描写日常生活的兴趣，转向把战争年代的生死问题典型化，把英雄的经验普遍化的历史过程。由于受到文学作品的感染和影响，一批高大、悲壮的英雄人物在读者的心目中变成了卡里斯马式的人物，在这一过程中，塑造这些英雄形象的中、长篇小说似乎超越了文学的功能和文体，而变成一个时代具有特殊意义"教科书"。对付出了一场巨大牺牲的人们而言，在和平时期重嚼痛苦的探索历程，缅怀长逝者的英灵，以期在民族的精神生活里重建价值的丰碑，这在任何国家，在任何历史阶段，都是符合历史逻辑的，有合理的思想内核。"惟有牺牲多壮志，敢教日月换新天"，这情绪的格调是多么壮美，又是多么地入情入理。但是，我想提醒人们注意，重新考察"十七年"的战争题材小说，有必要站在文学的立场上去思考它与中国传统战争小说的历史联系；既然上述作品意在突出和渲染英雄人物的生存意义，那么就有必要把它置入现代中国文学的框架当中加以重新认识；需要思考的还有，确实如人们曾经怀疑的，它是否给读者提供过人物性格的丰富性，在已经定型抑或正在建立的文学史观中，这些人物形象究竟应该摆在怎样的位置上，如此等等。

一 "官逼民反"的小说原义

中国是一个生产战争题材的文学大国。由于战争频繁,社会生活动荡不安,描写战乱境况,思索历史的悲剧性,在关注民生疾苦中刻画栩栩如生的众多人物形象,历来受到作家的青睐。在此背景中诞生了许多经典传世之作,并形成了自己独具特色的文学传统。游国恩本的《中国文学史》把小说《三国演义》的思想追求概括为三个方面:一是"继承了《平话》'拥刘反曹'的传统",反映了"封建时代人民拥护'明君',憎恶'暴君'"的朴素愿望;二是通过对刘、关、张等"游侠之士那种讲义气、重然诺、感恩遇、报知己的壮烈行动",揭示了"小私有者在受剥削压迫下救困扶危、互相支援、见义勇为、自发反抗的积极品德"。三是"善于通过三国之间政治、军事、外交的种种事件,把历史上各种斗争的经验和智慧,形象生动地表现出来"。但又认为,作品"对农民起义的阶级偏见",宣扬"传统的'一治一乱'的历史循环论"和把人的生死归于"天意"的"宿命论",是其"明显的缺点"。① 中国社会科学院本的《中国文学史》在评价另一部杰出的传统战争小说《水浒传》时认为,反映阶级压迫是它成书的"基本原因","封建社会里的官逼民反和逼上梁山的生活真理,在林冲的遭遇中得到了最充分最明显不过的体现"。而主要人物宋江受"招安的悲剧",既生动地刻画了这位农民起义领袖"反抗和妥协""互有消长"的"两面的性格",更是深刻地揭示了中国农民这个独特的阶层生存状态的复杂性。②

忠君爱国、官逼民反、在戎马生涯中寄寓个人的凌云壮志,描写怀乡怀人、思夫念妻或诅咒战争罪恶等等,是中国传统战争文学中经

---

① 游国恩等《中国文学史》第4卷,第17~22页,人民文学出版社,1964年。

② 中国社会科学院文学研究所主编《中国文学史》第3卷,第856~864页,人民文学出版社,1979年。

久不衰的创作题材。如果加以深究,我们可以发现其中几个突出的审美形态:首先,由于这些文学作品多出自科场和仕途失意的下层知识分子之手,对历史教训的深刻体察,洞悉世故的敏感眼光,和个人身世的沉痛经验,自然会带入到对作品主题及人物形象的塑造之中,从而使它们具有了某种"稗官野史"的典型特征。① 因此,在轰轰烈烈、刀光剑影的战争场面描写之中,这些作品经常以英雄壮士人生的失败作为其精神归宿,渲染着一种浓烈的宿命的悲剧格调。例如,在《水浒》的结尾部分,梁山英雄们或是被迫招安,屈尊求生,或不明不白地死于外放的异地,无一人能够善终。《三国演义》几个最有光彩的人物如刘、关、张、诸葛,要么壮志未酬而早死,要么政治抱负无处伸展,扶助幼主却半途而废。这些描写,渗透了带有作者鲜明心理特征的悲凉感和怆然的审美情绪,它们构成了中国传统战争题材文学在价值观方面的基本选择和特色。其次,尽管秦以后传统的兼具剑客和士者双重色彩的"游侠阶层"开始散落民间,但其精神品质仍在支撑和影响着关于战争题材文学的思维与写作。游侠之士主要追求的是精神的独立和思想的自由,因此他势必会与官方意识形态话语保持明显的距离。在艺术风格上,它既透露着非官方性的民间的审美趣好,又显示出非主流的知识分子作家对情节、人物的那种惯常的艺术把握。在我看来,中国的传统战争题材小说除有一个公认的"作者"之外,还存在着另一个游离于作品的"叙述者"。他的评述和存在,使这些小说葆有了各个社会阶层都能接受和欣赏的永恒的艺术魅力,也赋予了作品独特的艺术生命力。最后,"传奇性"和"日常性"的交叉叙事,使作品具有了神奇与亲切双重的写作特色。虽说"传奇者流,源出于志怪",但它追求的却是诗与小说风格的融合,奇特的想像力与引人入胜的白描叙写的穿插交错;而日常性则突出了对轶闻

---

① 《三国演义》的作者罗贯中和《水浒》的作者施耐庵,都属于这种"不得志"的知识分子类型。不过,同样涉及战争题材的初唐戍边诗人们却是个例外,他们当时都是驰骋疆场的将军或军中幕僚,故其作品主题与格调与前者有明显差异。

趣事的欣赏,灌注着民间社会"常态"和"真实"的生存状态。有人指出,正是受到传奇文学传统的影响,所以唐以后的小说"体制更为阔大,波澜更加曲折"。①

在一个时期里,中国社会走上了建立现代民族国家的历史道路。作为现代化进程的一部分,这条道路在思想探索和伦理观念上都表现出与传统中国极大的差异和游离。有人在《新的人民的文艺》中指出,为工农兵服务的方向,就是"新中国的文艺的方向","我们从各方面,尤其从解放区,证明了与人民群众结合的群众路线是惟一正确的文艺方针"。② 这段讲话,不仅表明当代战争文学与传统战争文学在创作"语境"上将会出现本质的差别,还会因为作者"社会身份"的变异,对作品主题、题材和人物塑造产生根本性的影响。罗贯中、施耐庵是典型的传统社会中的失意文人,《红日》的作者吴强、《保卫延安》的作者杜鹏程、《红旗谱》的作者梁斌、《林海雪原》的作者曲波等多出自革命军旅,应属现代意义上的革命者;如果说罗贯中们的创作缘发于对社会的失望和不满,而吴强等人则带着"为工农兵服务"的鲜明的政治目的。《红旗谱》里的朱老忠父子、《林海雪原》里的杨子荣等人,如果按人物类型来划分,本来都属于李逵、张飞式出身社会下层因而要"打富济贫"的一流乡村人物,描写这些人的小说题材与传统小说的题材不应该有本质的不同。可是,为贯彻"新中国的文艺的方向",《红旗谱》的题材被作者提升到新的高度,朱老忠传统的"复仇"变成了思想的"成长",农民出自原初本性的反抗性格,获得了国家话语意义上的理想主义和集体主义精神的内容。梁斌在谈到题材修改的意义时,就曾明确表示过他的叙事目的:"中国农民只有在共产党的领导下,才能更好地团结起来,战胜阶级敌人,解放自己。"③纯粹从小说题材的建构看,把"官逼民反"的传统修辞改编成"参加革命"的政治修辞,的确更能突出现代小说的意义和特征,但无疑又损害了

---

① 游国恩等《中国文学史》第4卷,第195页,人民文学出版社,1964年。
② 此系1949年7月5日周扬在"第一次全国文代会"上所做的报告。
③ 《红旗谱》"代序",中国青年出版社,1959年。

小说作为一种文学样式的本体性,使它开始脱离"小说"而靠拢了"非小说"的目标。作为《红旗谱》题材背景的保定,像《水浒》里的"梁山泊"一样,自古以来是培育"慷慨侠义"、"江湖气魄"等民间人物性格和气质之地域。《红旗谱》卷一的第一部分有一段非常精彩的描写:对地主冯兰池的"砸钟"企图,朱老巩和全体村民做出了强烈反应,"这时他眉棱一横下了决心,闪开衣裳,脱了个大光膀子。小辫子盘在头顶上,挽了个摶扭儿。叉开腿把腰一横,举起铡刀,刀光晃着人们的眼睛,张开大嘴喊:'大铜钟是四十八村的,今天谁敢捅它一个指头,这片铡刀就是他的对头!'"这真是"神来之笔"。在我看来,这部小说之所以一出版就好评如潮,除因为符合革命对题材的要求外,就是它不自觉地缝合了与传统战争小说之间的"裂痕":一是"官逼民反"的历史情结仍在顽强支撑它的革命叙事,使之一波三折,非常好看;二是保定当地"慷慨侠义"的文化性格"无意中"营造了浓厚的题材氛围,人们一读作品,马上就会调动关于《三国演义》、《水浒》等传统杰作的"阅读记忆";三是朱老巩的形象成为李逵、张飞们的"现代翻版",人们对后者的"期待视野"恰好弥补了朱老忠残缺不全的性格。于是,由此我们可以注意到"十七年"战争小说的一个比较普遍的题材"悖论"命题:它虽与传统战争小说产生了历史性断裂,但在文学作品政治性的操作中反而产生了非政治的运作效果;造成作者创作"原意"与"读者反应"二律背反的不是非文学的外在因素,倒是作者本人知识分子的个人兴味和民间文艺形态的叙事惯例在那里起着作用。有意思的是,这种结果不仅是作者不愿看到的,也是当时文艺界的权威理论家所不愿承认的。

二　英雄的型构

在"十七年"战争题材的小说中,出现了一批有重要教育意义的英雄人物形象。他们的事迹被搬上银幕,或是改写成文章收入中、小学课本,从而证明了历史道路选择的真理性和合理性。他们在生与死之间作出的非凡抉择,很长一个时期里,规范着社会生活的价值导向和社会成员个人生存的意义。这些英雄人物是：《林海雪原》里的杨子荣、《红岩》里的江姐和许云峰、《青春之歌》里的卢嘉川、《平原游击队》里的李向阳，以及《红日》、《烈火金钢》、《野火春风斗古城》、《战斗的青春》等小说中的众多英雄形象。

人们注意到，小说中人物的生死观，向来是人们所关注的核心命题。但凡战争，必然有死亡，也必然有对死亡意义的思考和追索。如前所述，在中国传统战争题材的小说中，死亡是围绕"忠、仁、义"等道德伦理而设计和提升的。关羽在麦城兵尽粮绝，身陷孤境，但他却对前来劝降的诸葛瑾凛然正色道："吾乃解良一武夫，蒙吾主以手足相待，安肯背义投敌国乎？城若破，有死而已。玉可碎而不改其白，竹可焚而不可毁其节，身虽损，名可垂于竹帛也。"在生死关头作出了符合传统道义和君子之操守的选择。在"五四"新文学运动中，生与死的问题被放到个性解放和自由的层面上来认识，以能否突现个人而非集体生存的价值为标准，从而发生了根本性的变化。鲁迅曾以讥讽的口吻说："我最佩服的就是什么都牺牲，为同胞，为国家。"①1936年，他曾这样谈到自己的"死"："有一批人是随随便便，就是临终也恐怕不大想到的，我向来是这随便党里的一个。"对后事安排，这样嘱咐家人道："二、赶快收敛，埋掉，拉倒。三、不要做任何关于纪念的事情。四、忘记我，管自己生活。——倘不，那就真是糊涂虫。"②显然，在他对死的超然和幽默中包含着对精神独立性的向往与自信。然而，在1949年以后的战争题材小说中，人们看到的是"理想主义"对英雄人物的重新认识和精神的提升。在《青春之歌》中，从酷刑拷打的昏迷中醒来的卢嘉川首先想到的是："个人的生命，个人的一切算得了什么，可是，党的事业，集体的事业，还在燃烧着的斗争火焰却不能叫它停熄下去。"一种非凡的力量使这位英雄重新站立了起来。江姐就义前的描写，是《红岩》中一个为人熟知的经典"片断"：

---

① 鲁迅《牺牲谟》，《语丝》第18期，1925年3月。
② 鲁迅《死》，《中流》第1卷第2期，1936年9月。

孙明霞知道,江姐素来爱好整洁,即使在集中营里,也一贯不变,所以平静的江姐,总是给人一种精神焕发的庄重的感觉,特别是在刚刚破晓的今天,江姐更是分外从容和认真。孙明霞渐渐感到,江姐心里充满着一种庄严的感情,也许竟是一种从容献身的感情?……
　　布包从孙明霞手上,散落在地上,她忍不住眼泪涌流,放声哭倒在江姐怀里。
　　"江姐!江姐!"
　　胜利的欢乐和永诀的悲哀同时挤压在孙明霞心头,她从未体验过这种复杂而强烈的感情。

　　由此可知,从遵守"忠、仁、义"的人格准则,到推崇个体精神的独立性,再到既剔除了传统文化的底蕴、又自觉剔除了对个人自由的信奉,把对事业信念的忠贞作为人生存在的第一要义,中国战争题材小说的生死观正是在这里获得了它的"当代性"。它的人物形象也因此在同文学传统的决裂中出现了本质性的飞跃。在全国文学艺术工作者第二次代表大会的报告中,周扬特别强调了塑造革命英雄形象对社会舆论和思想产生正面导向作用的特殊意义,他说:"中国革命的胜利,社会的改革以及对人民广泛的政治教育和思想改造的工作,不仅改变了国家的社会经济面貌,而且也改变了人民的道德和精神面貌。人民的政治觉悟和劳动热忱的提高及其新的品质的生长,是我们革命的最重要的、最宝贵的成果;这也正是我们的艺术创作所首先需要加以反映的。"在肯定了一批革命历史作品取得的成绩时,他特别指出:"国内革命战争和抗日战争时期的一些英雄人物,他们正是在那些艰苦年代里不可屈服的人民的斗争意志的化身。"[①]在某种意义上,这是对《红岩》等小说为何要在人物塑造上脱离传统战争题材的文学规范及其体系而重塑自己的现代革命品格的最具权威性的阐

[①] 周扬《为创造更多的优秀的文学艺术作品而奋斗》,《文艺报》第19号,1953年10月。

释之一。显然,英雄人物在生与死的抉择面前需要首先尊重的不再是性格本身的逻辑,而是取决于能否对"人民"展开"广泛的政治教育和思想改造的工作",是它能否改变"人民的道德和精神面貌"。这样,英雄人物慷慨献身的内涵不仅超越了中国传统文化的价值层面,也表现出与"五四"文学传统的真正疏离,从而具有了一种抽象的、纯粹精神上的意义。正如有人指出的那样,在20世纪上半叶那场影响深远的社会运动中,"不仅我们这一代人,而且还有下一代人,都将成为斗争的参加者、革命者和殉难者。这一时代的艺术将整个地带有革命的标志。这种艺术需要新的意识。这一意识首先是与公开的或伪装为浪漫情调的神秘主义不相容的,因为革命的出发点是这样一个中心思想:集体的人应当成为惟一的主人"。①

但是,要想把握英雄人物生死观的复杂性,有必要对社会生活的"常态"和"非常态"做进一步的辨析和讨论。在一篇著名的文章中,有人强调指出,"为了党的、无产阶级的、民族解放和人类解放的事业,能够毫不犹豫地牺牲个人的利益,甚至牺牲自己的生命,这就是我们常说的'党性'或'党的观念'、'组织观念'的一种表现。这就是共产主义道德的最高表现"。② 也有人指出:"要奋斗就会有牺牲,死人的事是经常发生的。但是我们想到人民的利益,想到大多数人民的痛苦,我们为人民而死,就是死得其所。"③ 人们知道,这些诞生于20世纪30、40年代的重要文献,是中国历史道路的产物,更重要的是它是战争的产物。因此,当战争以一种"非常态"的方式消解了生活的"常态"性和规范性,而把另一种非理性强制性地置入人们的思想观念,使其成为战争年代的最高真理时,人的合理性的选择,只有牺牲个人的权利而服从战争的逻辑,在激烈、残酷的生死搏斗中被塑造成意志非凡的"新人"——英雄。如果理解了这一历史,我们才有可能真正走进文学人物的内心世界,从而对文学生产的"规律"有更

---

① 托洛斯基《文学与革命·序》,外国文学出版社,1992年。
② 《刘少奇选集》上卷,第131页,人民出版社,1985年。
③ 《毛泽东选集》第3卷,第1005页,人民出版社,1991年。

深的认识。

在阅读中,我们发现,《林海雪原》的主人公杨子荣本是一个农家子弟,他在抗日战争的烽火中九死一生,后来随解放军从故乡山东千里挺进到东北,与在雪原腹地的夹皮沟的国民党顽匪座山雕等展开了生死较量,直至壮烈牺牲。杨子荣属于残酷战争中那种完全放弃自我的艺术典型,然而,在充满革命色彩的战争文化中,他却以反"常态"的方式重新阐释了革命的意义,使自己的形象光彩夺目、栩栩如生。可以说,他的死不仅是"共产主义道德的最高表现",而且显示了革命"新人"身上那种超"生活"和超"日常"的异常品质。这就牵涉到如何认识战争语境下人的本质和意义的问题。有人在考察了各种革命现象后发现:"在这场大革命中(笔者按:指法国大革命),法国发生了空前规模的民众动员,以往被完全排斥在政治事务之外的人民大众突然涌上了政治舞台,形成了一个广泛的'政治阶级',成为革命政治中最活跃的因素之一,甚至一度成为大革命的主导力量。这样一次参政经验,虽然时间并不很长,但在法兰西民族的心态上留下的痕迹却是极其深刻的:它使法国人民习惯地感到,既然他们在大革命中牺牲最多、贡献最大,因此只有他们,才应该是法国政治的主人。"对此,年鉴——新史学派提出了不同意见,他们认为,那种考察千千万万个人组成的社会群体在战争年代作用的视角,确实强调了特殊时期历史存在的普遍性特征,但它却把"日常的生活"(即"常态性")排斥在历史之外,这样,反而遮蔽了社会群体更为复杂的"心态史",从而遮蔽了历史发展的全部复杂性和多元性。①

20～40年代末的社会变动,是近现代中国规模最大、牺牲最多、持续时间也最长的一个历史场景。它对中华民族革命心态的形成和强化,产生了极其深刻的影响。如果把现代政党、国家、群众看做是决定当代中国文学生产过程的几个因素,那么不难理解,塑造英雄人物形象和赋予其精神内涵的,并不取决于其中某一因素,而是这些因

---

① 高毅《法兰西风格:大革命的政治文化》,第2、3、8页,浙江人民出版社,1991年。

素的历史"合力"和"综合"作用。因此,它们对英雄形象的阐释实际上超出了文学的范围,使之具有了鲜明的政治文化特征,并与不同时期的社会宣传和方针政策发生了紧密的联系。但是,在建国初的经济建设、反右斗争、合作化、大跃进和"文革"等不同历史阶段,英雄人物形象的含义又因历史的变化而变化和调整,留下了"政治运动"和"方针政策"的特殊烙印。这些变化,在《红岩》、《青春之歌》、《林海雪原》等小说的修改和进一步改编成京剧、电影搬上舞台银幕的过程中得到了充分体现。

三 "单向度"的问题

1950、1951两年间,《文艺报》上开展了关于"公式化、概念化创作倾向"的讨论。紧接着,在为全国第二次文代会所做的报告中,周扬曾对作家发出表现社会主义生活"丰富性"的呼吁。到了1961年,"题材问题"逐渐成为人们探索的"热点"。1962年,在中国作家协会召开的"农村题材短篇小说创作座谈会"(大连)上,邵荃麟提出的"中间人物"论和"现实主义深化"论再度受到各方面广泛的关注。虽然上述意见受到不同程度的压制和批判,但足以说明人们对"十七年"文学创作中影响、削弱塑造人物性格丰富性倾向的警惕和抵制。

在长篇小说《红岩》中,江姐是一个与许云峰旗鼓相当的主要人物。但是,在1956年问世的"革命回忆录"的文学文本中,因为思想认识还没有提升到一定水平,作者仅仅对她勾勒了一个大致轮廓,而且形象比较粗糙,远不如后来那样清晰和突出。由于该书出版后引起社会反响,因此受到各级领导的重视。经过一段时间的酝酿、论证,一个比回忆录更为成熟的文学构思逐渐出炉。于是,从这之后到1961年最后成书,作者罗广斌、杨益言在有关领导的"革命教育"和启发下,思想认识有了很大提高,经过修改的《红岩》,对革命本质和纯洁性的追求也更加明确,江姐的形象这才鲜明和高大地树立起来。但是,集体的"参与"和加入"写作"过程,在提升小说的主题和题材的同时,有时又会对人物的塑造造成一定损害。例如,从第278页江姐因叛徒甫志高出卖被捕入狱,到第552页她英勇牺牲,狱中斗争生活是描写人物的"重头戏"。然而如果深究江姐的形象,人们会发现她作为文学人物性格层次的单调和缺少变化。首先是她性格的"无性别化"。在作品中,她基本上是一个没有家庭生活的女人:通过"老彭之死"交代了她的丈夫,又通过爱护"小萝卜头"表明她是女性,再借助"绣红旗"的细节暗示了她的细腻和崇高的信仰,但总的来看是有欠复杂和丰满的。虽然战争的确是消灭女性特征的一个极端形式,女人只有压抑性别需求而充分男性化才能得以生存,但战争的舞台又是丰富多彩的,对小说而言,只有把更多复杂、多样的性格收入自己的艺术画廊,战争小说才会具有持久的艺术生命力。其次,《红岩》对江姐的描述主要集中在她与徐鹏飞等特务的精神较量,和政治化人生观的激烈论辩上。围绕着"教育青年怎样生活、斗争、怎样认识和对待敌人的教科书"①的政治教化设计,这一描述无疑是非常精彩和成功的,但如果以此透视人物内心世界的冲突和矛盾,却不免感觉有些脸谱化和表面化,反而不如"回忆录"更接近于现实生活的"原生态"。

另一个值得考察的是王愿坚短篇小说《七根火柴》中的卢进勇和那个"同志"。与罗广斌由狱中斗争的"亲历者"转向"叙述者"的视角不同,40年代参加工作的王愿坚对10年前的苏区斗争和红军长征显然缺乏直接的体验。在文学创作中,虽然参加《星火燎原》等"革命回忆录"丛书编辑工作使他能够接触当年的材料,但他只能靠"虚构"和"想像"来维系与小说主人公的脆弱关系。在小说中,草地上掉队的红军战士卢进勇在绝望中追赶部队,半途中,巧遇上另一个处于弥留之际的红军"同志"。临死之前,"同志"把党证中夹着的"七根火柴"交给了他。最后,受到鼓舞的卢进勇不仅追上了部队,而且还用火柴(象征着"星火之火")点燃了一堆篝火(象征着革命斗争的"燎原之势")。对此,王愿坚在小说集《后代》的后记中曾这样解释说:"我们今天走着的这条幸福的路,正是这些革命前辈们用生命和鲜血给

---

① 姚文元《黑牢中的雄鹰》,《四川文学》1962年第5期。

铺成的。"这种"解释",显然对读者缺乏说服力。通过阅读他们会发现,"讲述"革命历史的热情究竟不能代替人物的刻画。作者尽管按照一种预先设计的主题塑造了两个"毫不利己、专门利人"的人物形象,却并没有触及到他们鲜活生动的内心世界。换言之,由于缺少对革命者内心生活具体的观察、体验和描写,这一形象的性格逻辑和人生选择反而受到了某种损害,难以获得应有的艺术魅力。事实上,这不单是作者的《党费》、《粮食的故事》,也是这一时期靠"采访"和"回忆录"创作出来的许多革命历史小说的一个通病。它其实是一个"叙事"的"陷阱"。许多作品没有走出"故事"而进入"小说"的阶段,即使声称是小说,但究竟还是有"口述"色彩的故事。因此人们会问:在具体的生活过程中,英雄人物难道就没有死的恐惧吗?他们原本极其丰富、复杂的内心活动又在哪里?不错,这些英雄身上确实有普通人所不具备的"超人式"的意志,与众不同的精神品格,但人们更愿看到它逐渐的形成过程和必然性的矛盾冲突。这不免使人想到,在非生即死的残酷抉择中,这样的文学叙事的确可以在一定的历史条件下刺激读者阅读的快感,但人生的意义恐怕不会就这么的简单。

有人在研究"革命文学"如何组织生产,如何使这类人物性格产生"普遍性"意义的过程中指出:"文学在十月革命后想做出一副样子,似乎什么特别的事也没发生过,似乎这一切均与它无关。但结果,不知为何,十月革命却开始在文学中主宰一切,重新筛选和安置文学。——这完全不只是就行政方面而言,同时也是就某种更深刻的意义而言。"①从这个排斥传统存在、"重新筛选和安置文学"的角度来看50、60年代《文艺报》和周扬、邵荃麟等人对"公式化、概念化创作倾向"的忧虑,他们对创作"丰富性"、"中间人物"论和"现实主义深化"论的谨慎倡导无疑是有意义的,确实显示了难得的勇气及深远的艺术眼光。

由上述现象可以相信,在"十七年"文学内部,人们对怎样塑造历史和现实生活中英雄人物的理解,实际上是存在一定的差异的。这

---

① 托洛斯基《文学与革命》,第8页,外国文学出版社,1992年。

种差异,使我们看到,在它的发展中,在某种条件允许的情况下,人物的塑造其实存在其它的"可能性"。这是因为,从一个方面看,革命文化的语境,未必只会产生简单型的文学形象,例如,郭小川的一些叙事诗就不是这样;从另一个方面看,表现革命运动的文学如果不尊重文学本身的规律,完全摆脱文学运作的规则而自行其事,那它肯定会生产出简单化和类型化的人物形象,从而失去文学创作的意义。所以,马尔库塞认为,"单向度的社会"是由这样一些压制性因素造成的:"新的控制形式"、"政治领域的封闭"、"对痛苦意识的征服"、"言论领域的封闭",等等。他指出:"政治的制造者和他们的大众信息供应商系统地助长了单向度的思想。他们的言论领域充斥着自行生效的假设,这些假设不停而且垄断性地一再重复,成了催眠性的定义和命令。"①于是他提醒人们,与其注意单向度的人,还不如对生产单向度人格的社会机制、文化环境和历史选择给予充分的关注和研究才更有学术的价值。

因此,是否可以说,江姐、卢进勇等人物形象从历史性格的丰富性走向现实性格的单一性,不一定就是"十七年文学"不可避免的"文学境遇"? 但是,应当看到,如果把为宏大事业"牺牲自己的生命"和"死得其所"作为惟一的道德导向和对文学创作的"新的控制形式",那么就很难允许人的性格的其它层面在文学作品中继续正常地生长。尤其是,当社会进入高度体制化的形态之后,它很自然会把生产单向度的社会人格当做首先选择的价值目标。而且,需要注意的是,超级的力量并不满足自我发展的自足性和封闭性,它感兴趣的也许是向其他精神领域的进一步扩张,其中一个突出表现,就是深度介入和组织文化的生产。笔者注意到,王愿坚的《党费》和《七根火柴》自问世后,即被列入中学语文课本,一直沿用至今。《红岩》在不到两年的时间里,多次被出版社重印,多达400万册;"文革"前,还被改编成多种艺术样式继续在社会上传播,其中有话剧、电影《烈火中永生》、歌剧《江姐》,京剧和地方戏曲等等。正是在这种情况下,当代战争题

---

① 马尔库塞《单向度的人》,第14页,重庆出版社,1988年。

材中的英雄人物从文学范围跨入了思想教育范围,它们已不再是文学形象,而变成一代人心目中的"青春偶像","一种比任何思想体系都要先进和革命的意识形态";作为"无产阶级"的化身,他们也变成"人的本质的代名词,实际上成为了一种人们永远追求而又无法达到的状态"。①

四　如何"重进"文学史

在对十七年文学的研究中,学术界存在着不同的意见:一种意见认为,"'人'消失了——这就是典型化的最终结果。如是,人们就不能不怀疑:一意寻觅典型与英雄的'十七年文学',难得寻觅到的竟只是一个非人的形象?"②因此对它是否还有文学史意义表示怀疑。也有人认为,"要在60年代前半期的公开读物中寻求知识分子的独立精神似乎很困难,但在我们引入了'潜在写作'的文学史概念之后,这种传统的文学史图像就被打破。80年代发表的一些作家的书信与札记让我们看到,知识分子的精神世界仍然是多层面的,'五四'以来的知识分子精神传统在受到冲击之后并没有自行消失,而是从公开出版的报纸、刊物、书籍等领域转到了处于边缘、民间乃至地下的私人领域","正是这些私人性的东西而非公开发表的东西真实地代表了那个时代人们创造与思考的高度"。③ 把知识分子话语的是否存在,作为重新衡量其能否具有文学史意义的判断标准。

"五四"以来的中国代文学史,是一部围绕着如何认识人的价值而展开的文学史。在政治、革命、国内外战争等重大事件和潮流的冲

---

① 李扬《抗争命运之路——"社会主义现实主义"(1942~1976)研究》,时代文艺出版社,1993年。

② 丁帆、王世城《十七年文学:"人"与"自我"的失落》,河南大学出版社,1999年。

③ 陈思和、刘志荣《关于六十年代文学创作的重新思考》,《文艺理论研究》1999年第5期。

击下,它又展现为三种基本的形态:一种是把"西方性"看做是人的发展的理想状态,把追求个性的独立和精神的自由视为惟一的价值标准,在此基础上形成了以鲁迅为代表的"五四"文学传统;一种是把"革命性"作为文学发展的根本性目标,把个人对政党目标、国家利益的服从当做崭新的文学精神和审美意识,这一以 30 年代红色文学为起点、以《讲话》指导下的解放区文学为其成熟形态的文学传统,姑且称之为左翼文学传统;另一种形态则游离于这两种传统之外,它即是通俗文学、沦陷区文学等都市市民文学的传统。在"十七年",左翼文学发展为中国当代文学中的"主流文学",成为当时惟一具有社会合法性的权威文学话语。如前所述,在一个时期里,语言的暴力性、叙事的戏剧夸张性和由国家组织生产出来的人物形象,既与中国文学的传统有某种内在联系,也形成了对其超越的姿态,它们受到人们的质疑是在意料之中的。但也应该看到,90 年代后出现的自由主义批评立场尽管保持了新锐的姿态,却无法面对文学极其复杂、多元的存在状态,尤其无法解释文学的发展总是与自身的矛盾想伴随、相抵触这一带普遍性的现象。

在马克思的东方理论学说中,社会发展的不平衡性和混成性是其中一个耀眼的亮点。他告诫人们说,虽然不应该把他"关于西欧资本主义起源的历史概述变成一般发展道路的历史哲学理论"而生硬地套用在东方国家的现代化实践中,但后者"注定要走这条道路"却是无可置疑的。正像普鲁士防卫性的现代化一样,东方国家在其历史发展中势必是"市场经济忐忑不安地与专制的政治制度并存在一起"。① 20 世纪 50~70 年代是东方社会主义运动蓬勃发展的一个时期,也是中国的社会主义在现代化和民族化两大漩流中探索与选择的重要阶段。社会主义在实现价值目标过程中的困惑与矛盾,不仅赋予了这一阶段的文学和人物形象以鲜明的"社会主义"的特征,也使它比任何一个时期的中国文学都更深地介入到社会激烈、紧张的矛盾冲突当中,比任何时期都更深广地与政治、经济、哲学、文化等

---

① 《马克思恩格斯全集》第 1 卷,第 131、597 页,人民出版社,2003 年。

学科形成了交叉与重叠的关系。

在某种意义上,许云峰、江姐、杨子荣、石东根、周大勇的生活"原型"是生活在40年代的人物。从"典型环境中的典型人物"的创作原则来分析,他们身上无疑带着本时期的斗争观念、战争意识等鲜明的时代特征。但在50、60年代的文学生产中,这些人物却超越了自己的时代,超越了时间对于人的阈限,被赋予了更为先进的社会主义的观念和判断能力。比如,在《红岩》的第十六章,有一段许云峰组织革命难友讨论当前形势,之后余新江向他汇报的描写。余新江说:

> 我们也讨论了,敌人放出和平空气,完全是缓兵之计。
> 党中央和毛主席一定会粉碎敌人的政治阴谋,把解放战争进行到底。停了一下,老许又说道:"值得注意的是,当前特务对我们的策略,也采取了新的手法:明松暗紧。"
> ……余新江静听着,随着老许的话,他感到自己也渐渐站得更高,看得更清楚了。

读者还会注意到,作品的另外一些人如成岗、刘思扬在狱中所读的,是50年代才盛行起来的社会科学书籍,例如,翦伯赞的《中国史纲》(第二册)、邹韬奋的《读书偶译》、恩格斯的《反杜林论》、《联共党史》、《整风文献》等等。而他们经常讨论的,例如一元论、真理、唯物主义世界观、矛盾统一律、质量互变等多是在10年后时兴的哲学和社会问题。据说,最初创作《红岩》时,无论作者还是作品人物的"觉悟"并没有成书后这么高,第二稿因为既没有掌握长篇的规律和技巧,基调又沉闷压抑,缺乏革命乐观主义精神而没能成功。于是,罗、杨二人请假专门修改小说,并由重庆市文联组织多次讨论会,邀请各方面人士为小说的写作献计献策,这样,经过作品思想的不断提升,人物也就变得更崇高和伟大了。把旧时代的人物(包括革命者形象)"当代化"和"革命化",是"十七年"小说在塑造人物形象时十分流行的艺术手法。它不考虑人物原来的生存环境而着意追求"更集中、更典型"的具有先锋性的文学意识,不仅是中国现代文学作家所缺乏的,即使30、40年代的左翼作家也难以望其项背。在此基础上,"与过去的一切无关"的崭新的历史观,构成了"十七年"社会主义现实主义文学特有的文学观和审美意识,这种观念和意识当然也会渗透到战争题材小说人物的构思、立意和塑造当中。一方面,由于强烈地意识到与发达的资本主义国家之间的差距,和防卫性现代化发展必然面临的冲突与矛盾,权威意识形态急切地希望在落后的文化环境中找出觉悟高、思想先进的英雄人物作为道德楷模,来刺激和强化具有"现代化特征"的"社会主义建设";另一方面,由于文化政治对文学的强求和挤压,文学创作及其人物形象的扭曲和变形就难以避免。因此,文学生产中的强制性因素,作家对它的迎合和对独立精神主动的放弃,以及由此出现的普遍虚假的颂歌性的文学面貌,自然会增加社会主义现实主义文学的负面现象,对战争题材小说关于人物的描写造成一定的危害。在这个意义上,本阶段文学在表面上看,好像缺乏"文学价值",但实际上,它的"文化价值"却是不能回避的。换言之,它其实是一种"历史"中的"文学",是"文化"中的"文学"。近年来,由于某种原因,文学史著作和文学批评对"十七年文学"普遍持一种否定的态度。在我看来,这是由于20世纪下半叶中国社会辗转反复的现代化选择,和"十七年文学"中的"综合性"命题还没有进入他们考察的视野所造成的。另外,也与"十七年文学"同文化生产、读者阅读、现代政党、历史文化思潮关系等属于文化领域的研究尚未引起足够重视,有一定的关系。在我看来,这正是战争题材小说中的英雄人物所包含的文学史意义。不可否认,如果从"纯文学"的角度看,这些人物所暴露出的类型化和单向性的艺术缺陷,它的脸谱化、道具化甚至超过了京剧表演的某些手段。但它与政治、经济和其他领域的紧密联系,以及从中所显示的文化现象和历史图景,却是其它阶段的文学所少有的。当然,毋庸讳言,"十七年文学"是充分包含着政治文化因素的一种特殊的文学现象,而非那种"纯文学"的现象。但即使如此,仍有必要追问:如何去理解战争题材小说中英雄人物身上的"革命"这两个字?它仅仅是一个"政治"的概念呢?还是一个"革命文学"的概念?既然中国革命是一场发生在本土上的革命运动,那么就有必要重新考虑它与俄国革命及其文学、全球性激进主义文化思潮、本国传统文学尤其是战争题材文学之间的关系。还有,如何从它与现代政党、现代出版、现代教育和现代读者的广泛联系中,来理解发生在它身上的"非文学问题",并从中理出"十七年文学"演变中的内在线索和理路?进一步说,在上述背景下,人物形象是否因为缺乏我们所理解的"知识分子"的精神特点就因此失去了意义,就不能作为文学意义上的"人物"而存在?以上的推论其实是要表明:"十七年"战争题材小说的发生史,其中也包含了我们这一代研究者的成长史,包含了我们这一代人的教育史和阅读史,如何看待它创造的人物形象已不再是一个单纯的学术问题,实际上已经蕴涵了如何看待处于这一时期的所有人的精神文化资源这样的前提。

第四章　论"反面"人物的形成

50年代以后,文学创作在不断提升主题、题材的"社会意义"的过程中,对人物形象"社会身份"的重新"编码"逐步提上了日程,例如:群众甲、群众乙、英雄人物、一般人物、正面人物和反面人物等。其中,"反面"人物形象这一说法显示出"十七年文学"不同于其它时期文学的思想诉求,因此,有必要探讨这一文学命名的思想资源和历史逻辑;还需要追问的是:既然国家现代化所指称的是社会结构转变的表象,在此背景中的文学创作是否会去寻找另一种价值空间,重新界定国家话语的边界?与此相关的文学作品是否应该随之对传统的人物形象作出新的调整?比如,淡化他们身上的民族性而突现阶级性,通过对各个阶层"身份"的区分和鉴定,来配合主流文化对国家的叙事?因为,无论从现实需要还是从历史目标来看,它都迫切地需要借助阶级歧视把人的形象本质化,在社会学的层次上去应对当代中国所面对的社会结构转换/历史观问题。

一　最初的分类

40年代初,在解放区文学中最早出现了关于人物形象的"特殊"命名。首先对赵树理《李有才板话》作品文本和人物进行社会学分类的,是李大章写于1943年的《介绍〈李有才板话〉》一文。他认为,"阎恒元"、"老秦"和县农会主席"老杨"的文学价值在于,他们在作品中代表的是"不同阶级或阶层的人物",是"各以本阶级的本来面目出现"的。① 1946年前后,敏锐地注意到作家用"阶级的方法"来塑造人物这一现象的,是茅盾、邵荃麟、葛琴、林默涵等人,他们一致肯定了赵树理小说《李家庄的变迁》、《小二黑结婚》、《福贵》等对"地主"和"恶霸坏分子"形象的成功刻画。把"反面"人物形象放在中国历史的发展进程中来认识,从而显示出"前瞻性"眼光的,则是更富政治化理论家气质的周扬。他在《论赵树理的创作》一文中明确指出:赵树理对于解放区文学的意义,是他第一次在文学作品中"正面展开了农民与地主之间的斗争",并且是将正、反面人物的冲突"围绕在改选村政权与减租问题上";"《李家庄的变迁》虽只写了一个村子的事情,但却衬托了十多年山西政治的背景,涉及了抗战期间山西发生的许多重要事件,包含了历史的和现实的政治内容;可以看出作者在这里有很大的企图"。正因为周扬是带着中国历史的政治功利性来要求赵树理的,所以他又对赵树理有时在处理敌我矛盾、正反面人物关系时含糊其词的态度表示了不满,认为它们"还没有达到它所应有的完成的程度"。②

虽然有人早就明确指出:"谁是我们的敌人?谁是我们的朋友?这个问题是革命的首要问题。"③但他对人的政治性区分和现代民族国家的目标,并没有在文学创作中得到很好的贯彻和体现。这是因为,当时的中国共产党人还在贫瘠的陕北高原,他们的文化话语自然不大可能作为主流话语来支配整个社会的文化生活;即使《讲话》发表之后,要让那些来自大都市中心的作家们马上从"五四"进化论的思想轨道转到为中国历史服务的思想轨道上来,也还有一个比较艰苦的过程。所以,40年代初的解放区文学尽管出现了赵树理,和一些零星描写"反面"人物的小说、诗歌、歌剧和秧歌剧,但总体上看是

---

① 李大章《介绍〈李有才板话〉》,《华北文化》第2卷第6期,1943年。
② 周扬《论赵树理的创作》,1946年8月26日《解放日报》。
③ 《中国社会各阶级的分析》,《毛泽东选集》第1卷,第3页,人民出版社,1991年。

不尽如人意的。

　　与史诗般的中国革命的历史求相比,1942~1947年间的解放区文学尚未找到如何塑造"地主"和"敌人"的创作感觉,显得零乱而随意。这种"理论超前"和"创作滞后"的沉闷局面,直到40年代末两部描写土改运动长篇小说的相继问世才被打破。

　　十七年文学中的"反面"人物谱系,是在丁玲的《太阳照在桑干河上》和周立波的《暴风骤雨》中初步显露的。打开丁玲这部小说,我们可以在作者列出的"主要人物表"里,看到一连串反面人物的"社会身份"和"姓名",他们是:"地主"——钱文贵、李子俊、侯殿魁、汪世荣,"地主女婿"——张正典,等等。比赵树理凭着朴素的农民观来认识地主更进一步的,是丁玲对地主阶级本质的明确指认,和塑造他们形象的"排他性"的处理。通过小说可以看到,丁玲把对地主形象的艺术构造,从赵树理的"常态"的语境阶段推进到"非常态"的语境的阶段——即战争状态之中,从而对现代文学作为"封建礼教"化身的地主形象,做了一番革命性的改造。出现在《暴风骤雨》中的"反面"角色是韩老五、韩老六和韩老七等韩氏兄弟。在日常生活中,这些人物应该隶属于东北地区的一些土匪恶霸之流,在他们身上,本来不具备革命文学所指认的"典型"特征;但在作品中,他们却被置于中国共产党人领导的土改斗争的对立面,被赋予了鲜明的阶级属性。而这一变化,是基于一个特定的历史"背景"。1946年,中共《五四指示》下达后,直接配合彻底推翻国民党反动统治的土地改革运动在华北、东北地区大范围地展开。既然土改的主要目的带有明确的政治、军事功利性——例如,通过重新分配土地来赢得广大农民对战争的支持,那么就需要把普通的租赁矛盾阐释为阶级矛盾,用人与人之间"仇恨"的极端化赋予这场战争以某种合法性和正义性。在这一认识的促进下,丁玲、周立波终于克服了前一阶段在塑造"反面"人物时模糊化、粗浅化的毛病,而使之更加"复杂"和"真实"了起来,并开始具备了初步的审美意识和自觉。对此,丁玲后来这样解释说,她这部小说"是为他写的",在创作过程中,"我总想着有一天我要把这本书呈献给毛主席看"。①

但是,如果对这些"反面"人物作进一步细读,不难发现,在40年代的文化环境中,要想继续提升他们的"时代意义",实际存在着一定的困难。在当时,不光作家,也包括文学作品的读者,都还没有形成这样鲜明的"意识",即这些人物会与生活中的"原型"有根本不同,是一种本质上的断裂。诚然,作为已经相当"政治化"了的作家,②丁玲认识到,地主钱文贵在小说中的"妖魔化"必然会衬托出革命斗争的残酷性,因而有特殊的教育作用,但生活逻辑却扭转了她最初的设想,使"反面"角色反而在一些重要章节完全控制了作品的叙事。正如有人敏锐指出的:"他把自己的女儿嫁给了村治安员张正典,而让自己的二儿子参加八路军","通过女儿,他控制了张正典,使他成了自己在农会中的耳目;通过儿子,他捞取了一个'革命军属'的光荣招牌,增加了一层保护伞。"③又例如,黑妮虽然与钱文贵"划清了界线",但由于钱文贵的潜在影响,对黑妮的恋爱对象农会主任程仁明显有一种软化作用。在周立波的《暴风骤雨》中也有"类似"现象,比如,恶霸韩氏兄弟的形象虽然有些脸谱化,但主要人物郭全海在坏分子掌权后斗争意志的一度消沉,却从另一角度弥补了"反面"人物性格简单化的缺陷。这就使作者和作品文本之间,产生出一个非常有趣的裂口:乡村的传统性对叙事的革命性的抵制,原生态生活实相对阶级界限的修改和破坏等等。总之,钱文贵、韩氏兄弟之所以能够有效地延缓土改斗争胜利时刻的到来,并使之一波三折,充满了凶险,正好说明了乡村的日常性和土改斗争的非日常性在40年代文学中交错杂陈的状态。它还说明,在现代民族国家没有创立之前,关于"反面"人物的文学叙事并不都是一帆风顺的。

---

① 丁玲《太阳照在桑干河上·重版前言》,人民文学出版社,1997年。
② 丁玲《作家是政治化了的人》,1980年8月在庐山全国高等学校文艺理论学术讨论会上的发言。
③ 袁良骏《论丁玲的小说》,郜元宝、孙洁编《三八节有感——关于丁玲》,第139页,北京广播学院出版社,2000年。

二 进入文学的经典画廊

1950年1月,与新中国同时诞生的《文艺报》刊登了茅盾的《目前创作上的一些问题》一文。他指出,"最进步的创作方法,是社会主义现实主义的创作方法。高尔基为这一创作方法所下的解释,基本要点之一就是旧现实主义(即批判的现实主义)加上革命的浪漫主义。而在人物描写上所表现的革命浪漫主义的'手法',如用通俗的话来说,那就是人物性格容许理想化","亦即是比现实提高一步","这一个原则,应用到写真人真事,也就是说,我们写真人真事的时候,在真人的性格上是可以提高一步的"。① 在这里,茅盾提出了人物性格"容许理想化"和需要在现实生活中继续"提高一步"这两个重要概念。事实证明,它们在后来的文学实践中,得到了相当普遍的运用。

50、60年代,一批为读者所熟悉的"反面"形象,开始陆续地进入文学人物的经典画廊,例如,吴强《红日》中的张灵甫,曲波《林海雪原》中的座山雕、小炉匠,梁斌《红旗谱》中的冯兰池,杨沫《青春之歌》中的余永泽、戴愉,冯德英《苦菜花》中的王柬芝,刘流《烈火金钢》中的猫眼司令、高铁杆和独眼龙,等等。在上述作品中,这些"反面"人物在审美形态上完成了从40年代向50年代的历史性过渡,表现形态是:一、宗族、血缘和乡邻关系等乡村伦理不再是支配人物塑造的主要因素,社会对人的新的"评价"标准,开始成为文学作品塑造人物时的重要参照。以小说《青春之歌》为例,可以相信,如果在"传统"社会里,余永泽应该属于那种好学上进的读书人,但在作品重新构造的文学想像中,他却因为选择了学术的"象牙塔",与同学中的革命者卢嘉川、李孟瑜分道扬镳,成为小说中被丑化的人物。于是可以推知,在作品中,林道静后来之所以会超越"爱人"的身份限定,不仅在感情上抛弃了他,而且在卢嘉川被捕一事上对他加以谴责,与上述文学想

---

① 《文艺报》第1卷第9期,1950年1月。

像不能说没有直接关系。"余永泽形象"的被丑化,与其说是来自林道静本人性格的变化,莫如说是来自新社会认识人、判断人的新的价值标准。在这个意义上,如果说钱文贵性格的复杂性多多少少还反映了中国农村宗族关系的复杂状态,那么,余永泽形象的简单化则象征着 50 年代小说在精神上对传统伦理的超越。二、也应该注意到,由于 40 年代小说在塑造"反面"人物形象时,还面临着社会走向的多种选择和中国历史的"未完成性",因而才显示出某种不确定的特点;但在 50 年代,因为社会历史发生了根本的变化,所以,"反面"人物的塑造一开始就具有高度的"透明度",是不难理解的。对座山雕的塑造过程,《林海雪原》的作者表示,这是一个在"爱谁,恨谁,爱什么,恨什么,歌颂什么,打击什么,都不容许有一点含糊"[1]的写作前提下完成的残匪匪首形象,因此,"奸诈"、"残忍"是其主要的性格特点。《青春之歌》的作者也认为,戴愉是由革命者蜕变为叛徒的。在他身上,浓缩着这一时期革命叛徒的所有特点,比如:软弱、萎缩、变态和残忍,为苟全性命而不惜出卖自己的同志等等。上述认识,在"十七年文学"中,有很大的普遍性。不过,由于"时间"距离的拉长,在"重读"文学史的新的视野里,研究者开始注意到,其实在当时,"反面"人物形象的日益确定化,就已经在助长文学创作中人物塑造的公式化、概念化倾向。例如,表现在叛徒、反动军官、地主恶霸、搞破坏的阶级敌人、引诱革命者的美女、汉奸、伪军司令、日本翻译官等人物身上的某种"相似性",以及在塑造他们形象时的"面具化"的缺陷,等等。但是,人们在读解这些作品时,却作出了脱离人物实际的评价,如侯金镜曾说,这是"因为作者站得高,有充沛的革命感情,才能够把匪徒的凶残反动与精神上的崩溃的特征巧妙地糅合在一起"[2]。在他心目中,这恰好显示了作家对文学题材的突破和向新领域开拓的努力。

---

[1] 曲波《关于林海雪原》,1958 年 9 月,转引自《林海雪原》,人民文学出版社,2000 年。

[2] 侯金镜《一部引人入胜的长篇小说——读〈林海雪原〉》,《文艺报》1958 年第 3 期。

第四章 论"反面"人物的形成

三、"回忆"革命斗争的特殊经历,成为当时不少作家的创作冲动,但是,对这段经历的"再叙述",则往往容易使一些"反面"人物出现一定程度的走样和失真。这种"失真"从艺术上讲,也不一定有利于对正面人物的烘托和提升,如果弄得不好,它对作品的历史"真实性",也会造成一定的损害。以小说《红日》的构思过程为例。作为山东涟水战役的参加者,《红日》的作者吴强曾经承认:在进入小说"创作"之前,实际的情况是,"为人民和正义而战的真正常胜之师,竟失利于敌人张灵甫的七十四师的攻击之前",看到溃退下来的负伤的战士"心里也很难过"。然而,张灵甫一旦进入文学的叙事,其"形象"就不能不做较大的调整和改动。对之,作者解释说,这是"为了传之后世和警顽惩恶,让大家记住这个反动人物的丑恶面貌,我在他的身上,特意地多费了一些笔墨"。① 由此不难发现,在 50、60 年代,文学的革命浪漫主义对 40 年代现实生活大幅度的跨越,已成为文学创作发展的一个明显趋势。

不过,从一些材料看,当时文学界对"反面"人物的评论和认识并不都是一致的。50 年代中期国内外社会主义运动的复杂性和多变性,无一不渗透到评论家和研究者的思想观念中来,并经常处在隐匿的状态。另一方面,因历史观和审美经验的不同,对人物形象的描写和认识,必然会存在着侧重面的差异。这种现象的存在,不是因为文学观的对立引起的,事实上也不是出于对主流话语的质疑或疏离;相反,它们都来自文化主流派,属于同一文学阵营,因此,各种意见的差别所反映的正是"十七年文学"发展中不可避免的"共生性"现象。例如冯仲云认为,《林海雪原》所描写的一切,并不符合他所了解的"当时当地"的历史真实:

> 1946 年到 1947 年在牡丹江地区歼灭谢文东等国民党土匪,主要是三五九旅配合牡丹江军区和合江军区的广大军民,不

---

① 吴强《红日·修订本序言》,人民文学出版社,1959 年;吴强《写作〈红日〉的情况和一些体会》,《人民文学》1960 年第 1 期。

怕冰天雪地，冒着严寒，深入到深山密林，艰苦战斗的结果。……却不像《林海雪原》所描写的，只是在少剑波领导下的少数部队，脱离了党的领导，凭着少剑波的机智、多谋和杨子荣的英勇、果敢就能解决的。

它表明，冯仲云对英雄人物在离开"广大军民"的前提下，能深入敌后出奇制胜的结果表示怀疑，虽然他也相信文学是可以虚构的，却不愿认可那种远离了生活真实的艺术虚构。李希凡则与之不同，他更强调"虚构"在文学创作中的作用，他说："艺术的真实虽然来源于生活的真实，它不仅允许虚构，而且以虚构作为它的灵魂。没有虚构，它就不可能对实际生活作更高更强烈的反映，也不可能创造出典型的艺术形象。"他指责道："冯仲云同志混淆了生活真实和艺术真实的界限，离开了作品的特定的题材和主题，自然也丧失了判断作品是否真实的生活和艺术的根据。"①也有人对冯德英《苦菜花》过于拘泥于"生活真实"的作法提出批评，说，"许多情节缺乏一个连贯的中心，仿佛我们的党，在抗日战争中一直是打被动的仗，等待日本侵略者和汉奸一次又一次地清洗农村，反扫荡斗争也被表现得十分缺乏组织性"，是高估了敌人的力量，没有按照通常的创作原则来丑化他们。②对上述批评，冯德英却不以为然，他为自己辩护说："《苦菜花》这本书，就是以这些真实的生活素材为基础写成的，有部分情节几乎完全是真实情况的写照。作为艺术形象，书中的人物是根据现实生活集中概括而成的，但几乎所有人物都有一定的模特儿为蓝本。"③于是，在怎样认识"真实"，判断什么是"真实"、什么又违背了"真实"的问题

---

① 以上均出自李希凡《关于〈林海雪原〉的评价问题》，1961年8月3日《北京日报》。

② 李希凡《英雄的花，革命的花——读冯德英的〈苦菜花〉》，《文艺报》1958年第13期。

③ 冯德英《我怎样写出了〈苦菜花〉》，《苦菜花》，解放军文艺出版社，1986年。

上，批评家与作家之间发生了很大的分歧。各种意见相持不下，众说纷纭，一时难有断论。一种意见是，即使在文学作品中刻画"反面"人物，也应该符合"当时当地"的生活的真实。另一种意见认为，艺术的真实可以高于生活的真实，作家应该按照今天的政治判断来塑造"反面"人物。因此，在50年代，经常是作品一发表，很快就会出现批评和反批评互唱反调的情形，有时反批评会推动作品向着社会主义文学的方向前进并进行某些增删和修改，但反过来，这种"增删"和"修改"却让人窥见了文学界在如何认识、处理"反面"人物形象等敏感问题上的分歧和矛盾，听到了那留在遥远时代的文本中的众声喧哗。

这些情况还表明，"十七年文学"对"反面"人物形象的认识和表现尽管出现了进展，但仍是不平衡的，有时还会反复无常。一方面，说明它与40年代的文学传统并没有真正断裂。虽然它在某种姿态、角度上表露出超越的欲念，但一旦进入具体的创作过程，面对"真实"的生活情状时，那种根深蒂固的生活观又会制约思想上的先锋意识，导致对"反面"人物形象的"原生态处理"。例如《苦菜花》中王柬芝假抗日、真汉奸的伪善面目，《红旗谱》中地主冯兰池在镇压朱老忠等人的反抗活动中，动用的是宗族势力和乡村传统的力量，而在《青春之歌》文本的潜意识中，林道静在余永泽和卢嘉川两个男人之间，曾出现过短暂的犹豫不决和苦恼，等等，都说明了"十七年文学"的文本在服从革命逻辑与服从生活逻辑时的难以选择。另一方面，也说明文学的进展实际并没有完全跟上日趋激进化的政治的进展，当文学还想有限度地保持自己的"规律"的时候，它就不可能和政治的"规律"真正地配合，这必然使文学与政治处于时而和谐时而又不和谐的状态。人们不难看出，50年代一连串的批判运动，以及对某些作品的严厉批评,都说明这种"不和谐"确实是一个突出问题。① 因此,上述情况使我们相信,50年代的"反面人物观"虽然代表着对解放区文学历史局限的一种突破,但仍然不能满足左翼文学更激进的要求,因而在40年代与60、70年代之间,许多作品的创作表现出了某种"中间性"和"过渡性"的特点。

三 人物称谓的再修改

在我看来,在当代文学史中,年代的"划分"姑且是为了表述方便,但假如面对问题本身时,会发现各个时期之间的历史认识和艺术表现很难说得上具有连贯性,因此,这种差异经常会通过各种各样的形态表现出来。但是,如果对文学做整体性的考察,文学的"60年代"就不应该局限在这个10年,而应该将50年代末和60年代中期都包括进来,算做同一时段。不过需要注意的是,在中国,任何事情都不会一了百了,任何事在其发展过程中,都经常会波澜四起,并不太平。尽管"大跃进"失败后文艺界气氛出现了"转暖"迹象,如先后召开了新侨会议、广州会议,在大连农村题材短篇小说创作座谈会上提出写"中间人物"和"现实主义深化"论的观点,《文艺报》开展了"题材问题"的讨论,等等,但激进文化思潮并没有因此罢手。于是人们注意到,"千万不要忘记阶级斗争"、"写十三年"等著名口号的提出,和"两个批示"的先后下达,也都穿插在这一时期。文学的60年代,的确丰富而错综复杂。

但60年代,可以说是"十七年文学"长篇小说和戏剧创作的"丰收期"。这一时期,柳青的《创业史》、罗广斌和杨益言的《红岩》、孙犁

---

① 50年代出版的一批小说如《保卫延安》、《铁道游击队》、《红日》、《青春之歌》、《林海雪原》、《战斗的青春》、《野火春风斗古城》、《烈火金钢》、《敌后武工队》、《红旗谱》、《三家巷》等,出版后在赞誉之中也受到了责难,理由多是"有小资产阶级情绪"和"缺乏革命的时代精神"等,反映出当时意识形态对文学作品比较激进的思想要求,和后者在文学观念上左右为难的状况。

的《风云初记》、欧阳山的《苦斗》("一代风流"第二卷)、周立波的《山乡巨变》(续集)、梁斌的《播火记》("红旗谱"第二部)、姚雪垠的《李自成》(第一卷)、陈登科的《风雷》、浩然的《艳阳天》(第一、二卷)和《金光大道》、金敬迈的《欧阳海之歌》等小说相继出版,《白毛女》、《红灯记》、《智取威虎山》等八个革命样板戏也陆续登上历史舞台。正像有人评价的:这些作品"写出了阶级敌人活动的新的特点",这是它们"能够较好地反映出当时阶级斗争的曲折复杂情况的重要原因之一"。① 但应当看到,1964年后,由于作家创作自觉带上了阶级斗争的观察角度和审美意识,它与50年代文学的一个很大不同,就是对"反面"人物的"称谓"发生了根本性的变化:过去的"地主"、"顽匪"、"叛徒",在当时一律统称为"走资派"和"阶级敌人",命名的多样性走向了单一性;与过去作品中的"反面"人物多有生活原型,因此在叙述上一般采取"平视"的角度不同,这时的叙述基本采用的是鄙夷、歧视和"俯视"的视角;尤其到"文革"时期,对人物的称呼中已包含有戏弄、羞辱的成份,强烈地体现了那个疯狂时代的精神特征。通过进一步研究还可以发现,如果说,40、50年代"反面"人物的塑造所服从的是社会主义的教育目的,尽管有鲜明的政治功利性但还不失精神的某种追求,那么,本时期则是通过"影射"的叙述方式表现出对政治斗争的主动参与——这一现象,可以从《红灯记》等一批样板戏对原著的"修改"、"重排"和"演出"的整个生产过程反映出来。也就是说,60、70年代的文学作品已不耐烦于对"反面"人物性格的反复推敲,与正面人物关系是否合理,以及相对可信的精心设计,它更重视的,是与政治权力和社会体制日趋敏感而紧密的关系。所以,在文学与社会所发生的新的关系中,人们发现,那些曾用光彩照人的英雄形象极力压制和贬抑"反面"角色的演员,最后都从虚构的舞台走上了现实的舞台,成为叱咤风云一时的政治角色。而同台演出饰演"反面"人物的演员,却很少有这样的机会。

　　对"反面"人物称谓的再修改,表明文学的态度所发生的重要变

---

① 吴子敏、蔡葵《评风雷》,《文学评论》1965年第4期。

化。它表明,文学的创造者对"传统"、"文学经验"、"古典遗产"和"批判与继承"等等所持有的更为冷淡的态度。但同时,它在怎样塑造"反面"人物的定位上,也发生了重大变化。本时期在塑造"反面"人物上的激进化表现之一,是作品题材的日益狭窄化,人物形象的愈加脸谱化。如果说,40年代文学一般是将"反面"人物形象附着在宗族、血缘等乡村传统关系的链条上,揭示出人物产生的"原生态"的特点,50年代文学因为强调深入生活偶尔还显出题材上的多样性,到60、70年代,文学艺术在这方面就更给人窄促和表面化的感觉。比如,周而复《上海的早晨》的前三部,主要是围绕"五反"运动写了"工人阶级"和"民族资产阶级"之间改造与反改造的斗争。① 但是到了姚雪垠《李自成》的第一卷,主要笔墨就放在了明、清之际大规模的农民起义上,"刻画了不同阶级的代表人物和生活画面,以及各阶级、各集团之间错综复杂的矛盾斗争"。② 紧接着,浩然的《艳阳天》则以京郊一个农业合作社为背景,描写了"阶级敌人在真理面前原形毕露,农业社获得了决定性的胜利"的故事。③ 再发展到京剧《红灯记》,更把李玉和一家与日本鬼子鸠山的艰苦斗争置于舞台中心。通过对以上作品的抽样,我们可以看到,文学题材在围绕"敌我斗争"和"阶级矛盾"而设计的过程中,越来越进入了紧张的状态,"反面"人物的文学空间,实际已接近了零度。这样的"前提"其实已表明,"反面"人物的活动空间将从审美层面转到政治层面,它不再被视为一个艺术形象——而变成政治舞台上的一个道具。比如,按照这个思路去观察,可以看到,尽管鸠山操着李玉和的生死大权,但在李玉和气吞山河般的演唱和光彩照人的"亮相"面前,则显得萎缩、狼狈和无可奈何;鸠山的唱腔设计更给人一种强烈的"脸谱化"效果,它歇斯底里、阴阳怪气,令人生厌。《艳阳天》中的农业社副主任马之悦、地主马小辫和富

---

① 牛运清主编《长篇小说研究专集》(中册)上述小说的"作品及作品简介",山东大学出版社,1990年。
② 同上。
③ 同上。

农马斋虽然佯装老实,隐蔽于幕后,但一登场,就在读者面前露出了"阶级敌人的尾巴"。芭蕾舞剧《白毛女》干脆省略了原著对地主黄世仁伪善性格的必要铺垫,他尽管在场上长袖善舞,但是难以控制观众对他的深仇大恨……以上种种艺术现象,都可以看出这些作品正日益不顾生活原貌和逻辑对"反面"人物非"常态"的艺术处理,以及在此过程中,导演和演员主观因素对剧情和人物形象的强制性的侵入。

激进化表现之二,是对"反面"人物"独白"或"道白"装饰性的设计。我们知道,在通常的文学艺术作品中,人物的独白和道白往往是他们心灵世界的真实流露。这些特殊的语言不光反映了作品在冲突对抗中所表现的激烈程度,而且揭示了人物内心的矛盾和痛苦。即使是雨果《悲惨世界》中典型的"反派人物"沙威,在自杀前也有一段关于精神冲突的自白。但在"十七年文学"中,"反面"人物的"独白"或"道白"已不用于表现人物的性格和内心活动,相反,它们开始游离于文学之外,代替主题对读者发挥劝说、引导和教育作用。例如,60年代初出版的小说,如《红岩》中的徐鹏飞、甫志高,《苦斗》中的何应元、陈万利,《山乡巨变》中的龚子元等人,在艺术描写上都有类似的例子。60年代中期后,人物"独白"主要被用于衬托作品主旨,突显主要英雄人物的高大形象。正是在这种特意设计的独白中,形成了强烈反差和讽刺的效果。例如,在《金光大道》第一部的第十四章,漏划富农冯少怀有一段自我欣赏同时又心怀叵测的"内心独白",但他的愚蠢实际已展露在读者的视线当中。京剧《沙家浜》对刁德一、胡传魁两个人物的丑化,借助的是阿庆嫂与他们之间那段著名的对话性的"道白"。在此过程中,刁德一的刁钻阴险、胡传魁的愚笨弱智完全展现在舞台上,起到了将他们形象"妖魔化"的显著效果。在电影《欢腾的小凉河》中,走资派"夏副主任"关于革命资历的独白,则变成了文本意义上的反讽——这样的艺术处理有一种布莱希特所说的"古典滑稽戏"的效果,或是冷不丁在舞台上打出一幅标语牌,目的是突出人物的阶层或集团的"特征"。[①] 从另一方面看,正是这种装饰

[①] 玛丽安娜·凯斯廷《布莱希特》,中国社会科学出版社,1992年。

性的人物独白,成为这一时期人物塑造上的一个醒目的特征。

80年代,有人在反省极左文艺思潮所造成的危害时曾经指出:"在《智取威虎山》中,座山雕、八大金刚和小炉匠栾平,都必须成为夹皮沟群众的'陪衬'。这听起来似乎很'革命',实际上是以'政治'代替文艺的一种庸俗社会学的观点。"又说,"反动影片《反击》中,'走资派'韩凌职务的设计,先是校党委书记,后改为教育厅长、省委文教书记,最后升级为'不肯改悔的省委第一书记'","这分明是他们妄图篡夺党和国家最高权力的反革命预演"。① 但是,有必要注意的是,任何文学现象的出现都与某一个"传统"有这样那样的牵连,不可能是突然发生的。"反面"人物称谓的再修改,说明了文学与外部环境关系的紧张,说明外部环境不再满足于作文学的旁观者,而要对其进行重新的规划。在这个意义上,"传统"对文学的制约和改造,有时侯比文学自身发展的要求,进行得更加激烈和彻底。但同时,也给以后的反思性的研究,提供了更多可资参照的材料。

四 命名的意义

当我们对不同时期"反面"人物的历史资源和异同做了一番梳理之后,就会看到,随着社会生活内容的日益紧张化、尖锐化,"十七年文学"正一步步地游离现代文学的价值空间,游离"五四"精神的价值目标,成为孤立于世界现代化进程以外的一种近于封闭的文学;在此背景下,它塑造的"反面"人物也在逐步脱离与生俱来的乡土地域性和民间性,演变成阶级斗争的附属物。这种调整,在社会学的意义上虽然解决了某些重要的历史观问题,但随之而来的却是文学创作不可避免的单调和雷同,是人物形象的贫乏和单一。

既然"十七年文学"将人物形象的本质化作为自己的文学目标,那么,在一定程度上可以说,它是一部歧视性的、压抑异类的文学史。

---

① 朱寨主编《中国当代文学思潮史》,第511、514页,人民文学出版社,1987年。

它不仅表现在历史转折期对社会异类人物生存环境的压抑上,而且表现在对其精神生活的压抑上。这种现象,对社会观念和文化环境产生了显而易见的影响。对"阶层歧视"所具有的普遍"真理性"最早引起警惕的,是著名的《出身论》的作者遇罗克,他指出:"'出身压死人'这句话一点也不假!类似的例子,只要是个克服了'阶级偏见'的人,都能被我们举得更多、更典型。那么,谁是受害者呢?像这样发展下去,与美国的黑人、印度的首陀罗、日本的贱民等种姓制度有什么区别呢?"①1983年完成,两年后问世的《新时期文学六年》的作者从另一角度提出了质疑。他们认为,在"文革"之前,关于人性和人道主义问题发生过多次论争,它之所以被扣上"修正主义"和"资产阶级思想"的帽子,在"文革"中遭到彻底否定,显然是极左思想泛滥的结果。因此,他们指出:"第一,认识到马克思主义并非否定人性的存在,而是要反对资产阶级的抽象人性论","人的社会关系在阶级社会中,除主要表现为一定的阶级关系外,还存在着可能不表现为阶级关系的其他关系,这些关系在不同的历史条件下,都给人性的发展留下深刻的印记";"另一方面,还应当看到,不同阶级的人也存在着一定的共同的人性","即如阶级性,实际上也是某种范围内的人的共性"。② 遇罗克是从"文革""黑五类"与"红五类"二元对立的思想模式中展开关于人的深刻反思的,但他关照的对象并未触及"十七文学"中的此类问题;《新时期文学六年》的作者尽管批判的是"十七年文学"将"阶级斗争扩大化"的倾向,也未对由它孕育的"反面"人物形象做深入的质疑,但是,他们的论述却对"十七年文学"的认识论框架构成了挑战。这一崭新视野,有助于我们重新认识"反面"人物的意义,研究它究竟给当代文学史带来了什么。

如果深入考察,会发现,改变了传统文学中人物谱系关系的,有

---

① 徐晓、丁东、徐友渔编《遇罗克遗作与回忆》,第18、19页,中国文联出版社,1999年。
② 中国社会科学院文学所编《新时期文学六年》,第83～85页,中国社会科学出版社,1985年。

其特殊的社会根源。众所周知,由于历史完成了重要转折,社会各级机构中工农出身的人数在急剧增加,它第一次打破了技能型职员在国家机器中所占的比例,使中国的社会结构发生了重大变化。在广大乡村,农民在土地的再分配中获得了显著利益,而土地的原占有者,则在社会结构的重新调整中被进一步边缘化。社会结构和观念的一系列重要变化,势必会波及各个领域,不光对政治、经济,而且会对文化和文学产生根本性的影响。于是,就不难想像,既然文学是时代精神和情绪的形象化载体,"为工农兵服务"被确立为"十七年文学"发展的新方向,它就有理由相信,上述社会阶层、结构的变化调整所反映的就是生活的"真实"。在这种情况下,人们自觉从时代变化中寻找和塑造符合这一真实的人物形象群体的努力,也即在意料之中。因此,不仅"普及与提高"的问题被紧迫地提到了桌面上,而且在"文艺为什么人"思想的指导下,如何重新塑造历史的新主角,丑化那些曾经压迫剥削工人农民和革命者的反动阶级的任务,也摆到了广大文学艺术家的面前。有的批评者早就主张把只有"帝王将相,才子佳人"的文艺舞台彻底颠倒过来,他曾经愤愤不平地指出,"中国历来只是地主有文化,农民没有文化。可是地主的文化是由农民造成的,因为造成地主文化的东西,不是别的,正是从农民身上掠取的血汗。中国有百分之九十未受文化教育的人民,这个里面,最大多数是农民",并且预言,"农村里地主势力一倒,农民的文化运动便开始了"。① 1951年,针对有些文艺作品不去批判封建地主和各种反动势力,而专去描写人民身上"残留的落后因素"和"灵魂深处的某些弱点或阴暗的方面"的现象,周扬在一篇文章里提出了尖锐批评。② 可以认为,"十七年文学""反面人物"的历史性命名,得益于以下几个因素:一是在建国后社会结构的调整中,工农阶级剥夺了地主、资本家

---

① 毛泽东《湖南农民运动考察报告》,《毛泽东选集》第1卷,第39页,人民出版社,1991年。
② 周扬《坚决贯彻毛泽东文艺路线》,《周扬文集》第2卷,第57页,人民文学出版社,1985年。

和其它阶级对国家的领导权而成为社会的主体,掌管了文化、出版和文学艺术创作的权利,与此相关的文学叙事势必会发生根本性的调整。二是政治的"真实"决定了生活的"真实",生活的"真实"反过来又成为判断作家的文学创作是否"真实"的标准。政治的变动还在不同时期推动着生活的变动,指导生活什么是"是",什么是"非",从而增强了文学本身的复杂性。这样,塑造"反面"人物的形式、风格和技巧不光取决于政治的需要,而且它们在不同历史阶段的异同及其特点也不能说与后者完全无关。三是农民意识中根深蒂固的"平均主义思想",作为在当代社会的一种强烈反弹,导致了在"反面"人物形象塑造上的极端表现。这是因为,中国革命有一种本质上的民族性,所以民族这根神经始终牵动着革命的各个环节。

与此同时,也应当看到,随着"反面"人物命名意义的不断升级,文学史的原有秩序遭到了颠覆。在文学作品中,各类人物形象不再被看成是一种"平等"的关系,反之,它们会因为自己所属的社会集团而发生根本性的变化。这种变化,促使有的人物形象走向了"中心",有的则被"边缘化",甚至出现了被敌视的现象。从前面列举的《太阳照在桑干河上》的"人物表"来看,40年代的人物形象系列尽管已经出现了等级"压抑"的苗头,但还不至于扭曲这些人物的本来面目。到60年代末,极左文艺思潮则推出了"三突出"的创作原则,具体的规定是:"英雄人物和反面人物的关系,是革命和反革命的关系,是一个阶级消灭一个阶级的生死搏斗的关系。在社会主义舞台上,反面人物永远是正面人物的陪衬;在气势上,后者一定要压倒前者。"① 在《智取威虎山》、《红灯记》、《白毛女》、《红色娘子军》等新编京剧和芭蕾舞剧中,正面人物虽然经常是势单力薄,但在强大的敌人面前总是气势如虹,有时身缠手铐脚镣,仍然把反面人物逼到舞台的角落,令人感到一种虚幻的振奋。其实,中国传统文学本来就设定有君子与奸臣、侠客与恶霸的关系程序,这种程序对"十七年文学""反面"人物

---

① 上海京剧团《智取威虎山》剧组《努力塑造无产阶级英雄人物的形象》,《红旗》1969年第11期。

与正面人物关系很难说没有影响。不过,传统文学对"反面"人物的丑化包含有道德批判的用意,它与"十七年文学"中所存在的政治性的判决,还是有所不同的。在这个意义上,对"十七年"文学史,既可以把它作为一般性的"文学史"来看待,实际上也可以把它作为一部当代中国社会的发展史来看待。或者说它已经构成了一个时代的"形象史"、"情绪史",也不是完全没有道理的。

我想提醒人们的是,对"十七年文学"中"反面"人物"形成史"的研究,并不是要简单地肯定或否定什么。许多大量的第一手材料还有待进一步发掘,有些问题,只有在研究了材料和认真讨论之后,才有可能获得进一步的深入。尤其是当人们知道,材料、档案、经典文件和各种历史遗址中埋藏着的,不仅仅是这类人物形象塑造的过程和来龙去脉,而且也与更多人的精神的历史息息相关的时候。

第二编
民族国家的叙事

第二篇

名著国家与革命

第五章 关于"历史"的叙事

直到《讲话》发表,中国革命才从紧张、严酷的战争中抽出身来讲述自己的"故事"。40年代末,随着革命的不断推进和最终取得国家政权,尤其是50年代中期后国内外一系列事变的出现,这一"叙事"开始扩展到"十七年文学"的众多领域。如果拆开来,革命、历史、叙事是三个关系松散的概念,但合起来并经过一番编排,它们又构成了一个完整的叙述意图。把这组概念倒过去读,叙事、历史、革命则给人在客观性消解之后,主观性逐步强化的印象。在某种程度上,"叙事"简化了人们对"革命"复杂性的认识,但革命叙事反而成为今天的"克里斯玛之谜"。

一 客观性和能指性

一般而论,古代和现代的叙事理论可谓繁多,但叙事一般都具有客观性和能指性两种品格。这与W.C.布斯的叙述类型说有某些相似之处。布斯认为,所谓"可信的"的叙述,表现为叙述者的信念与作者、故事、地点的一致,这些故事给人的印象是它与生活中发生的事情一模一样,叙述者只是像镜子一样把这些生活真实地反映出来,至多把主人公的姓名和故事发生的现实地点略微做些变化。例如,叙事风格上可称为"可信的"叙述的,是中国的"史传传统"。比如,《三国演义》记述的是东汉末年河南、江浙、巴蜀三地诸候、强藩之间的王位之争,"火烧赤壁"一节,尽管真实地点一直存在着不同说法,却给人如临其境的感觉。《红楼梦》虽然不是战争小说,可它对北京王府商贾生活细致入微的描述,和对家族矛盾的揭示,具有极大的"可信性"。在西方近代小说中也有诸多例证。比如,托尔斯泰的《战争与和平》写的是俄国与拿破仑的战争,雨果的《九三年》的背景是法国大革命等。"不可信的"叙述正好相反,因此它产生的是反讽和含混的阅读效果。中国"神魔志怪小说传统"所孕育的作品,譬如六朝干宝的《搜神记》、明中叶的《封神演义》和清代蒲松龄的《聊斋》等,皆属于这种叙述类型。它或讲神仙道术,或谈巫鬼妖怪,情节虽似离奇荒诞,地点和人物十分可疑,包含有抨击现实、伸张正义的思想倾向;这类作品虽有打破时空界限的荒诞的艺术形式,揭示的却是隐喻的、象征性的社会内容。神魔志怪小说人物关系常常介于"人与鬼之间",叙述者的信念与故事、地点往往不一致,体现出一个非故事性的时间概念。因此,叙事的客观性和能指性恰如热拉尔·热奈特所指出的,"叙事是一组有两个时间的序列……被讲述的事情的时间和叙事的时间",也就是所谓"所指"的时间和"能指"的时间。①

  40年代初到50年代末,是"十七年文学"的"叙事时代"。一大批讲述革命"历史",歌颂斗争生活的文学作品,进入当代读者的阅读空间。扮演主要角色的,是长篇小说这一体裁,它们是:赵树理的《三里湾》,丁玲的《太阳照在桑干河上》,周立波的《暴风骤雨》、《山乡巨变》,欧阳山的《高干大》、《三家巷》,孙犁的《风云初记》,杨沫的《青春之歌》,梁斌的《红旗谱》,李英儒的《野火春风斗古城》,曲波的《林海雪原》,杜鹏程的《保卫延安》,吴强的《红日》,知侠的《铁道游击队》,柳青的《铜墙铁壁》、《创业史》,冯德英的《苦菜花》,雪克的《战斗的青春》,罗广斌、杨益言的《红岩》,刘白羽的《政治委员》,周而复的《上海的早晨》等。与此同时,诗歌一改"五四"以来的抒情主调,形成了叙事诗创作的热潮,其中代表性的作品是:李季的《王贵与李香香》、《菊

---

① 热拉尔·热奈特《叙事话语新叙事话语》,第12页,中国社会科学出版社,1990年。

花石》、《杨高传》,阮章竞的《圈套》、《漳河水》,田间的《赶车传》,张志民的《王九诉苦》、《死不着》,艾青的《吴满有》、《藏枪记》,郭小川的《白雪的赞歌》、《一个和八个》、《深深的山谷》、《严厉的爱》、《将军三部曲》等。另外,叙事也成为这一时期戏剧的主要特点,例如鲁艺的《白毛女》,王大化、李波等的《兄妹开荒》,老舍的《茶馆》、《龙须沟》,马吉星的《豹子湾的战斗》,湖北省实验话剧团的《洪湖赤卫队》、南京前线话剧团的《霓虹灯下的哨兵》,阎肃的《江姐》等。

如果继续观察,会注意到,上述作品故事发生的地点和时间,在叙事上与中国革命的主要活动范围和历史进程保持着令人吃惊的一致性。比如,从地域角度看,主要在黄河以北的广大地区:山西的有《小二黑结婚》、《李有才板话》、《三里湾》、《野火春风斗古城》,陕西的有《保卫延安》、《铜墙铁壁》、《王贵与李香香》、《吴满有》、《兄妹开荒》,河北的有《白毛女》、《太阳照在桑干河上》、《风云初记》、《青春之歌》、《红旗谱》、《赶车传》、《王九诉苦》、《死不着》、《白雪的赞歌》、《深深的山谷》,东北的有《暴风骤雨》、《林海雪原》,山东的有《红日》、《铁道游击队》、《苦菜花》和《黎明的河边》等。再从时间上看,则以20～40年代一系列重大历史事件为线索,例如"大革命斗争"、"一二·九学生运动"、"抗日战争"、"大生产运动"、"减租减息运动"、"土地改革"和"合作化运动"等等。由此断定,中国革命发展的每一步,在这些作品中都有形象生动的记录,叙事所编排的时间顺序,在小说故事中刻下了鲜明的印迹。不少作者的"创作谈",为研究者提供了极其丰富的史料根据。例如欧阳山说:"时间虽然只有短短的30年,但是这30年却内容丰富,变化多端。从历史的角度看来,它可以划出整整一个新民主主义运动的时代"。又说,"我很惭愧,因为我这部长篇小说只说了这些伟大而美妙的故事的一点点,很微小的一点点","然而我是诚实的"。① 吴强在谈到《红日》的创作过程时也证实道:"生活的故事是由人的行动组成的。战争生活的故事,是由人们的战斗行动组成的。实际上,与其说我的思想感情,和从涟水战役到孟良崮

---

① 欧阳山《〈一代风流〉序》,《作品》新1卷第8期,1962年8月。

战役的战斗历程有着分割不开的联系,倒不如说我的思想感情和故事里的人物有着分割不开的联系。"①《红旗谱》作者梁斌回忆说,"1932年7月,保定发生了'七六'惨案,反动派以血腥的屠杀,镇压了抗日青年,镇压了抗日运动。在这个惨案中,我失去了许多亲密的战友","在我写这部书的时候,好多次,情不自禁地把眼泪滴在稿纸上"。② 在这里,小说作者都强调了文学叙述对革命斗争"故事"和"地点"的忠实,强调自己所记述的正是"革命"的"历史"。这种情形,就像评论家侯金镜所概括的,这些作品其实"就是介入历史和文学体裁之间"的革命"传记"。③

但革命从来都不满足于作家所提供的原始的生活记录。在马克思主义经典作家看来,革命是一个阶级"推翻"另一个阶级的伟大事业,因此,它必然会比生活的原貌"更集中、更强烈、更典型"。革命者"无异是一群'革命的炼金术士'",因为革命无异于就是一首"即兴诗"。④ 所以,"能指性"构成了革命历史叙事的另一鲜明特点。能指虽然不能归属于"不可信的"叙述,但确如索绪尔所说,它不是对一个词的承诺,而是这个词的"转换"过程。⑤ 在这个意义上,革命历史文学强调的不是非故事的时间概念,不是反叙述,相反,它编排的是另一种符合革命需要和有利于塑造自己历史形象的时间的概念;叙述也不单纯是文学叙述,而是关于革命的"叙述"。在这个意义上,"大革命"、"第一国内革命战争"、"长征"、"抗日战争"、"解放战争"、"社会主义革命"等几组时间概念,不再是纯学术性的史学概念,也不是

---

① 吴强《写作〈红日〉的情况和一些体会》,《人民文学》1960年第1期。
② 梁斌《我怎样创作了〈红旗谱〉》,引自《中国当代文学研究资料·梁斌专集》,未刊。
③ 侯金镜《一部引人入胜的长篇小说——读〈林海雪原〉》,《文艺报》1958年第3期。
④ 本雅明《发达资本主义时代的抒情诗人·中译本序》,生活·读书·新知三联书店,1989年。
⑤ 特伦斯·霍克斯《结构主义和符号学》,第16、17页,上海译文出版社,1987年。

完整的历史本身,而是排斥了其他非革命史实或降低了它们的历史价值和地位的虚构性的时间链。在这个被政治化了的"时间链"上,一切的文学叙述显然都是围绕它而设计、而组织、而书写的。因此,能指性的文学叙事必然会有以下一些特点:一、不拘泥于历史事实的夸张手法。这种手法大量渗透到人物塑造、情节组织和阅读效果之中。二、推崇象征性的社会内容,而这一内容往往带着为某一阶段斗争任务服务的目的。三、把人物关系简单化、随意化。突出正面英雄人物,贬低和丑化反面人物,回避甚至忽视中间人物的复杂性。但毋庸置疑的是,能指性叙事的无限扩张和毫无约束的特点,形成了它与客观性叙事紧张的关系,从而激化和加深了它们之间业已就有的矛盾。因此可知,文艺与政治关系的讨论,"党性"与"艺术性"的争执,"写真实"与"两结合手法"的分歧,"人性论"与"教条主义"的冲突,怎样理解"典型问题"、"形象思维问题"、"美学问题"和"题材问题"等等,之所以一直是"十七年文学"中争论不休的问题,是不让人感到意外的。

二 叙事的概念

如前所述,革命、历史、叙事原本是几个关系松散的概念,它们作为一组崭新的"叙事概念"还需要一个艰难而漫长的重组过程。它会有挫折,有变化,甚至在某些时候还会有反复。在进入当代以前,这一叙事由出现到发展,就经历了"早期无产阶级文学"、"左翼文学"、"延安文艺座谈会"等三个阶段,也曾经历过争论和诸多探索性的实验。

众所周知,20、30年代,早期左翼作家对此做过不很成功的探索。较早系统地提出这一观点的,是郭沫若1926年的《革命与文学》一文。在当时,他把革命历史的叙事界定为"同情于无产阶级的社会主义的写实主义的文学",是文学与"世界的要求"的一致。[①] 但这种

---

① 《创造月刊》第1卷第3期,1926年5月16日。

观点却遭到了鲁迅的质疑和批评。他认为,革命虽然推动社会的变革,但"大革命时代"和"革命成功后"则未必就必须有"革命的文学"。"革命地方的文学家","总喜欢说文学和革命是大有关系的","不过我想","好的文艺作品,向来多是不受别人命令,不顾利害,自然而然地从心中流露的东西"。这是因为,"文学总是一种余裕的产物,可以表示一民族的文化,倒是真的"。① 但左翼文学对这一问题的探索,并没有因此而停止。在左联时期,革命作家就对此做过深入而系统的阐述。例如,蒋光慈关于"革命就是艺术"的论述,钱杏邨"诗歌的标语化口号化,是必然的事实"的主张,周扬对"社会主义现实主义文学"思潮的介绍,他的从属论、本质论和形象论,胡风以革命斗争为前提的"主观战斗精神"说,冯雪峰"人民力"与"主观力"相统一的观点等等。需要指出的是,这些理论在30年代前半期虽然对其他文学叙事形成了某种压抑性的优势,但并没有成为支配文学发展的主导因素。原因在于:一、革命在当时只是一个局部性的、弱势的文化,它仅占据着很小的区域,还不能对整个中国社会构成巨大影响。二、关于革命的文学叙事尽管在某些作品中已经出现,初步形成了它的审美形态,却没有成为统驭所有作家创作的叙事原则。

在根据地领域,对上述问题的探索一直在断断续续地进行。与大都市的左翼文学的主要不同在于,刚开始时,它在文学上没有可针对的对象,所以,它主要是在思想文化领域中展开的。直到40年代初,文学创作才被纳入探索者的视野。这就使这一探索具有了"文化想像"的性质,有一种远景"规划"的特点。人们知道,毛泽东与革命历史叙事有关的重要著作是《湖南农民运动考察报告》、《中国社会各阶级的分析》、《中国革命和中国共产党》、《新民主主义论》、《在延安文艺座谈会上的讲话》和《论人民民主专政》诸篇。最早对革命历史叙事在概念、范畴上有所论述的,是1925年冬的《中国社会各阶级的分析》。文章开宗明义地指出:"谁是我们的敌人?谁是我们的朋友?

---

① 《革命时代的文学》,《鲁迅全集》第3卷,第418、423页,人民文学出版社,1991年。

第五章 关于"历史"的叙事 103

这个问题是革命的首要问题。中国过去一切革命斗争成效甚少,其基本原因就是因为不能团结真正的朋友,以攻击真正的敌人。"①《湖南农民运动考察报告》也指出:"革命不是请客吃饭,不是做文章,不是绘画绣花,不能那样雅致,那样从容不迫,文质彬彬,那样温良恭俭让。革命是暴动,是一个阶级推翻一个阶级的暴烈的行动。"②显然,这些论述带有一定的社会功利性,和斗争的针对性,它虽没有具体谈到文学问题,但却对中国革命的性质、原则和对象做了非常明确地指认。值得指出的是,它们为毛泽东思想成熟期的理论建树,为《在延安文艺座谈会上的讲话》的问世,奠定了思想基础。之后的一段时间,由于作者兴趣的转移,和紧张的战争的影响,这一问题被暂时搁置起来。直到 30 年代末 40 年代初,它才重新进入作者的工作中心。而这一段,恰恰是毛泽东个人的一段思想"空闲期",也是延安文艺界的一段思想活跃期。时间的空闲,使毛泽东有精力对自己长期的革命实践做一番理论清理。在此背景下,以丁玲的《"三八节"有感》、《在医院中》,萧军的《论同志之"爱"与"耐"》,王实味的《野百合花》,艾青的《了解作家,尊重作家》为代表的一批"思想解放"小说和杂文,对革命阵营内部不合理现象的尖锐质疑,使毛泽东愈加感到了政治规范文艺,并为此建立文艺思想体系的现实紧迫性和重要性。所以,《讲话》鲜明的主题之一,即是对革命、历史、叙事之间密切关系的着重强调。他认为,在中国革命的历史中,实际有"文化战线"和"军事战线"两条战线,"'五四'以来,这支文化军队就在中国形成,帮助了中国革命",但在后来的发展中,却没有与中国革命"互相结合起来"。至于它们怎样"结合",作者则提出了"文艺为工农服务"的思想原则和文艺"怎样服务"等具体的方针政策。我们知道,在叙事学上,叙事尽管有自己纯技艺上的客观性,但它也依赖于与历史话语的"共谋"。因此,既然已经划分清楚革命的敌人和朋友,革命的目的是通过暴力手段推翻另一个阶级,那么,叙事无疑就取消了客观性,而成为讲述

---

① 《毛泽东选集》第 1 卷,第 3 页,人民出版社,1991 年。
② 《毛泽东选集》第 1 卷,第 17 页,人民出版社,1991 年。

革命历史的手段。在战争足以解决所有社会矛盾和问题的大时代中,政治家势必要求叙事从文学功能中淡出,成为"服务"的同义词。至此,一直困扰着左翼文艺理论的叙事问题,就被简单地解决了,它变成了这么一个公式:叙事·革命·历史。这样一来,它还可以做这样的理解:在革命历史中"叙事"。

但是,使叙事规则最终成为权威文学制度和指导思想的,还是周扬、茅盾、郭沫若、林默涵、邵荃麟、何其芳和张光年等人。人们注意到,建国后成立的"全国文联"、"中国作家协会"的章程中,明确写进了关于文学叙事的规定和要求。例如,第一次全国文代会对当代文学提出了如下课题和任务:一、过去的革命文艺是为新民主主义革命服务的,现在的人民文艺则要求为社会主义革命和社会主义建设服务了。二、当代人民文艺如何与社会主义的经济基础相适应,如何反映这个历史时期人民新的生活和斗争、思想和感情,这是新中国的人民文艺必须正视和加以正确解决的重要课题。三、全国解放,我们党成为执政党后,如何引导人民文艺沿着社会主义的轨道,按照文艺规律健康地发展,也是人民文艺应当加以正确解决的新课题。① 不但如此,直接受上述文艺理论家领导的全国文联、中国作家协会,几乎每年都对作家写什么题材、反映什么内容、塑造什么人物形象,到哪里去"采风"、"体验生活",包括具体作品的修改、否定,都有不厌其烦的限制和规定。比如,1952年《文艺报》第62期至76期辟有"关于创造新英雄人物问题的讨论"的专栏,引导作家如何去创作时代的"新的英雄人物形象"。1960年召开的第三次文代会,要求文艺工作者"工农化",强调用"两结合的创作方法"去表现火热的生活,号召作家到建设"第一线"去"深入生活"。即使在被认为"纠左"、"反左"、"思想空气宽松"的1962年的"大连会议"上,邵荃麟也不忘以既定的叙事规则来要求作家。在当时的三次讲话中,他说,"感到农村题材最重要的是如何反映人民内部矛盾",认为对当前创作急需解决的几个问题是,"人物创作"、"题材的广阔性与战斗性的关系"、"深入生

---

① 《中华全国文学艺术工作者代表大会纪念文集》,新华书店,1949年。

活"、"艺术形式"等等。另外,为便于加强对文学创作的领导,作家协会还下设"小说创作委员会"、"诗歌创作委员会"、"文学评论委员会"等具体部门,负责对各自的文学体裁进行监督、引导。这些"委员会"每年向作家党组提出自己的创作任务,检验每个作家的完成情况,负责人多由有一定声望的作家、评论家担任,但有时也会因他们"政治表现"的好坏更迭或者撤换。这种"文学制度",一直延续了数十年的时间。

三 被简化的叙事倾向

革命是一段资源丰富、头绪复杂的历史,而革命却不赞成那种过于复杂的历史叙事。虽然,在革命事业和理论形成的过程中,吸收了中外各种社会思潮的观点和思想,还从中国传统文化中汲取了某些有益的东西,但总的看,它并不鼓励纯思辨的理论探索,它更重视的,是与具体实践的匹配和结合。在这一过程中,任务、中心工作、宣传口号等实践性很强的话语方式,加入到将高深、艰涩的理论通俗化、口语化和大众化的创造性的改造之中,并将之分解、落实和融化到具体的场景和对文学的阅读。这就要求,文学理论和文学创作适应上述话语方式的重要变化。

但毋庸置疑,叙事倾向和形式的简化、缩减与大众化,是由革命的任务和性质决定的。中国革命是由一批接受了马克思主义影响的知识分子所领导,主要由工人、农民和士兵参加,由广大农民作为主力军的一场革命。大部分的时间内,这场以"推翻三座大山"为目的的战争,都是在贫瘠而落后的广大农村进行的。所以,既然"最广大的人民,占全人口百分之九十以上的人民,是工人、农民、兵士和城市小资产阶级。所以我们的文艺,第一是为工人的,这是领导革命的阶级。第二是为农民的,他们是革命中最广大最坚决的同盟军。第三是为武装起来了的工人农民即八路军、新四军和其他人民武装队伍的,这是革命战争的主力。第四是为城市小资产阶级劳动群众和知识分子的,他们也是革命的同盟者,他们是能够长期地和我们合作的"。① 那么,它的文学阅读对象和服务对象,就会相应地出现某些变化和调整。同样的道理,其欣赏趣味和艺术形式,也将会以服务对象是否喜欢和接受为目的。

于是,不难看出,《讲话》尽管用了整整一节、四千余字的篇幅论述"普及与提高"的"辩证关系",但它强调的却是"普及"对于文学发展的重要性,或说惟一性。正如作者所明确阐述的,"我们的文学专门家应该注意群众的墙报,注意军队和农村中的通讯文学。我们的戏剧专门家应该注意军队和农村中的小剧团。我们的音乐专门家应该注意群众的歌唱。我们的美术专门家应该注意群众的美术","一切革命的文学家艺术家只有联系群众,表现群众,把自己当作群众的忠实的代言人,他们的工作才有意义"。② 应该承认,对于文盲和半文盲占据相当一部分人口的中国社会来说,工人和农民中的大多数基本与文学处于相当隔绝的状态;他们有限的文学积淀,主要来自被改编成通俗戏曲、说唱艺术的《三国演义》、《水浒传》、《三侠五义》、《铡美案》、《包拯传》等古典文本,以及流落民间的快板、坠子、二人转等地方粗俗浅陋的艺术。显而易见,在这里,毛泽东要求文艺"普及"的对象,主要是指八路军、新四军和地方武装等革命军队。革命军队的组成基本来自工人农民,尤其是广大农村的农民。革命军队中的大多数人当时基本处于文盲和半文盲的状态,像千百年来的中国农民一样,他们的文学和文化积淀处于相对封闭的范围之内。费孝通曾经以"乡土中国"作为研究中国农民生存状态的历史框架,在他看来,和海洋性文化相比,乡土中国带有极大的封闭性和自足性。所以他认为,这不单带来了中国式民间文艺的特色,更带来中国乡村文化鲜明的特色:"不流动是从人和空间的关系上说的,从人和人在空间的排列关系上说就是孤立和隔膜。孤立和隔膜并不是以个人为单位

---

① 《毛泽东选集》第 3 卷,第 855 页,人民出版社,1991 年。
② 同上,第 863、864 页。

的,而是以住在一处的集团为单位的。"① 作者的论述给了我们以某种启示,他对中国农民在个人与地理环境之间的考察和定位,加深了我们对中国历史,尤其这一历史对于个人精神和文化状态"规定性"的认识。所以,可以认为,正是抗日战争使投身革命军队的广大农村青年走上了前线,从乡村这个空间转移到战场这个空间。战争尽管是一种"流动性"极大的生活,但严密的军队组织仍然具有相对稳固的封闭性和自足性。也就是说,他们虽然脱离乡村社会而走向了战争状态,战争并没有根本改变他们所处的"不流动"、"孤立和隔膜"的精神状态。而问题恰恰在于,中国革命是借助农民的巨大力量来推动的,主张个性解放、个性自由的启蒙话语并不适用于这一革命群体,而阶级斗争简单、明了的叙说方式则更适于刺激和启发他们的革命斗志和热情。这就要求革命的历史叙事简化它的叙事手段,用"中国老百姓喜闻乐见"、"通俗易懂"的叙述方式和语言进入这一文学"接受"的世界。在此情况下,虽然在现实中仍有强调普及与提高辩证关系的需要,却实际已经没有提高的条件和必要了。

纵观中国古代战争的艺术,会发现,主张解除个人精神束缚的思想(启蒙)从来都在中国农民的精神世界里没有立足点,相反,"均分田"、"打土豪,分田地"和"吃大户"等民粹主义和平均主义思想倒有极大的吸引力。在秦末,陈胜、吴广用"苟富贵,勿相忘"的平均思想来激励跟随自己起义的朴实农民。有人认为,在唐代末年的农民大起义中,"裘甫以平(太平、公平)为号召,这就是起义军旺盛的原因"。② 而在梁山好汉的脑子里,"富豪将吏,并三教九流,乃至猎户渔人,屠儿刽子,都一般儿哥弟称呼,不分贵贱","皆一样的酒筵欢乐,无问亲疏"的景象,无疑是一个至善至美的大同世界,"这种政治上要求一律平等和经济上的平均主义思想","对后世农民反封建斗

---

① 费孝通《乡土中国 生育制度》,第8页,北京大学出版社,1998年。
② 范文澜《中国通史简编》(修订本)第3编第1册,第328页,人民出版社,1965年。

争却有巨大的鼓舞作用"。① 当然,革命的性质和任务与古代战争有根本的不同,但革命者吸收历史经验的渠道和习惯,并没有发生根本的变化。如果上溯中国"革命"的源头,它应该是属于西方的东西。30年代革命文学的倡导为什么没有获得成功,一个根本原因,就是它产生于上海的亭子间中,读者是城市知识青年和市民,虽然作品题材表现的是土地革命时期的斗争,但思想意识和审美旨趣都是知识分子化的,与工人农民的实际生活相距甚远。从叙事的角度看,"革命"和"历史"并没有真正缝合起来。就是说,并没有真正走到"工农兵"当中去。所以,我们注意到,20世纪革命文学经典中,在全国各地,各行各业、男女老少中传播最广的,第一大概要算《白毛女》。"早在40年代中后期,歌剧在延安上演时据说就是场场爆满,当时的观众扶老携幼,布满墙头屋顶树杈,甚至从几十里地外赶来看戏的农民也大有人在",②与几年前延安大礼堂中上演曹禺的《雷雨》、果戈理的《钦差大臣》,干部群众都说不爱看的情形形成天壤之别。实际上,《白毛女》的剧情和人物关系并不复杂,然而它却成功地将革命道理与"打土豪,分田地",进而实现人人平等的传统文化心理结合了起来。这样,它的叙述手段越是简单,越有直观性,反而越能揭示"革命历史"的艺术效果。《白毛女》使人相信,形成于新文化与旧文化、洋文化与土文化、城市文化与乡村文化之间的文本形式,是可以把革命、历史、叙事完美地结合到一块儿的。

四 全知全能的"叙事"

既然"叙述"被看做是理解过去的一种方式,叙述者决定着讲什么和让人怎么看,所以它往往不以文本的期待而是以作者和叙述者的需要为指归。建国后,主流文化对文学叙事的控制被提上了议事日程。革命不仅要夺取国家的政权,领导国家走现代化的道路,而且

---

① 游国恩等《中国文学史》第4卷,第37页,人民文学出版社,1979年。
② 孟悦《〈白毛女〉与"延安文学"的历史复杂性》,《今天》1993年第1期。

第五章 关于"历史"的叙事

它还要证明自己在中国社会中的现实合法性和历史合理性。1949年9月16日,解放全中国的硝烟还未散尽,有人即和美国学者艾奇逊就中国为什么会发生"革命"的问题展开了一场论战。艾奇逊认为,中国之所以走上革命道路,主要原因是:一、人口压力产生的土地问题,导致了革命的爆发。他说,中国人口在十八、十九两个世纪里增加了一倍,因此使土地受到不堪负担的压力。国民党的失败和共产党通过解决土地问题的承诺最终夺得胜利,都来源于此。二、"西方的影响"引起了革命。在艾奇逊看来,中国是一个有高度文化和三千年文明的大国,大体上不曾沾染外来影响。中国人即是被武力征服,最后总是能够驯服和融化侵入者。19世纪中叶后,西方所以能突破中国的壁垒,主要是由于它不仅给中国带来了"盖世无双的西方技术",而且还带来了以往入侵者所不具有的"高度文化"。在《唯心历史观的破产》一文中,该文作者对艾奇逊的观点进行了严正反驳。他指出,中国历史上的多次革命,美国反对英国的革命,俄国二月革命和十月革命,其实都与"人口过剩"无关。辛亥革命和北伐战争之所以先后失败,原因不在是否解决了"吃饭问题",而是因为这些旧式革命与中国共产党领导的革命有本质的区别,它们"只推翻一个清朝政府,而没有推翻帝国主义和封建主义的压迫和剥削"。另外,中国接受马克思列宁主义影响不是被迫的,而是"因为同中国人民革命的实践发生了联系"。① 虽然说,这位作者的思想逻辑并没有把艾奇逊驳得"体无完肤",但他却说清楚了一个问题:中国革命是不容置疑的。也就是说,它是一个先期存在的"全知全能"的历史叙事。

这一态度和观点,对建国后文学中的革命、历史、叙事,以及相关的文学创作,产生了很大影响。全知全能的文学叙事标榜的是一个绝对的价值观和叙事观,在文学作品中,作者掌握着作品的情节进展,人物的情感、思想和行动,因此,人物的命运和作品的阅读效果,基本都在作者预先的设计和安排当中。作者的思想观念,可以说就是叙述者、作品、人物和读者的思想观念。卡勒把这种现象称之为

---

① 《毛泽东选集》第4卷,第1511、1515页,人民出版社,1991年。

"文化逼真"。他指出:"'文化逼真'在十八世纪和十九世纪早期被作为检验叙事的真实性的标准;如果人物符合当时普遍接受的类型和准则,读者就感到它是可信的。"因为,"它反映着共同的文化态度,从而就提供了证据,证明作者如实地再现了这个世界"。① 它在这里具有两种意义:一是革命就是一个"文化逼真",二是文学应该是这一"逼真"的真实表现。所以,中国当代文学批评一直把两个问题作为自己追求的目标:第一,压制和排斥非革命性的文学叙事,对与此相关的作家、作品不断加以批评和指责。第二,强调文学表现的"真实性",这种真实性又必须在中国革命的思想要求和审美规范之内。正因为如此,一个时期内,左翼文学之外的其他文学现象遭到了排斥,一些流派和作家作品的"重版"基本停止,多数老作家失去了创作和发表的机会。一些虽发表于解放后,但具有非革命的个人主义倾向的作家作品受到了严厉责难,有的作家还因此被剥夺了人身自由,例如萧也牧的《我们夫妇之间》、流沙河的《草木篇》、王蒙的《组织部新来的青年人》,电影《早春二月》、《舞台姐妹》、《林家铺子》、《兵临城下》、《革命家庭》、《不夜城》等。这些作品被认为是"歪曲了嘲笑了工农兵的小说",是公然"和今天的社会、和党、和人民群众对立"。② 然而,在当代中国文学建构自己"历史观"的过程中,这种努力并不都是非常容易的。③ 举例来说,在关于"真实性"的问题上,就一直存在着关于真实性、真实的标准、真实性的内涵能否扩展的争论。比如,当时对电影《武训传》的批判,对胡风、丁玲、冯雪峰等人的排斥的观点,虽然一度建立在认为他们的创作和思想已经不符合中国革命"真实性"的思想认识上,然而,在此期间出现的巴人、钱谷融的"人性论"、何直(秦兆阳)的"现实主义——广阔的道路"论和邵荃麟"现实主义

---

① 华莱士·马丁《当代叙事学》,第73页,北京大学出版社,1991年。
② 丁玲《作为一种倾向来看——给萧也牧的一封信》,《文艺报》第4卷第8期,1951年8月10日。
③ 参见1957年2、3月间发表在《草地》、《红岩》等刊物上批判流沙河的文章。

深化"论等主张,则反映出对这种真实绝对化倾向的怀疑,以及希图扩充和丰富它历史内涵的愿望。但是显然,这又是一个既知道开头,就会知道结果的过程。所以,对"真实性"的"冒犯"和"挑战",当然不会影响它在文学领域权威的最终确立。正如周扬所指出的:"我们的文学艺术基本上是现实主义的。我们的文学艺术作品反映了作为历史创造者的工农兵群众的生活和斗争,反映了现实生活中的尖锐问题,紧密地服从了当前的政治任务,正因为这样,许多的作品对人民发挥了积极的教育作用,对人民的各种斗争和国家建设作了有益的贡献。我们的文学艺术中的这个基本的现实主义倾向,是不容忽视或抹杀的。"①在这里,作者把"文学艺术"、"现实主义"、"工农兵"的"历史"看做同一个概念,从而提出了"文学艺术"之所以是"现实主义"的,是因为它反映了"工农兵"所"创造"的"历史"这一思想公式。在此基础上,又形成了另一异曲同工的文化逻辑:因为"可信",所以"逼真"——"逼真"的文学艺术作品,会发挥"服从当前政治任务"和"感染人、教育人"的特殊作用。

在革命历史题材的作品中,作者掌握主题、情节和人物的超常能力,是这类文学的一个醒目标志。从大量的"创作谈"来看,作者在进入创作过程之前显然都已清楚地知道叙事的目的。据罗广斌回忆,他虽然在"中美合作所"囚禁过一段时间,但要写出《红岩》这部反映中国革命斗争的"史诗"却不那么容易。作者把最后克服困难的原因总结为三条:首先,"领会毛泽东思想和了解解放战争的全国形势",使他"在改写稿子的时候","认清了美蒋反动派外强中干的纸老虎的本质"。其次,"只有提高了作者的思想觉悟,才能塑造出思想觉悟较高的人物形象"。第三,"中美合作所"里革命先烈的对敌斗争",是"中国无数革命斗争中的一部分",通过到北京革命博物馆、军事博物馆的参观,认识了"所有无产阶级战士的一个鲜明的共同特点",即一

---

① 周扬《为创造更多和优秀的文学艺术作品而奋斗》,《文艺报》第19号,1953年10月15日。

种为"革命的崇高理想"献身的精神。① 冯德英认为,《苦菜花》之所以成功,是他始终有一个强烈愿望,"我想表现出共产党怎样领导人民走上了解放的道路","从而使今天的人们重温所走过的革命道路"。② 按照热奈特的说法,他们是以"想讲什么"、"就讲什么"的叙述方式组织作品故事的。而且,这一叙述方式又带出以下一些特点:一、在全书的叙述主线上,突出了革命必将战胜"反动派"的胜利结局。二、主人公具有非凡的革命意志,有一个富有传奇性的人生经历和斗争色彩。三、革命者对自己选择的人生道路从不表示怀疑,当然也不会有一般文学作品通常都有的性格矛盾和自我冲突。四、都担负着"教育人民"的功利性的写作目标。例如,《林海雪原》中杨子荣孤身深入到比自己力量强大许多倍的残匪座山雕的"巢穴",尽管造成很大的悬念,但他在强敌面前却显得游刃有余、谈笑风生,读者也丝毫不感到紧张。因为,"革命必胜"这一潜在前提,早已把故事"结局"告诉了读者。又例如,虽然在《红岩》结尾处,大部分革命者在越狱过程中牺牲,然而作品昂扬的基调并没有受到悲伤情绪的困扰,相反,它以"地平线"、"湛蓝的天空"、"朝霞"等具有强烈亮度的意象,预示了革命将取得全国性胜利的局面。所以,华莱士·马丁指出:文学叙事后面"都有一部历史,以及一个对于未来的希望。我们每个人也有一部个人的历史,我们自己生活的叙事,这些故事使我们能够解释我们是什么,以及我们被引向何方。"③

新中国成立后,建立强大的现代民族国家的目标成为执政党和全国人民共同的叙事。于是,"全民总动员"就成为社会生活中的一个鲜明主题。在此过程中,革命、历史、叙事逐渐排斥了它们之间紧张和不和谐的部分,在国家现代化的目标下被完满地组织了起来。

---

① 罗广斌、杨益言《创作的过程学习的过程——略谈〈红岩〉的写作》,1963年5月13日《中国青年报》。
② 冯德英《我怎样写出了〈苦菜花〉》,《苦菜花》,解放军文艺出版社,1986年第3版。
③ 华莱士·马丁《当代叙事学》,第2页,北京大学出版社,1991年。

革命、历史、叙事本来是政治性概念,但革命历史道路本身风险性和传奇性的色彩,则使这种叙事既进入了中国古代英雄传奇的书写和接受系统,又与希望文学作品都成为爱国主义"生动教材"的政治期待结合了起来。因此,"叙事·革命·历史"不仅构成了20世纪中国文学文学表现的独特性,在20世纪的世界文学中,也是一个十分鲜见的现象。

第六章 《红旗谱》、《红日》和《红岩》的创作策略

中国革命取得决定性胜利之后，"重建"中国的叙事便被列入文化工程。1949年12月5日，中共中央在一项旨在加强宣传工作的指示中指出，鉴于"长期间"这一方面"作得非常薄弱"，所以，应该"集中注意于党内外的思想斗争，党的宣传鼓动工作的领导和党的文化教育政策的制定"。①《红旗谱》(1957.12)、《红日》(1957.7)和《红岩》(1961.12)的出版，被认为是这一工程的"重要收获"。在一定意义上，"三红"不仅由隶属于团中央的中国青年出版社直接组织生产，隆重地向广大青少年读者推出，碰巧的是，它们还依照时间的顺序，形象地勾勒了中国革命从"大革命时期"、"抗日战争"到"解放战争"的三个历史阶段。

一 《红旗谱》：复仇与革命

纯粹就文本分析，《红旗谱》是一个典型的农民复仇故事。1957年至1995年，它先后印刷30次，约达一百八十余万册。但打开《红旗谱》看，才发现它原来是一部被革命叙事"改造"过的传统复仇小说：冀中平原锁井镇的老一辈农民朱老巩、严老祥为维护四十八村百

---

① 《中共中央关于中央人民政府成立后党的文化教育工作问题的指示》，《中华人民共和国开国文选》，第576页，中央文献出版社，1999年。

姓的利益,赤膊上阵,拿铡刀同派人砸钟的地主恶霸冯兰池拼命。终因势单力薄失败,朱老巩吐血而死,严老祥被逼远走他乡。30年后,逃到关东的儿子朱老忠率全家返乡,准备"报仇雪恨"。但复仇未成,其子朱大贵反被冯兰池抓了壮丁。所以,在宗族冲突中处于苦闷状态的严家第三代人运涛、江涛,由于受到革命者贾湘农的启发,终于明白:"中国农民只有在共产党的领导下,才能更好地团结起来,战胜阶级敌人,解放自己。"①

《红旗谱》出版后,梁斌发表了《我怎样创作了〈红旗谱〉》、《漫谈〈红旗谱〉的创作》和《致读者》等一批文章。这些文章,向读者详细披露了小说如何构思、修改和生产的过程。他说:"《红旗谱》从短篇发展到中篇,又从中篇发展到长篇。其中,有些人物在我的脑海里生活了不下一二十年。开始长篇创作的时候,我熟读了毛主席〈在延安文艺座谈会上的讲话〉,仔细研究了几部中国古典文学,重新读了苏联古典小说,时时刻刻在想念着,怎样才能遵照毛主席的指示,把那些伟大的品质写出来。"②然而,值得注意的是,30年代梁斌刚开始文学创作时,明显受到的却是燕赵之地"多慷慨悲歌之士"这一民间尚武传统的影响。他关注保定当地流传的各类"传奇"故事,早"就想把家乡一带农民豪壮、粗放的性格表现出来"。③所以,起初他的短篇、中篇小说和剧本,写的只是一些"慷慨侠义"、"江湖气魄"的农村人物,即使有些涉及革命斗争,也主要是把"有仇必报"的悲剧气质转移到这类题材上来。这种创作像作者钟爱的古典小说《水浒》那样,是典型的"英雄传奇",而不是严格的"革命叙事"。比如,短篇小说《夜之交流》描写的是1932年高蠡暴动时白军对共青团县委书记小马的血腥报复,和他宁死不屈的侠义性格;另一个短篇《三个布尔什维克的爸爸》虽取材于一位老人的三个儿子惨遭国民党杀害的真实故事,引起读者心灵长久震撼的,却是当地人慷慨赴死的民间伦理和一组

---

① 梁斌《漫谈〈红旗谱〉的创作》,《人民文学》1959年第6期。
② 梁斌《我怎样创作了〈红旗谱〉》,《文艺月报》1958年第5期。
③ 梁斌《漫谈〈红旗谱〉的创作》,《人民文学》1959年第6期。

英雄群像;五幕剧《千里堤》表现二贵如何带领长工与地主冯贵堂"斗法";经过扩充的中篇小说《三个布尔什维克的爸爸》叙事容量有所增加,大贵、二贵和三贵兄弟的惨死仍然是作品描写的"重头戏"。显然,这些描写对揭示农民如何走上革命道路等现代中国的"发展规律",无疑产生了消极影响。

因此,为把《红旗谱》的构思、结构和人物形象提高到"叙述"革命的层面,就非得对当地流传的民间故事做一番较大的"调整"不可。据作者说,"原来结构这部小说的时候,是没有严志和这个家族的,因为在中篇小说中写朱老忠的三个儿子都牺牲了,读者有意见",所以,"就把朱老忠一家分成了两家。安排运涛在大革命中死去,大贵在高蠡暴动中死去,二贵在抗日战争中死去"。这样的安排,既照顾了中国革命发展的完整过程,体现了"惟有牺牲多壮志,敢教日月换新天"的乐观主义精神,又吻合了中国北方农村复仇故事中通过轰轰烈烈的死强调"忠、信、义"的伦理理想的叙述习惯。作者又说,"这样长的书按着中国小说的传统习惯,似乎还应该有个楔子。我写这部书,一开始就明确主题思想是写阶级斗争,因此前面的楔子也应该以阶级斗争概括全书。考虑了很长时间,最后决定把朱老忠回叙朱老巩大闹柳树林的那一段挑出来,搁在第一章"。但他又担心,"书是这样长,都是写的阶级斗争,主题是站得住的,但是要让读者从头到尾读下去,就得加强生活的部分,于是安排了运涛和春兰、江涛和严萍的爱情故事,扩充了生活内容"。① 这些话表明,在创作"转型"的过程中,梁斌本人刚开始对如何把"梁山结义"、"有仇必报"这类流传甚广、在农民的观念世界中根深蒂固的民间故事改造成革命的叙事,其实是缺乏信心的。因此,在作品中,他不得不陷入两种叙述套路难以"结合"的尴尬:为了使"读者从头到尾读下去",他特意加进朱老巩大闹柳树林和一波三折的运涛、江涛的爱情故事,但是这种描写有损于作品的"阶级斗争主题";为超越一般乡村"复仇"的叙述陈套,使之最大限度地获得由无产阶级政党所赋予的理想和集体主义精神,作品

---

① 梁斌《漫谈〈红旗谱〉的创作》,《人民文学》1959 年第 6 期。

安排了运涛、江涛与革命者贾湘农相识的"细节",最后,又设计了运涛去南方投身北伐革命、江涛领导"反割头税"和"二师学潮"的内容,然而,这种修改不仅减弱了作品的可读性,也减弱了朱老忠、运涛和江涛等人物原有的光彩。从全书结构看,"复仇"是作品贯穿始终的一条叙述主脉,是作品牵动读者阅读兴趣的一个主要"悬念"。由于把"走向革命"作为主要人物性格发展的必然规律,《红旗谱》第一部给人留下的是一卷不如一卷的印象。到"卷三"的二师学潮,更让人感到是勉强成章,与前两章明显脱节。

如果说《红旗谱》是"农民革命的历史图画",①那么,称得上"史诗般"人物形象的应该是朱老巩、朱老忠父子。在我看来,父子二人最具吸引力的性格,就是他们的"侠义"。朱老巩只在全书开头匆匆闪过,却给读者留下了"撼天地,泣鬼神"的不朽形象。见地主冯兰池真要砸钟:

> 这时他眉棱一横下了决心,闪开衣裳,脱了个大光膀子。小辫子盘在头顶上,挽了个搪扭儿。叉开腿把腰一横,举起铡刀,刀光晃着人们的眼睛,张开大嘴喊:"大铜钟是四十八村的,今天谁敢捅它一手指头,这片铡刀是他的对头!"

这幕镜头仅仅是一个开始。随着故事的发展,读者会发现,人物在之后的历史冲突中被赋予了更富传奇的色彩。比如,大革命失败后,投身北伐的严运涛被捕入狱,生死未知。而为营救运涛,严家则陷入卖地、使账的困境。这时,朱老忠挺身而出,毅然提出与江涛一起前往济南。书中的一个细节、一个对话,使一个为朋友仗义解难、不顾个人安危的人物形象跃然纸上:

> 贵他娘问:"你还要替他人打人命官司?"

---

① 方明《壮阔的农民革命的历史图画——读小说〈红旗谱〉》,《文艺报》1958年第5期。

朱老忠听到这里,有些不耐烦,猛一抬头说:"嗯?他是我侄子,他是我们穷人群里的凤凰,如今陷住了,我不替他打人命官司谁去替他打人命官司?"说到这里,他又想起古书上说的:梁山泊的人马,还劫过法场……他想着站起身来,在院里蹓了两趟腿,运了一口气说:"俺哥们还不老……"

　　他又对江涛说:

　　"估计你们也没有多少钱。有多就多带,有少就少带,没有就不带。拿起脚就走,困了就找个庙儿睡,饿了就沿村要口吃的。"

　　朱老忠一说,江涛流下泪来,说:"忠大伯!你上了年岁,还能那样?咱还是坐火车去吧!"

　　这些精彩描写,给人一种重返传统乡村社会的强烈感觉。它与评论界一致认可的那部作品之间,出现了一个阅读差异。它使读者突然意识到,虽说革命话语塑造了《红旗谱》的主题思想,却未能将其叙事机制控制在手中。进一步说,使《红旗谱》从一个流传民间的复仇故事变成领导农民取得革命胜利的叙事性作品的并不只是革命因素,反倒是一些非革命的民间文艺形态的叙事惯例。因此,纯粹从叙事的角度看,小说《红旗谱》情节、人物设计中确有某种非政治的运作过程。所以,在这里,问题涉及到的已不仅是革命文学的娱乐性,它还有革命文学中的非政治实践。于是,对50年代革命历史小说中某些特点,应该引起足够的注意:一,革命叙事虽然获得了合法地位,但还没有发展到排斥其他叙事习惯如民间文艺的地步;二,个人"私仇"与革命"公仇"之间存在着某种叙述态度上的暧昧性,有一种会合与交换的现象,这使它们在文学运作过程中经常使用着相同的"复仇"资源。三,在这个意义上,革命历史小说也许正像许多研究者所说的,是那种"革命历史传奇",它是那种承认政治话语前提的传奇故事。

二 《红日》:战争史诗的探索

1957年,亲身参加过莱芜、孟良崮等重要战役的吴强的长篇小说《红日》出版后,获得了评论界的一致好评。对其"史诗性"艺术风格的肯定,是众多评论文章的共同话题。冯牧指出:"作为一部文学作品,它并不只是写出了一个普遍的战场,一支普通的军队,一次普通的战役,而是把这一切方面,一切生活场景以及一切身临其境的人们的思想和行动,都自然而细密地交织在一起,构成了一幅色彩斑斓的历史图卷,生动而真实地反映了我们宏伟卓绝的革命战争史诗当中的壮丽的一章。"①罗荪也认为,作品"环绕着著名的莱芜、孟良崮两大战役","写下了气魄宏伟的革命史诗"。②

对"宏大叙事"的追求,是中国革命确立历史合理性的主要策略之一。这种"宏大叙事"的艺术倾向,在中国古代战争小说中就已存在。19世纪俄国、法国的现实主义小说,以及20世纪前苏联表现革命运动和卫国战争的作品,曾经创造了"史诗性"文学的高峰。但中国革命"宏大叙事"的独特性表现在,它不单要反映"伟大的时代",而且通过重大历史事实与艺术虚构的"结合"揭示出这样一个历史"本质":推翻帝国主义和封建主义的"压迫",建立"人民的国家"。③ 如果说《红旗谱》的写作目的是为了揭示农民如何走上革命道路的历史原因,一群受传统侠义精神影响的农民和觉醒的乡村知识分子因此成为它描写的对象的话,那么,《红日》表现的则是被组织起来并穿上军装的另一群农民——解放军将士,如何在40年代后期战胜了强大的敌人,最终通过战争手段取得革命胜利的。虽说《红日》在"中国的

---

① 冯牧《革命的战歌,英雄的颂歌——略论〈红日〉的成就及其弱点》,《文艺报》1958年第21期。
② 罗荪《评〈红日〉》,《收获》1958年第3期。
③ 参见《论人民民主专政》,《毛泽东选集》第4卷,第1468~1481页,人民出版社,1991年。

叙事"上未必就是对《红旗谱》的超越,两部小说被放在一起仅仅是一个巧合,但《红日》所描写的"40 年代",无疑在时间的链条上象征着"20、30 年代"的一种"历史进展"。

在这里,探究作品酝酿、构思和完成的过程,显然会使《红日》由一个封闭的文本变成一个开放的文本,发现过去不曾注意的许多东西。例如,《吴强小传》就是这样一个"个案"。小传所叙述的是作者一段历史活动的线索:1910 年生于江苏涟水县一个贫苦家庭。先在本镇读小学,继而到外地勉强读完中学、大学。1933 年在上海参加左联,发表过散文和短篇小说。抗战爆发后,在皖南参加新四军,曾任军部政治部文艺干事、科长,解放战争中,任纵队和兵团政治部宣传部长等职。据作者回忆,1946 年,他所在的部队在与国民党"五大主力"之一七十四师的战斗中失利。"许多干部、战士和地方群众,给他们的炮火枪弹打死打伤;我军上下,谁不万分愤慨,满怀仇恨。在那个天色昏暗的下午,我正和另一个同志骑着马,朝涟水城的北门奔跑,去火线上传达军首长的战斗指示,迎头碰到几个战士,他们浑身泥土,有的负了轻伤,头上、臂上扎着绷带,有的倒背着枪,从火线上下来",这使作者看到了战争"真实"的一幕。[①] 解放后,吴强先随大军到厦门、上海,后转业到地方当专业作家。他一直想就自己的"亲身经历"写一部战争题材的长篇小说,但迟迟没有动笔。令作者苦恼的是:作为"革命军人",他有义务写出中国革命的战争史诗,积极参与这一具有特殊意义的"中国叙事";但作为"作家",他又深知应该忠于生活的感受,不能让"所见"、"所闻"去迁就宏大的叙事。因此,"革命的真实"和"生活的真实"就打了架。作品文本中的"两种声音",于是就在作者的"创作谈"中暴露出更大、更明显的"裂口"。对如何处理这一矛盾,他曾感到为难,苦恼地说:"涟水是我的家乡,涟水一仗之后,我的家乡,处在敌人的践踏之下,因而对敌人七十四师有着更加具体的憎恨,对我捕捉这个题材,在思想里酝酿和构成这个故事也是一个小小的虽然是并不重要的因素。虽然我对参加过的战斗,都

[①] 吴强《写作〈红日〉的情况和一些体会》,《人民文学》1960 年第 1 期。

有感受,也都觉得那些战斗的历程,是客观存在的生动的故事,有些战役在某种意义上,比消灭七十四师的孟良崮战役更有特色,我也很想写写那些故事,但我却没有首先去写那些故事,而首先写了从涟水战役到孟良崮战役的这个故事。其主要原因,我觉得,就是这个由许多人物活动而组成的战争故事,在我的心里有着比其他战役更多、更深刻也更真切的感受,因而激起了表现它的比较强烈的思想冲动。就是说,《红日》的题材的选取和故事的形成,并非单是由于题材的客观意义和战争史实的富有艺术性,而是客观现实和我主观上的思想情感自然结合的成果。"①在这里,作者表现出与战争"史诗性"流行观点不同的见解。但他强调的"家乡"、"主观感情"和"日常性",不仅一直为关于《红日》的文学评论所忽视,而且也一直在宏大的叙事中处于被压抑和遮蔽的地位。

出于上述理解,作者对小说的主要故事框架作了值得注意的处理。比如说,他回避了对正面战场的描写,而把重要笔墨放在战争背后的日常工作上。这对"史诗性"显然是一种减弱,但奇怪的是,评论界对这一点却没有突出责难。也许是因为,人们对战争史诗的理解还停留在表现没表现战士的"士气"和"乐观主义精神"上,还未将它升华到后来那样的历史高度。在我看来,正是在这种不应该的"误解"过程中,作者吴强才得以将两种"真实"作了看来还不错的"结合"。于是,人们看到,作为40年代后期战争"史诗"性描写的一个缩影,《红日》的成功不只在它描写了一支大军辗转千里的征战过程,还在于写出了一群英雄将士战争间隙中的"日常生活",和极其生动的音容笑貌。军长沈振新打仗忙,战后休整也忙,有空闲在战斗间隙中"和人下棋",却没有时间"给老婆回信"。战士杨军、张华峰、秦守本、王茂生、安兆丰、洪东才、周凤山、张德来和连长、指导员石东根、罗光等在战场上舍生忘死、英勇无畏,行军和日常生活中却表现得朴实可爱。例如,秦守本因为新战士不好带,几次闹意见,想辞掉班长职务去当一个"小兵";王茂生为了捉一个敌师长,不惜跟着一匹马跑了几

---

① 吴强《写作〈红日〉的情况和一些体会》,《人民文学》1960年第1期。

里泥路,终于一枪把俘虏打下马来;英雄连长石东根在大捷之后醉酒纵马,被军长训斥后的一组镜头,更给读者留下了有趣的印象:

> 一匹高头大马,大声嘶叫着飞跑过来。他定神一看,马上的人像一个国民党的大军官,头上戴着高檐大帽,两脚蹬着带马刺的长统黑皮靴,身穿黄呢军服,腰里挂着长长的指挥刀,左手抓住马鬃,右手扬着小皮鞭,在疾驰飞跑的马上不住地吆喝着:"嘎!嘎!"

我们知道,由于"史诗性"在"十七年文学"中,不是当作历史的丰富性来理解,而是以能否揭示历史的"本质"来理解的,因此,它排斥非"历史主体"的因素,冷落作品对人物日常性格的描写。因此,评论界在肯定这部小说的同时,对上述描写的"感情实在有些旧",①忽视了"党的领导作用"等等因素,提出了批评。② 作者后来也意识到,之所以会损害了革命战争的史诗性,是因为"表现的思想角度,显得狭隘了些,对工农军队的伟大胸怀和革命英雄气概,就未能在显示共产主义战士的精神世界的基础上,鲜明强烈地突现出来"所造成的。③ 显然,这种对"史诗性"境界"纯洁化"和"宣传性"的追求,实际表明,"十七年文学"对"史诗性"的建构其实很大程度地表现在对国家意识形态的依附上。但有反讽意味的是,中国革命恰恰是知识分子领导的、以农民为主体的一场战争,农民不仅在这场革命中表现出坚定的"革命性",同时也展示了农民生活的"日常性"——浓厚的农民意识。正是对这一农民意识的敏锐觉察与描写,使《红日》至今都不失其文学的魅力,也是作品最有光彩和饱满度的所在;但这一"觉察"和"描

---

① 何其芳《我看到了我们的艺术水平的提高》,《文学研究》1958 年第 2 期。

② 平凡《〈红日〉所体现的毛主席的战略思想》,《文学研究》1958 年第 2 期。

③ 吴强《写作〈红日〉的几点感受》,《文艺报》1958 年第 19 期。

写",却常常被指责为"缺陷"和"不足"。但人们相信,这种作家创作"动机"和作品文本"效果"之间出现的尴尬,不只是革命历史小说所遭遇的,它在其他题材的创作中实际上也普遍存在着。

三 《红岩》:关于"红色"的讲述

在我看来,解读《红岩》,应该用"倒叙"的方式来进行。我注意到,在作品最后一页,有一段极富象征性色彩的描写:"东方的地平线上,渐渐透出一派红光,闪烁在碧绿的嘉陵江上。湛蓝的天空,万里无云,绚丽的朝霞,放射出万道光芒。"这一特殊描写,表明重庆这座山城即将解放,革命事业将圆满地告一段落。由此我认为,评论界对"三红"的偏爱,也许是一个审美情趣的巧合;但从《红旗谱》、《红日》到《红岩》对革命历史循序渐进的"叙事"看,又不能仅仅看做一个"巧合"。如果换一个角度,从"顺叙"的方式来解读《红岩》,会发现在整个故事的设计和安排中,实际还有一个组织、启发和指导的具体过程。它在"讲述"的意义上构成了对前两部小说的"续写"。

据说,作者罗广斌1948年被关入中美合作所渣滓洞集中营的时候,没有想过要写《红岩》。他是解放后在重庆市团委工作以后,才逐渐萌发创作念头的。1956年,他和其他作者在中共重庆市委的安排下,写出了50余万字的"革命回忆录"《在烈火中永生》。1958年,团中央和重庆市委又要他们"尝试用长篇小说的形式来表现这个题材"。但是,由于没有自觉意识到小说写作对广大青少年负有"革命传统教育"的重大责任,《红岩》的初稿刚开始写得"基调又低沉压抑,满纸血腥,缺乏革命的时代精神"。作者没有想到,这不是要他们原模原样地"复述"历史,而是要他们"重建"历史。于是,省市领导专门"研究写作的情况",为作品的定调是"揭露敌人,表彰先烈"。还"多次校阅稿件",提出"重写、修改"的意见。另外,负责出版该书的中国青年出版社的编辑也提醒作者要"注意作品的教育意义和战斗性",等等。于是,经过这些自上而下、反复再三、从组织到个人的"启发"、"引导"和"参与","作品终于摆脱了低沉压抑的气氛,出现了较为高昂的基调"。① 《红岩》从 1961 年到 80 年代,共印行 20 多次,发行 800 万册,在全国引起了很大反响,也创造了几个"红色经典"之最。在广大读者心目中,作品中的革命者形象,成为"红岩般高大、雄伟、坚强的基本特征",②发挥了用"革命历史"教育青少年的巨大作用。

不单是以上对讲述的有力"组织",拿《红岩》和《红旗谱》、《红日》比较,还会发现其中有一个小说主角由农民到工人形象转换和推进的运作过程。在中国革命的讲述中,工人阶级一般被认为是革命的"领导阶级"和"无产阶级的先锋队"。农民虽然在革命战争中起到了主力军的作用,他们自身的"缺陷"和"弱点",却妨碍其成为"最先进的阶级"。所以,直到解放前夕,毛泽东还提醒人们,"严重的问题是教育农民",并预示了他们将来难于和"以国有企业为主体的强大的工业的发展相适应"。③ 如前所述,三部小说放在一起仅仅是一个巧合,然而,在客观上它们却显示了当代中国文学叙事观的变化与进展。

许云峰、江姐之所以分列《红岩》的第一、第二号主角,显然贯彻了上述的讲述意图。既为"最先进阶级"的"代表",许云峰、江姐就应该显示出比其他社会阶层更纯洁、更新颖的精神面貌。第一,他们基本没有自己的"家庭生活",也就是说,其理想和追求完全建立在没有自我,而只有共产主义集体事业的人生坐标上。在《红岩》里,许云峰是出身工人的工运领袖,重庆地下党负责人之一。他年届中年,没有爱人,还是一个单身。他虽在渣滓洞被单独关押,却对所有难友具有巨大的精神感召力,"他用硬朗的脚步声,铁镣碰响的当啷声,向每间牢房致意"。后来,许云峰又被秘密转移到白公馆潮湿、阴暗的地下室,临死之前,他毅然把用手指挖出的一个秘密通道留给了其他战友。为塑造许云峰高大、完美的革命者形象,作者甚至舍弃了让其家

---

① 罗广斌、杨益言《创作的过程学习的过程——略谈〈红岩〉的写作》,1963 年 5 月 13 日《中国青年报》。
② 王朝闻《战斗性的心理描写》,《文艺报》1962 年第 3 期。
③ 《论人民民主专政》,《毛泽东选集》第 4 卷,人民出版社,1991 年。

人探监这一在一般读者看来是必不可少的情节。江姐虽有家庭,却等于没有家庭生活。比如,她年幼的儿子在作品中从没有出现,与丈夫的关系也只是草草几笔带过。为突出江姐纯洁到几乎透明的革命献身精神,作品第四章特意安排了这样一个"细节":她赴华蓥山途经一座城门时,突然发现城楼上悬挂着丈夫彭松涛鲜血淋漓的头颅。但她强忍悲痛,"微显不安"的神情,居然瞒过了前来接应的华为——集体主义理想战胜了个人的欲念,由此升华为一种排斥日常性、世俗性的崇高品质,正是《红岩》希望传输给读者的思想理念。第二,许云峰、江姐等与徐鹏飞之间的思想交锋,主要围绕着政治和人生的话题而展开,其目的是要对广大青少年进行革命传统教育。① 小说第九章许云峰与徐鹏飞的"对话",是一种典型的全知全能的讲述。因为,作者不仅能够掌握人物的思想活动,还预见到前者的叙述终将"压倒"后者的叙述:

> 徐鹏飞声调一变,厉声说道:
> "你们应该明白,现在能掌握你们命运的人,不是你们,而是我!为了自己,你们应当想想……我不需要你们履行任何手续,不需要任何代价,只要一纸自白书,就可以立即改变你们的处境!"
> ……
> "我们在你手中?"许云峰忽然放声大笑,他对着瞠然木立的敌人,舒开两臂,沉着而有力地聚合拢来,像一个包围圈,把对方箍在中间:"你们早已落在人民的包围中,找不出逃脱毁灭命运的任何办法了。"徐鹏飞勃然变色,一时不知如何对付。他不能忍受这种宣判式的言论。

这种"对话",在"十七年"的小说、戏剧和电影中曾经被广泛采

---

① 在50、60年代的小说、电影中,这种处理是十分常见的,可以说具有"典型化"的特征。

用。设计这样的对话形式,有更深的用意在。众所周知,40年代末,是中国历史光明与黑暗相交替的时期——它决定着将建立怎样一种关于中国的历史讲述。所以,由于人物思想、性格、心理和行动被安排在两个政治集团、两种人生道路的格局中,"革命者与反革命者的冲突,常常表现为精神世界的直接交战",①他们的思想、性格和语言,已经不再属于自己,而变成了关于现代中国的讲述,更是属于50年代后被重新安排的中国的历史讲述了。

由此可见,"红色"讲述的完成,不仅得益于讲述的方式和特点,某种程度上还得益于象征性。红色象征着思想和组织的纯洁,也象征着主要英雄人物性格的纯洁,他(她)不再有普通人身上那种日常性和世俗性——它构造了一种现实中不可能有,但主观意念中却可能存在的精神的现象。与此同时,"红色"讲述作为重建中国讲述的最突出的特征,它有着"革命传统教育"的功利目的。这样,它既带有选择性,同时又具有某种排斥性乃至批判性的功能。

在《红岩》中,作为主要英雄人物的"陪衬"人物,知识分子出身的成岗、刘思扬、孙明霞等尽管也体现了革命英雄主义精神,但与一出场就"定型"的许云峰、江姐相比,他们都还有这样那样的"不足"和"缺陷"。成岗在最终成为一个坚强的革命者之前,一直接受李敬原、许云峰思想的"引导"和"影响",就是说,他还不具备独立的、有主体性的人的品质。例如,暂时与组织失去联系后,他似乎失去了"主见";在担任《挺进报》刻板工作时,他一时冲动要与未见过面的编辑同志秘密联络,在政治上显得很不成熟。刘思扬刚被当资本家的哥哥保释回家,就差点儿中了假扮成地下党负责人的特务的圈套。他在白公馆里也冒冒失失,与齐晓轩、老袁等老革命形成了鲜明对照。而在小说中,大学生孙明霞这个人物形象就像是专为烘托江姐而设计的:她的热情、幼稚正衬托出江姐的沉着坚毅,她的善感、软弱映照了江姐凛然不屈和视死如归的高大完美。江姐临刑前,显得冷静、从容,而孙明霞却哭哭涕涕,作品有这么一个特写:

---

① 王朝闻《战斗性的心理描写》,《文艺报》1962年第3期。

"江姐,你的几件换洗衣服。"

江姐轻轻接过布包,看了看,又递还给孙明霞。

"我不需要了。"江姐微微一笑。

布包从孙明霞手上,跌散在地上,她忍不住眼泪涌流,放声哭倒在江姐怀里。

于是,可以看出,"十七年"创作的一批"红色经典",许多作品的人物排序及其关系都是围绕着上述思想理念和讲述模式来安排的。本来,在现实生活中,白区地下党的主流是知识分子出身的革命者,但在文学中,却变成以工人出身的革命者为主导;前者在监狱中和刑场上,表现得坚贞不屈、大义凛然,然而,在文学作品中却总给人留下软弱,有时甚至是动摇的形象。但反过来,这种"调整"和写作策略却加强了革命传统教育的讲述功能,完成了中国革命叙事的思想规范和审美理想,从而把它推进到一个崭新的、更高的阶段。正因为如此,长篇小说《红岩》写成出版后,它作为"红色经典"的意义并未滞留于小说这种形式。从小说出版到"文革"前的五六年间,这个经典文本被反复炒作、多次转用,例如歌剧《江姐》、话剧、电影《烈火中永生》(水华导演,赵丹饰许云峰、于伶饰江姐),和同名的京剧、地方戏曲、连环画等等。

四 未完的话题

以上三部长篇小说问世后的数十年间,对当代中国几代读者产生了不可低估的影响,它们毫无疑问也载入了当代中国精神史的史册。这是因为,"三红"代表了一个时代对革命历史的叙说,构成了相对独立、完整的思想体系和审美意识体系,反映了人们对"新中国"丰富多彩的艺术想像。今天,无论从哪一个角度看,这样的估价应该都是站得住脚的。

当人们从激情时代重新回到理智的时代,"三红"现象及其讲述意义,自然会被纳入学理性的讨论之中。于是,人们看到,《红旗谱》、

《红日》和《红岩》在当前生活中的"再度呈现",为人们提供的思考,并不亚于它"第一次呈现"时所显示的思想意义。1979 年,"打倒四人帮"的帷幕刚落下,北大中文系当代文学教研室的部分教师就对"三红"做出了有微妙变化的"评价",他们在充分肯定作品是"革命斗争的波澜壮阔的长幅画卷",对广大读者有显著的教育意义的同时,也指出了它们的不足,认为"小说中还可以看到回忆录的写作痕迹",江姐、许云峰、成岗、齐晓轩的塑造"拘泥于原型的限制","几个重大事件和作品主要人物的描写之间缺乏更紧密的联系,有时给人以割裂之感。'保定二师学潮斗争'写得有些琐细,缺少强烈的吸引力"。① 希望作品能突破革命讲述的框架,至少不应该"拘泥"于某种"限制",这反映了在"思想解放运动"中,人们看待"历史"视角的变化。1993 年,孟悦进一步提出,孕育于"五四"新文化的革命文学体现出这样一个尴尬,"既要排斥'本土资源',又要吸引'本土大众'",重建中国的讲述必然会面临着非政治话语、民间文艺解构对它的威胁。② 她的考察,实际已深入到"中国讲述"的自身矛盾和困惑之中,更表现在对这种叙事观历史根据的质疑上。1999 年,戴锦华在她一部著作中则试图从另一角度认识中国叙事的历史价值,她指出,通过单一的叙事,"'我们'得以成功地剪去'革命时代'的历史与记忆,完成一次'高难度'的、'无缝隙'的历史对接","它在相当程度上成就了一种社会共识:无保留地'告别革命'"。③

显然,重建中国讲述的写作策略虽然没有遇上历史的障碍,却碰上了现实的困难,它希望建立"千秋大业"的文化理想,却不得不在这里再次接受学理的严格检验。这是试图"对青年进行革命教育"的

---

① 参见张钟等《当代中国文学概观》第 5 编,北京大学出版社,1986 年。
② 孟悦《〈白毛女〉与"延安文学"的历史复杂性》,《今天》1993 年第 1 期。
③ 戴锦华主编《隐形书写——90 年代中国文化研究》,第 45 页,江苏人民出版社,1999 年。

《红旗谱》、《红日》和《红岩》的作者原先不曾料到的。① 同时必须看到,它并不是一个单纯的讲述问题,"革命文学"这个字眼中还包含着与20世纪密切相关的历史现象。作为中国80、90年代乃至当下社会生活的"前文本",新中国的历史和"文革"记忆显然不会因为"改革开放"而转变为一个被封存的历史遗产,相反,它会以各种不同的方式和积极姿态参与到对"今天"生活的叙述之中。我意识到,这篇文章算不上一种文化研究,因为某种原因,它回避了那些尚未理清的现代文化思想史的重要脉络。如果我的分析看上去像是夸大了革命话语对三部小说运作过程的强制性影响,而对作品本身许多生活化的有趣描写有所牺牲,这并非我的本意。我之所以试验用另一种观察角度,用意即在避免把重建中国叙事这一现象的研究简单化。我发现,"十七年文学"的历史,其实是主流文化与文学文本之间,不同话语之间交流和摩擦互动的历史。《红旗谱》、《红日》和《红岩》作为革命文学作品在很大程度上是作者个人与宏大叙事摩擦互动的结果,它们之间的差异和矛盾也说明了这一点。这也许是研究关于中国叙事的"重构史"的必要一课。

---

① 罗广斌、杨益言《创作的过程学习的过程——略谈〈红岩〉的写作》,1963年5月13日《中国青年报》。

第七章 《青春之歌》文本的复杂性

1958年,《青春之歌》一出版就成为当年的畅销书。到次年中,已突破130万册的大关。同时,作为建国十周年的"献礼片"被搬上银幕,受到广大观众的热烈欢迎。作者本人改编、崔嵬和陈怀皑导演的电影,因演员谢芳(饰林道静)、于是之(饰余永泽)和康泰、于洋等出神入化的表演,使40岁以上的观众至今难忘当时的人物形象和狂热气氛。小说《青春之歌》经翻译后,还远销日本、东南亚和香港地区。1960年日文版首次发行,5年间就印刷了12次,达20万册。是什么原因使这部处女作一夜之间"走红",使作者杨沫这个名字迅速传遍全国的广大城乡的呢?对此,她解释说,"我的整个幼年和青年的一段时间,曾经生活在国民党统治下的黑暗社会中","正当我走投无路的时候,幸而遇见了党,是党拯救了我,使我在绝望中看见了光明,看见了人类的美丽的远景",而这支笔,还未能表现这一"历史道路""于万一"。① 但今天,这种回答显然是不能令人满足的。当如何创建"走向集体"的故事模式,如何认识文学主题的裂缝,以及如何看待"十七年"小说的运作机制等等问题纷纷涌入今天人们的视野的时候,它的单一性、表面性就暴露了出来。

---

① 《青春之歌·初版后记》,作家出版社,1958年。

一 创建"走向集体"的故事模式

《青春之歌》被看做一部"自叙传"小说。然而，它又是一部经过作者加工修改，从自我想像到自我否定，向集体主义的叙事规则转移的作品。《青春之歌》不是一个寻常的恋爱故事，也不单是个人奋斗的模式，尽管可以把它作为叙事和话语的现象来研究。它实际关联着一种在20世纪初形成的革命文化的特殊实践——这种文学的生产过程、传播方式虽然与"五四"以来知识分子阶层中流行的激进倾向有千丝万缕的联系，但又与其存在着显著差别。因为在小说的叙事结构、人物安排中，明显有一个经过加工改造，以至与原始故事"背道而驰"的痕迹。或者说，有一个将"日常生活"戏剧化，将革命内容与传统婚爱故事两个文本重新拼接组装的写作过程。这样说，不是否定它的思想进步性，贬低作家对生活的虚构和想像，只是要表明，这种政治功利性的文学反而可能有一个复杂的"形成史"和文本的上下文。如何探讨这个上下文是我们研究以《青春之歌》为代表的一批"红色经典"的必要步骤。

《青春之歌》的重要情节发生在30年代的上半期，背景是北京学生的"一二·九"爱国运动。这故事的有些片断出自爱国运动中的实事，有些则跟作者童年时的"见闻"有关："一九三一年到一九三五年，我正生活在北京的学生群中。他们中有我的许多朋友。所以，他们当时的苦闷、希望和欢乐我能体会到一些。"同时，小时候一个经常来家里的湖南同乡方伯务（大学生），因为参加革命被张作霖杀害，给了她心灵很大的刺激。① 但据作者在另一场合追述，《青春之歌》中林道静的人生经历，不少都是她原来生活的"翻版"。因反对母亲包办婚事，16岁时离家出走，无可奈何中，借了几元钱到北戴河投奔教书的兄嫂，但受到冷遇，差一点儿从岩石上投海自杀。1931年至1936年间，她一直处在失业的威胁中，当过小学教师、家庭教师、书店店员

---

① 杨沫《我为什么写〈青春之歌〉》，1958年4月9日《北京日报》。

等,"住在矮小潮湿的小公寓里,过着当当、借账、吃这顿、少那顿的日子",①这种窘迫而糟糕的局面直到抗战爆发她投奔华北敌后根据地,才告结束。这段日子里,杨沫没有想到要写小说。1950年,她在寂寞的病中,提笔断断续续地写《青春之歌》。小说出版后引起了轰动,但《中国青年》和《文艺报》在肯定之余,也发表了很多指责作者的文章,主要批评林道静"小资情调"太重,与工农"结合得不紧"。1959年,改编成电影的《青春之歌》在中国、日本巡回上演后,却受到来自观众方面的好评。"文革"时期,它再度受到批判,经过多次修改出笼的"八个革命样板戏",没有给其"入选"的机会。1998年,《青春之歌》重新复出,由北京十月文艺出版社"重版",至2000年3月已是第3次印刷,但数量已远不能与40年前相比。

  从上述简单回顾中可以看出,《青春之歌》的故事是在与解放后文化实践的相互磨合和彼此摩擦交换中形成的。首先,它有一个作品写作之前的"史前史",作者的个人记忆很可能在新文化的淘洗下发生了某种调整和偏移。例如,这个史前史是引起作者创作该书的一个诱因,但没法判断的是,林道静从个人挣扎到成为革命者的"奋斗史",和她从失败到成功的"恋爱史",哪一条应该算小说发展的主线?因为,我们无法从"采访"中真正获悉,导致林道静与余永泽人物原型感情破裂的(由此走向集体和革命),到底是"进步"与"落后"的原因呢,还是其它更复杂的原因。② 其次,在《青春之歌》从回忆到小说的过程中还有一个很大的背景,就是建国初期的知识分子思想改造运动。"五四"时期"劳工神圣"的口号和俄国的民粹思想,已经在中国新型知识分子中传播和蔓延。战争年代的策略是对知识分子资源、文化的吸收和人才的利用,也存在用工农的勇敢比较知识者的软弱的倾向,虽然它还没机会发展成支配各个领域的政治运动。"思想

---

  ① 杨沫《北京沙滩的红楼——我在〈青春之歌〉中以北大为背景的原因》,1958年5月3日《光明日报》。

  ② 据说,杨沫去世后,余永泽的"原型"张中行就著文指出,这个人物与当时的生活有很大出入,带有扭曲、丑化和过多虚构的成分。

改造"的开展和深入,不可能不影响到小说作者的酝酿准备和构思,她的"史前史"当然还会经历另一次的改造。最后,它不乏有渴望成为公开出版物、进入被意识形态允许的发行渠道的动机,比如,如何使小说既重温青年时代,又成为革命传统教育的教材的创作动机。

刚开始,杨沫只是想把林道静塑造成一个个人奋斗遭受挫折后选择了革命道路的青年形象。出于对这个人物的偏爱,她在林道静与几个男子余永泽、卢嘉川和江华等人的关系上着墨较多。第五、第六章,她用整整两章的篇幅细致入微地描写了与北大学生余永泽相识和相爱的过程。从第十一章起,卢嘉川进入了她的视野,并使她爱情的天平发生了倾斜。卢嘉川的坚毅、沉着和勇敢,衬托的正是余永泽埋头读书、不问政治的一介书生的懦弱,它给身处乱世却又不满足现状的林道静,带来的是"坚强"和"献身"等极具吸引力与刺激性的诱惑。卢嘉川的被捕牺牲,则使这种感情戏达到了最高潮。如果说余永泽给林道静的是"家",卢嘉川给她的是献身和冒险,而随后出现的江华则把两者完整地结合了起来。"卢嘉川牺牲后,他几乎完全负起领导、教育林道静的责任"①,他成熟、稳重和富有热烈信仰的性格,使林道静终于走出了生活与理想的矛盾,完成了精神上的"成长"。但仅仅停留在"感情戏"的阶段,不可能完成革命文学的叙事任务。问题在于,卢嘉川、江华不是传统小说中的"才子",而是现代中国的"革命者"。他们特殊的"身份",使感情戏很自然地接纳到革命文学的叙事结构、方式和体系之中,从而非常有力地支持了林道静人生道路和性格成长的合理逻辑;反过来,林道静虽然仍活动在感情戏的旧模式中,但由于她的情感世界里被植入了"从个人奋斗到共产主义者"的崭新的现代内容,她对余永泽的超越和对卢嘉川、江华的选择,因此不但像传统感情戏那样对读者有吸引力,而且附带着向后者灌输了先进阶级的思想。这种叙述套路,很像30年代"革命加恋爱"的故事模式。正因为这样,《青春之歌》这种两面讨巧的叙事方式受

---

① 《杨沫同志在〈青春之歌〉演员的表演艺术座谈会上的发言》,《电影艺术》1960年4月号。

到了一些批评者的指责。郭开尖锐指出：这部小说"充满了小资产阶级情调，作者是站在小资产阶级的立场上，把自己的作品当做小资产阶级的自我表现来进行创作的。"他的主要观点是，知识分子的"活动"如果离开了广大劳动人民的"情况"，那么就意味着失去了"社会基础"。① 但茅盾、何其芳、马铁丁等却热烈地维护作品的这种叙事权利。茅盾曾在文章中用少见的尖锐语气指出，"如果我们不去努力熟悉自己所不熟悉的历史情况，而只是从主观出发，用今天条件下的标准去衡量20年前的事物，这就会陷于反历史主义的错误"，"那么，立场即使站稳，而观点却不会是马列主义的"了。② 上述争论表明，解放后在革命文学叙事的问题上，一直存在着两种不同意见的摩擦和交锋。一种意见在顽强地坚持自30年代以来革命知识分子独有的文学叙事，另一种意见则站在工农兵的立场上企图压制和排斥知识分子话语在社会主义文化空间中的生存。这种交锋还说明，如何"重构"革命文学的叙事，使之适应解放后的文化实践和功利目标，这一难题不仅出现在《青春之歌》的生产过程中，还出现在更大范围和数量的文学的生产过程中。

在《青春之歌》的修改、制作中，杨沫采取的是"贴补"的叙事手段。例如，为突出卢嘉川英勇献身的革命者形象，作者设置了他带领北大学生到南京请愿，与国民党针锋相对斗争的第七章；为使江华的"阶级本质"更纯正，又补上了一整套符合流行观点的出身和经历，比如出身工人家庭，以后上大学又到农村工厂从事革命活动，等等；要把城市知识分子的革命斗争"尽可能"地与农村革命斗争联系起来，1960年再版的小说增加表现了林道静参与定县农村割麦斗争和为江华送信的故事情节；作者还承认，卢嘉川狱中写给林道静的"决别信"，刘大姐丈夫牺牲前致妻子的信，"我觉得全是受了这本书（按：流

---

① 郭开《略谈林道静的描写中的缺点》，《中国青年》1959年第2期。
② 茅盾《怎样评价〈青春之歌〉?》，《中国青年》1959年第4期；另参见何其芳《〈青春之歌〉不可否定》，《中国青年》1959年第5期；马铁丁《论〈青春之歌〉及其论争》，《文艺报》1959年第9期。

传于冀中根据地记载革命先烈生平事迹的《牺牲》）中许多先烈遗书的影响"①；现实中的杨沫有自己完整的家庭和亲生父母，但在小说中，亲生母亲变成了一个先被其父强占，继而悲惨死去的乡下姑娘。这样安排，当然能唤起林道静对这个家庭的"阶级仇恨"，为她之后的出走埋下伏笔。……显然，从叙事的角度看，"贴补"只是手段，"重构"才是目的。实际上，《青春之歌》是想重构这样一个叙事环境和方式：本来，林道静是一个逃婚在外，在个人奋斗和恋爱中又总得不到满足的普通女孩，由于革命者卢嘉川、江华对她生活的介入，这个普通的恋爱故事变成了走向革命的故事；本来革命加爱情的言说方式在晚清以来现代中国的各种文学文本中已司空见惯，但通过与工农斗争的主动"结合"，于是成为证明革命历史选择正确性的一个通行的叙事规则。对此，作者杨沫也承认：

> 我塑造林道静这个人物形象，目的和动机不是为了颂扬小资产阶级的革命性，和她的罗曼蒂克式的情感，或是对小资产阶级的自我欣赏。而是想通过她——林道静这个人物，从一个个人主义者的知识分子变成无产阶级革命战士的过程，来……表现党对于中国革命的领导作用。

这样，作品就从清末民初言情和侠义小说的模式中脱离出来，成为建国后崭新文学叙事中的一个代表。

二 《青春之歌》主题的分裂

然而，《青春之歌》一问世，它的主题就处在分裂的状态。如前所述，茅盾、何其芳等与郭开的争论反映了对主题意义理解上的分歧。到"文革"前夕，分裂的缝隙进一步扩大，导致了文化激进派对这部作

---

① 杨沫《谈谈〈青春之歌〉里的人物和创作过程》，《文学青年》1959年第1期。

品的批判和否定。① 但70年代末以来，由于文化政策的"拨乱反正"，该书再次受到了关注、肯定和赞扬。

事实上，主题的裂痕还来自从真实故事到文学作品的过程。

文学作品是建立在虚构的基础上的，而真实的故事却可以看到作品讲"故事"的途径。杨沫1978年回忆，17岁时，为反对父母包办婚姻，她逃到了北戴河，在河北省香河县县立小学找到教书的职位。在一种举目无亲、走投无路的情况下，认识了一个北大国文系的学生，并由相爱发展到同居。由于想独立和经济拮据，1931年到1936年间，她尝试过几种层次不高的职业，但都失败了。1950到1952年，以这件事为素材的小说原本有可能写成以反抗旧家庭为主题的作品。几经犹豫之后，杨沫终于决定把它写成一个"从一个个人主义者的知识分子变成无产阶级革命战士"的故事。情节表现了一个初中勉强毕业的女孩子，因为旧家庭的逼迫，身无分文地从家里出走，与大学生建立同居关系后，又回到北京过上暂时稳定的小家庭生活。之后，结识了一群贫困而激进的学生，其中，两位意志坚强的地下党员先后吸引了她，使她最终与余永泽解除关系并投入革命的洪流之中。突出"个人"与"集体"相冲突的主题，小说特地为人物安排了游行中遇上正幸灾乐祸站在台子上观看人群的余永泽的场面。在这个场面中，林道静起初有过片刻的慌乱，但她"看出了他是在欣赏着这游行的行列，在欣赏着她青肿的嘴脸和鼻孔流出的鲜血。于是她被激怒了！她气得几乎想跳过去骂他一顿，但是，她很快就平静下来，用鄙夷和憎恶代替了一切"。小说结尾，不光王晓燕、王教授、吴教授，就连东北大学、北平大学、师范大学、弘达中学的数千名大、中学生也跟着林道静加入了抗日救亡的游行示威，全体游行者高喊的口号是："民众们，组织起来！武装起来！中国人起来救中国啊！"把小说的主题推向了高潮。

---

① 参见杨沫《青春之歌·再版后记》，北京十月文艺出版社，1998年；黄政安《〈青春之歌〉的主题思想和人物塑造》，《哈尔滨师范学院学报》1977年第4期。

第七章 《青春之歌》文本的复杂性

虽然主流话语塑造了小说《青春之歌》的主题，却不能弥补它日益暴露的缝痕。使《青春之歌》成为一部成功的小说的，并不完全是政治因素，还有另外一些非政治性的因素。也就是说，小说《青春之歌》的情节设置中有某种政治因素无法驾驭的运作程序。于是人们看到，小说文本与作者讲述的故事之间有明显出入：第一，再版的小说添加了表现林道静在农村的第七章和北大学生运动的第三章，事实上，杨沫既没去过农村，也没有直接参与过学生运动。① 第二，杨沫还有一个哥哥，两个妹妹，在作品中他们都不见了，只剩下孤独的主人公自己。第三，林道静被描写为彻底背叛了旧家庭，实际杨沫在香河县教书时，曾回北京守着贫穷垂危的母亲直到她病逝。这种安排意味着什么？其中有许多有趣的东西。比如，以母亲和两个妹妹人物原型的真实故事，在生活空间中展现的本来应该是一个以血缘、亲情为理想的社会关系形态，和这背后稳定和温暖的文化价值系统。可小说却对它进行了破坏的"重装"工作。即使如此，真实故事的"潜文本"在小说中虽然处于隐藏的状态，但依然是存在的。如果说《青春之歌》所讲的是政治化的、以主流文化的思想愿望为目的的林道静的奋斗史，那么作者讲述的另一个"潜文本"却满足了读者和研究者非政治化的欣赏心理：这里不但有主人公与旧家庭和所属阶级的冲突、对立，不但有孤身女子的走投无路以及地下党的启发教育和搭救，也有母女团圆，生离死别两眼泪汪汪的人间至情，有小姐落难、公子相救，有置危险、功利于不顾的同窗之谊，等等。总之，普通社会长期以来形成的伦理原则，并不理会作品关于"新旧社会"对立的文学叙事，这使它一开始就与小说主题处于不和谐的关系之中。

再从林道静与几个男性的关系看。

在第一章，林道静一出场就给人留下冰清玉洁，然而却软弱无助的可爱形象：

---

① 《我的生平》，《中国当代文学研究资料·杨沫专集》，第97页，1979年，未刊。

清晨,一列从北平向东开行的平沈通车,正驰行在广阔、碧绿的原野上,茂密的庄稼,明亮的小河,黄色的泥屋,矗立的电杆……全闪电似的在凭倚车窗的乘客眼前闪了过去。……不久人们的视线都集中到一个小小的行李卷上,那上面插着用漂亮的白绸子包起来的南胡、萧、笛,旁边还放着整洁的琵琶、月琴、竹笙……一个十七八岁的女学生,寂寞地守着这些幽雅的玩艺儿。这女学生穿着白洋布短旗袍、白线袜、白运动鞋,手里捏着一条素白的手绢,——浑身上下全是白色。她没有同伴,只一个人坐在车厢一角的硬木位子上,动也不动地凝望着车厢外边。她的脸略显苍白,两只大眼睛又黑又亮,这个朴素、孤单的美丽少女,立刻引起了车上旅客们的注意,尤其是男子们开始了交头接耳的议论。

这颇有点像 20 年代鸳鸯蝴蝶派小说的开局:弱女子的无助引来一个或数个陌生男子的帮助,因此展开一个波澜起伏,且泪眼纷飞的言情故事。最后可能是两种结局:有情人终成眷属或始乱终弃。其实,直到第十一章卢嘉川出现之前,林道静和余永泽之间演绎的也只是一出鸳鸯蝴蝶派的故事。林道静离家出走,在求职无望、前途渺茫的情况下,一个雨天准备从北戴河的岩石上投海自尽,但恰好被北大学生余永泽解救。于是,两人从相爱到同居。余永泽虽然不关心世事,然而潜心求学;两人的日子尽管过得平淡、拮据,但还算和美。"一二·九运动"以及卢嘉川和江华的出现,极大地改变了小说的故事走向,余永泽和林道静感情的破裂,事实上也预示了主题的断裂。这种断裂让我们看到,虽然作者必须按照革命文学的逻辑叫林道静否定余永泽而接受卢嘉川、江华的求爱,她却不愿跟着批评家的指挥棒将林、余的感情联系简单化和妖魔化。由于卢嘉川和革命强烈的吸引力,使林道静对余永泽的感情出现了危机,但"这种感情,像千丝万缕绊着她","希望就这样和余永泽凑合下来",直到她最后决心离开余永泽,还给他留下了这么一张寸肠欲断的纸条:"永泽:我走了。不再回来了。你要保重!要把心胸放宽!祝你幸福。静一九三三年

第七章 《青春之歌》文本的复杂性

九月二十日。"正因为如此,后来作者曾对有的演员饰演余永泽"有点过火"表示不满,认为"不完全像我想像中那种埋头读书不问政治的个人主义知识分子的典型"。①

卢嘉川、江华是作者着力刻画的革命者形象,他们是作为把林道静引向更高人生境界的先进人物而加以浓墨重彩的渲染的。另一方面,林道静与他们又是一种常见的男女关系,她对他们的取舍与普通女孩的婚姻观并无二致。卢嘉川是在林道静的婚姻关系中突然插进来的一个男人。在林道静眼里,卢嘉川有着"高高的挺秀身材","聪明英俊的大眼睛"和"浓密的黑发",从外貌上就比眼睛细密的余永泽潇洒。而且他在广场上演说时,情绪激昂,经常把头发向右一甩,很有一种女孩子通常喜欢的男子汉气质。但他出生入死、富有激情的经历,却没有给林道静提供某种安全感、稳定感。因此,即使作者不安排他英勇就义,想必他们之间的关系也会一波三折、时晴时阴。卢嘉川的被捕牺牲从小说故事的发展中看似一个"巧合",但这个情节在作者和林道静的潜意识中,却不能当做"巧合"来看待。在这种"选择"的视野中,江华出现了。江华形象朴实,没有卢嘉川鲜亮。但他性格深沉,可以以身相托。这是林道静在他和卢嘉川之间一直犹豫不决的原因,也是在浪漫与现实之间的一个相当困难的"选择项"。第三十九章对这种微妙的爱情关系,有一个细致入微的描写:当江华向林道静求爱的时候,"刚刚有些淡漠的卢嘉川的影子,想不到今夜竟又闯入她的心头,而且很强烈",她不禁从心底深处喊出:"不会忘记他的,永远不会!"但林道静又低声说:"'真的?你——你不走啦?……那,那就不用走啦!……'她突然害羞地伏在他宽厚的肩膀上,并且用力抱住了他的颈脖。"林道静的选择,显然符合女性软弱心理和对安全感的期待。

主人公的恋爱经历与作品主题关系的紧张,以及出现的断裂感,被一个名叫刘茵的批评者看得清清楚楚。《青春之歌》发表后,她在

---

① 《杨沫同志在〈青春之歌〉演员的表演艺术座谈会上的发言》,《电影艺术》1960 年 4 月号。

《文艺报》上撰文指出,卢嘉川"在宣传革命真理的时候,却对一个'美丽''活泼''热情'的有夫之妇发生爱情,这是不道德的,也有损于人物形象的完整",同时指责林道静"这时对余永泽并没有最后绝望,只是恨铁不成钢,怎好对另一个产生这样的感情?"又认为,她总是摆脱不开一些个人的问题,总是把对一些革命者的敬与个人的爱羼杂在一起,这的确有损于这个人物形象的光辉。举一个例:卢嘉川第一次给林道静任务时,他们就是这样纠缠在这种感情中。在这时候,林道静似乎没有更多地想到工作、想到党,而总是想着卢嘉川,纠缠在个人的爱情激动里,这种感情使她不能提起腿来,迅速去完成党交给她的任务。这就不能不使人怀疑:林道静完成这件工作是出于对卢嘉川个人的爱,还是为了党的工作呢?况且林道静当时正处于急于追求革命,而终于找到革命关系并为之而振奋之时。① 对这种责难,李扬则在他的研究著作中做出了另一种解释,他说:"在叙事的阶段,我们的国家本质尚未真正建立,叙事的意义就在于将各种自然状况组织到话语状况中来。因此,叙事的文本让我们完整地看到这种组织过程的不自然性。无论多么高明的艺术家,在拼装这两个世界时不可能不留下痕迹",在这个意义上,"叙事文学帮助我们解构象征的神圣性"②。

三 从小说到电影

从故事素材到小说是一次修改,从小说到电影,则意味着更大范围内的变动。新中国成立后摄制的电影故事,并没有弱化电影的艺术功能,却加强了电影与千百万观众之间进行交流的直观性和宣传性。电影超越了小说的限制,迅速地把革命历史叙事、近期中心任务和党的各项政策方针,直接而深入地映现在众多尚处在文盲、半文盲

---

① 刘茵《反批评和批评》,《文艺报》1959年第4期。
② 李扬《抗争宿命之路——"社会主义现实主义"(1942—1976)研究》,第70页,时代文艺出版社,1993年。

状态的工人、农民和其他社会阶层人们的头脑之中。把《青春之歌》改编成电影剧本并拍摄上演，正是通过"林道静的道路"进一步影响和说服广大青少年观众的过程。仅此而言，电影的教育功能处在比故事素材、小说更优越和更高的阶段上。

《青春之歌》的改编，意味着它首先将果断割断小说与故事素材之间藕断丝连的暧昧关系，淡化或删掉男女主人公之间"卿卿我我"的描写，向着两个因素——电影的特殊手段、主流文化教育大众的愿望靠拢。电影是视觉和空间的艺术，从剧本、拍摄到最后合成，涉及到演员表演、摄影、美工、音乐等诸多环节。电影虽说不回避细节和特写，但比其他文学形式更加强调"典型、集中和概括"等视觉化的叙事特征。比如，它可以通过蒙太奇的组织手法，用分镜头、镜头推近和转换、摇镜头、横移镜头，以及分切和衔接等技术，集中和突出故事的主要线索，在观众面前展现一个有传奇色彩的艺术世界。值得注意的是，1959年春，当杨沫动手改编《青春之歌》的时候，"革命的现实主义与革命的浪漫主义"两结合的创作方法刚提出不久，全国文艺界掀起了竞相仿制的高潮。全国上下，也已进入到对庆祝建国十周年的兴奋期待和"献礼"的情绪之中。更加激进、夸张和大胆的创作念头，这时自然会渗透到改编、拍摄和合成的过程当中，对影片的面貌产生根本的影响。同时，摄影机如何把上述"背景"、"情绪"和各种不同的观众的期待视野联系在一起，也将是一个挑战。

与小说相比，电影《青春之歌》改写并强化了原作富有传奇色彩的思想主题。电影的开场是一片波涛汹涌的大海，摄影机采取的是"远——中——特"逐步推近的方式，一开始就渲染了林道静个人奋斗的危机与终结。剧本这样写道："天空乌云翻滚。林道静站在礁石上木然不动。两只绝望的眼睛，呆呆地凝望前方。后面礁石上一个青年——余永泽——手持洋伞匆匆地赶来。（推成林道静特写）飞溅的浪花。林道静思如潮涌。海浪冲击着礁石。余永泽紧张地注视着。林道静纵身跳入海中（出画）。余永泽从后面赶上来（入画），扔掉布伞，也跳下海去。（出画）海浪冲击着礁石。海浪冲击着礁石。"这时，电影画面中出现了音响效果："海浪声狂风呼啸声"、"浪声渐弱"。大海的"背景"在新中国成立后的电影中往往象征着"时代旋涡"、"命运"和"万恶的旧社会"这些东西,这些场面显然有着明确的政治内涵:个人只有走革命的道路才有出路。在这一知识背景下,摄影机以远景、中景、特写等镜头呈现了林道静的美丽和绝望。影片一上来就赢得了生活在新社会的观众对旧社会的无比憎恶,和对林道静命运的深切同情。在这里,林道静对人生道路将如何选择成为一个悬念,它与观众的共同期待一下子就产生了强烈的感情共鸣。正像影评人张客当时所评论的:"导演只用了有限的几个镜头,如此简洁、顺畅、引人入胜地交代了影片中两个主要人物的出场,给观众留下的印象是不一般的。"①

接下来,为把"林道静思想发展的脉络理清楚,使得她的成长、发展更加合情合理"②,电影《青春之歌》"剪去"了不必要的男女情感纠缠的镜头,重写了"南下示威卧轨"和"定县农民割麦斗争"两场戏。小说本来只有南下示威、没有卧轨抗议的事件,为了强化学生爱国运动的悲壮气氛,电影增加了这个画面。只见车站上旗帜飞舞飘扬,围观的群众人山人海,卧轨的学生与前来镇压的警察怒目相向。这时,镜头摇动转换,最后落到林道静身上,表现了她对革命敬仰的内心状态。接着镜头一换,她在王晓燕家对自己这位朋友激动地说:"……燕姐,你不知道他们是多么勇敢哪,我真佩服他们,连警察也没拦住他们,跳上货车就南下示威去啦……"另外,删去小说中的小学生闹风潮,改写成地下党组织农民连夜抢割地主家麦子的场面。在这场戏中,虽说林道静只是通风报信的角色,但她看到:月黑风高的夜晚,随着一声令下,几百个像是突然从地底下钻出来的贫苦农民,很快将大片大片成熟的麦子割倒、运走,待地主气急败坏闻讯赶来时,只剩下一片一望无际和光秃秃的田野。

---

① 张客《余音绕梁——试论电影〈青春之歌〉导演艺术创作上的特色》,《电影艺术》1961年第2期。
② 杨沫《林道静的道路——杂谈电影〈青春之歌〉的改编》,《中国青年》1959年第21期。

第七章 《青春之歌》文本的复杂性

这样一来,电影叙事就把故事素材、小说原作中的枝枝蔓蔓"剪裁"得干干净净,使不少暧昧、含糊容易发生歧义的细节,一齐嫁接到林道静思想成长和发展的主要脉络上。这样,电影的剪裁不仅带来了小说原来没有的细节、场面和人物关系,也改变了原来已有的场面和细节。譬如,林道静在爱情关系中作为女人的那种"割不断,理还乱"的弱点,在镜头的切换、转移中得到了隐藏和淡化,反之,她与卢嘉川、江华似乎也变成了比较纯粹的革命同志的关系了。在小说中,恋爱的矛盾本来支撑着故事的框架,但电影中支撑故事框架的却是林道静对革命道路毅然决然的追求。于是,一个受苦、求生的恋爱故事,变成了一个有浪漫色彩的传奇故事,恋爱情节的本土性主题演变成革命情节的世界性的主题。难怪连大洋彼岸的日本观众也感受到了这部影片的强烈震撼,有人指出,"正在反对新日美安全条约,反对美帝国主义而进行顽强斗争的日本人民,看了这部影片,必然会受到鼓舞和学习到一些东西"[①]。由此人们想到,从故事素材到小说再到电影,《青春之歌》经历了口头流传、语言书写和摄影剪辑三个不同阶段,这一过程,正好反映了"十七年文学"由"个人创作"到"集体创作"的基本走势。通过分析还可以发现,这一时期的文学文本不但体现为一种特殊的故事模式,实际也为几种不同的故事模式纠缠和交叠着。

[①] 《〈青春之歌〉在日本》,《中国当代文学研究资料·杨沫专集》,第389页,1979年,未刊。

第八章 《林海雪原》:英雄传奇与生活虚构化

1946年冬,一支由三十多人组成的解放军小分队,在东北牡丹江的茫茫大雪中神出鬼没,越险壑,穿林海,翻雪山,出奇兵,先后消灭了数十倍于自己的许大马棒、座山雕、九彪和马希山四股国民党残余势力,完成了大兵团作战无法完成的赫赫战功。1955到1956年,当年指挥员之一的曲波根据这个神奇的故事创作了长篇小说《林海雪原》。作品出版后,它浓厚的传奇色彩和战争写真立即引起了轰动。1962年和1964年,该小说连续再版,在广大读者中的影响不断升温。因为这一背景,它也受到电影和京剧界的"青睐":1958年,上海京剧团将其改编成现代京剧《智取威虎山》;1964年进京参加全国京剧现代戏观摩演出大会,并为毛泽东、周恩来、彭真和李先念等国家领导人专场演出;1966年12月26日,在《人民日报》一篇题为《贯彻毛主席文艺路线的光辉样板》的文章中,《智取威虎山》和《红灯记》、《沙家浜》等一起被首次称为"革命现代样板作品"(即"八个革命样板戏")。从此,《林海雪原》被纳入了革命英雄传奇的艺术谱系。

一 英雄的"传奇"

50年代后,战争硝烟逐渐在全国范围内消散,大批在40年代后期战争中出生入死的将士来到了和平年代。对个人来说,战争是一种刻骨铭心的"记忆",可歌可泣的战斗生活更是令人激情难平。于是,一段时间内,关于战争的"回忆录"、"故事"和回忆体"小说"成为文学创作和追述的"热点"。许多第一次拿笔写作的前军人,一夜之间变成作品畅销的军旅作家,曲波就是其中的一位。

这些战争小说构成了一种英雄"传奇"现象。应该说,它的出现与中国极其丰厚的传奇文学传统有很深的联系。传奇小说兴起于盛唐初年,最早的几位作家王度、沈既济、陈鸿,都是史官。他们利用《史记》以来传记文学的经验,将粗陈梗概的小说,改造得体制更为阔大,波澜更加曲折,人物性格更加鲜明,使之发展成较为成熟的小说类型。照文学史家的话说,传奇小说"全篇荡漾着诗意的想像,浪漫色彩非常浓厚,情节也离奇曲折,富有戏剧性。它比较典型地运用了通过幻想反映现实的表现方法"。① 至明清之际,传奇小说创作出现了蔚为大观的景象,《水浒传》、《三国演义》等具有英雄色彩的作品不仅代表了这类小说的最高成就,而且随着天长日久的传播,变成中华民族一种特殊的"文学阅读记忆"。许多栩栩如生的人物形象,更是在千百万老百姓之中有口皆碑。值得注意的是,这一传统成为曲波从事文学创作的重要"资源"。据曲波说,《林海雪原》的完成得益于两个因素:一是"当年战斗在林海雪原上的艰苦岁月",和战友"杨子荣同志的英雄事迹",一是古典小说同类题材潜移默化的影响,"叫我讲《三国演义》、《水浒》、《说岳全传》,我就可以像说评书一样地讲出来,甚至最好的章节我还可以背诵"。②

但与中国传统作家主要依据"史书"材料创作传奇小说不同,曲波的小说实践中有鲜明的"自叙传"色彩。从《林海雪原》的故事构架看,它来自作者的一段亲身经历:1946年冬,当时任牡丹江军区二团副政委的他,率领一支英勇善战的小分队,深入到牡丹江一带的深山密林参加剿匪战斗,虽然最后完成了任务,也付出了一定的代价,杨子荣中了匪首的无声手枪而牺牲,警卫员高波死于二道河一场伏击

---

① 游国恩等《中国文学史》第2卷,第200页,人民文学出版社,1963年。
② 曲波《关于〈林海雪原〉》,作家出版社,1957年。

战中。然而,在进入小说创作之前,上述"故事"还经历过一个口头流传的过程。就是说,这部小说是先"讲"出来的。1950年,作者因伤转业到地方担任党委书记,由于经常要对工人进行传统教育,所以,每次"就讲杨子荣的战斗故事","四年中讲了七八次,越讲越精炼、集中,越叫座"。① 这使人们注意到,如果完全照搬原先的故事,尽管不乏传奇的情节,但一定会让听众感觉到冗长和沉闷。因此,既要使工人受到"传统教育",又使故事本身产生吸引力,叙述者就得对原先故事做一些加工、改造,使故事更"精炼"、"集中"和"叫座"。于是,在《林海雪原》最终成为小说文本的前两个阶段——"回忆"和"讲述"中,已经留下了作者在潜意识中对原故事"加工"和"改造"的痕迹。

于是,当"故事"终于成为"小说",后者必然会在艺术上对前者有一个大幅度地提升。研究者发现,为突出小说的"传奇性",使之显得曲折、惊险和比较"好看",作者对故事发生的"史实"、地理形势和人物原型等做了明显的修改,主要是:第一,1946年到1947年在牡丹江地区歼灭谢文东等国民党土匪,主要是三五九旅配合牡丹江军区和合江军区的广大军民,不怕冰天雪地,深入到深山密林,艰苦战斗的结果……而不是像作品所描写的,单凭着少剑波的机智、多谋和杨子荣等人的英勇杀敌,就能取得对数十倍于自己力量的敌人的全胜的。第二,据当年参战者之一的冯仲云回忆,牡丹江当地的地理形势,并"不像书中所说的那样险要"。② 在《林海雪原》中,却出现了巍峨险峻的九龙江,巨石倒悬、阴风飒飒、刮肉透骨的鹰嘴岭;铺天盖地惊涛骇浪般的大风雪,齐腰斩断大树,搅起雪龙来填山谷、改地形的穿山风;奶头山、威虎山的险要形势,更是被渲染得肃杀、冷酷而多变。第三,主人公之一杨子荣的原型在抓捕匪徒四大部长的战斗中中弹牺牲,但在小说中,他虽说屡屡孤身深入雪原侦察,或干脆打入匪巢与敌周旋,却总是有惊无险,连伤都没有负过。少剑波由原来的

---

① 曲波《我是怎样写〈林海雪原〉的》,《山东文学》1981年第10期。
② 转引自李希凡《关于〈林海雪原〉的评价问题》,1961年8月3日《北京日报》。

"二团副政委"改成了团参谋长,为渲染他战斗间隙中的浪漫爱情,又加入了一个原先没有的卫生员白茹,等等。更应该留意,《林海雪原》虽因对"历史事实"的修改受到批评,但它的文本结构、叙事方式、人物设计却并不理睬这些意见的制约,而是进一步地向着中国民间武侠、传奇小说传统审美口味倾斜,并刻意去仿制。但所幸的是,这么一变动,却使广大读者对《水浒传》、《三国演义》、《荡寇志》等古典小说长期形成的"阅读记忆",与《林海雪原》文本之间发生了一种奇妙的叠合与认同。于是,如果这样去看作品的文本,似乎可以说,与其说是《林海雪原》的崇高革命精神征服了当代读者,毋宁说征服读者的还有它本身所包含的英雄"传奇"。

我以为,如果拿《水浒传》与《林海雪原》的"结构方法"略作比较,将会加深人们对革命历史题材长篇小说的理解。进一步说,革命历史题材长篇小说虽然是在"当代"生产的,但很难否认,在许多方面它是对"古代"小说的改写或仿真。有的时候,竟然到了"以假乱真",比它更像的地步。例如,《水浒传》写的是流传于北宋年间的一则官逼民反的造反故事。散落各地的一百零八个英雄好汉、谋士才俊,因为不满统治者的残酷压迫,在梁山泊发动了一场轰轰烈烈的农民战争。作品中的人物虽然性格各异,但共同特点都是武艺高强,个个能飞檐走壁、能掐会算,而且都是古道侠肠、厚义薄利,在小说中演绎了一出感天地、泣鬼神的人间故事。再看《林海雪原》。虽然少剑波的小分队是一支有革命理想的工农子弟兵,与梁山好汉揭竿而起的性质完全不同。读者却能从《林海雪原》的众多英雄人物的"造型"中,找到梁山英雄们的某种"影子"。比如,在侦察兵"坦克"刘勋苍这里,可以参悟到鲁智深力撼山岳的情景;从"长腿"孙达得身上,不由想到那个日行数百里的"神行太保"戴宗;由高波联想到智勇双全的"小李广"花荣;少剑波既有宋江的将帅之风,也有"智多星"吴用的老谋深算;甚至在一时很难降服,但身手出众的姜青山的人生轨迹中,可以看到梁山众叛将桀骜不驯却都大信大义的某种"共性"……座山雕"威虎厅"的人物设置和其中剑拔弩张的气氛,也受到梁山泊"聚义厅"英雄"排座次"的影响和启发,但不同的是,梁山泊英雄讲的是仁义,座山雕则靠掌握每个人的生杀予夺大权来维持自己的权威。另外,《林海雪原》的情节、道白、服饰,以及大口喝酒吃肉的动作中,也都留下了《水浒传》的某些痕迹。请看第十五章杨子荣与座山雕的一段充满江湖意味的对话:

> "天王盖地虎。"座山雕突然发出一声粗沉的黑话,两只眼睛向杨子荣逼得很紧,八大金刚也是一样,连已经用黑话考察过他的大麻子,也瞪起凶恶的眼睛。
> ……
> "宝塔镇河妖。"
> 杨子荣的黑话刚出口,内心一阵激烈的跳动,是对?还是错?
> "脸红什么?"座山雕紧逼一句,这既是一句黑话,但在这个节骨眼间这样一句,确有着很大的神经战的作用。
> "精神焕发。"杨子荣因为这个老匪问的这一句,虽然在匪徒黑话谱以内,可是此刻问他,使杨子荣觉得也不知是黑话,还是明话?因而内心愈加紧张,可是他的外表却硬是装着满不在乎的神气。
> "怎么又黄啦?"座山雕的眼威比前更凶。
> "防冷涂的蜡。"杨子荣微笑而从容地摸了一下嘴巴。
> "好叭哒!"
> "天下大大啦。"

这是传统传奇小说中常见的场面,由此可以看出《林海雪原》对于民间文艺资源的吸收利用。但是,如此"比较"还让人注意,在革命历史题材长篇小说形成的过程中,并不是以简单的仿真为目的的。在它那里,"利用"只是一种手段,是要向更高的思想境界进取。然而,另一方面可以说,只有作品认同了传统传奇小说的叙事模式时,它的英雄传奇的身份才会得到读者的默认。解放军小分队所代表的革命事业必须是传统文学秩序的支持者,否则它根本不会有强烈吸引力的叙事功能。于是,在传统传奇小说文本的运作与现代革命演义的运作之间便由此达成了一种秘密会合与交换。现代革命演义是通过非意识形态运作使得小说情节故事在读者阅读中获得合法性的。这当然不是说传统传奇小说的叙事模式决定了现代革命的意义。毋宁是表明,传奇小说的逻辑与现代革命的逻辑的交换可以进行到怎么样的程度。通过《林海雪原》不难看出,在小说文本中,这两种运作程序的交锋最终确实达成了某种妥协:由一个对下层民间造反故事的修改和发展,最后被加上了一个现代革命的结局。即是说,《林海雪原》要想在当代社会获得成功,它也必须加上两个基本因素:"史官"眼光,离奇手法。它只有通过"幻想",才能有效地反映"现实"。

二 战场:在实与虚之间

如果细读小说会感觉到,《林海雪原》实际负载着"传统教育"和"可读性"有两个功能。换句话说,它作为理想的作品文本的秘诀是:应该在政治宣传和非意识形态的娱乐性之间找到某种平衡感。据曲波在《我是怎样写〈林海雪原〉的》一文中追述,1946年前后一年多的时间里,他"一共打了七十二仗",而在小说中,只是"概括了四仗,四个各有特色的战斗"。[①] 连作者也明白,如果真正把单调、残酷而血腥的战争画面原封不动地搬到小说中来,就会丧失文学本身的娱乐性,存在着失去它的读者的危险。因为,战场毕竟是非虚构化的现实,而小说却是真与虚结合的产物。

消灭许大马棒、座山雕、九彪和马希山四个匪帮,是贯穿全书的四个故事,构成了小说叙述的一条主要线索。它们又分别是采取"奇袭"、"设圈套"、"将计就计"和"周旋"等互不雷同的战争方式来设计、完成的。但作者显然明白,歌颂解放军消灭敌人的英雄事迹是小说创作的出发点,它与传统战争小说的区别在于,在完成主要情节叙事

[①] 曲波《关于〈林海雪原〉》,作家出版社,1957年。

的过程中,要有意识地完成政治宣传的任务;但小说有小说的叙事套路和审美原则,它必须避免"做报告"和"回忆录"的干巴与生硬,避免平铺直叙和过于真实,做到真真假假、路回峰转,为读者留一个猜测与想像的文学空间。所以,在主要线索、主要战斗之外,作品见缝插针地安排了跟踪一撮毛、巧遇蘑菇老人、少剑波白茹恋爱、夹皮沟发动群众、智斗神河庙老道、青年猎手跳悬崖等多条辅线,和多种日常生活的场景。《林海雪原》顺带还对风光奇异的雪原,太阳沉没的森林,空旷辽阔的大甸子,和人迹罕至的基密尔大草原等具有东北地理特色的景物,做了绘声绘色的出色描写。

　　不过,要真正做到这些其实是不容易的。它需要小说的技巧,需要在不动声色中影响和左右读者的特殊的力量。换言之,道德思考和评判尽管是最终决定一部作品是否能成为伟大作品的重要因素,但它不能明显地强制人们去接受,而要悄悄地转移、转化和稀释。小说一开场,作者就把我们带入许大马棒残匪屠杀杉岚站群众后留下的血腥场景之中。这个情节通过对时间(土改)的选择构筑了这样一个阶级对立的戏剧冲突:一个村庄的日常生活,以及帮助农民重新分配土地的工作队员遭受外来恶势力的疯狂践踏。作品展示了一组触目惊心的特写:全村一片火海,草垛、房屋都在燃烧,烧着的牛、猪发出刺鼻的苦涩和腥臭难闻的气味;村中央许家车马店门前广场上,摆着一口被鲜血染红的大铡刀,血块凝结在刀床上,几个人的尸体,一段一段乱杂杂地垛在铡刀旁;井台旁,躺着一个婴儿的尸体,没有枪伤,也没有刀伤,显然是被活活摔死的;西山坡的大盘龙松上,吊着九个工作队员的尸首,六男三女,都用刺刀剖开了肚子,肝肠坠地,每人只剩下一只耳朵。……40年代中后期,在土改运动刚刚开展的各个新解放区,类似残酷、恐怖的阶级报复时有发生。这种写实手法无疑强化了小说的"真实感",而它的进一步延伸,则为小分队的战场写真提供了可信的根据。借助上述场面,人们还可以联想到乡村日常生活秩序遭到破坏之前的情形:家人团圆、平安与和谐,准备过年的习俗和杀猪宰羊的生活体现的稳定和延续感。由此,很自然地把剿匪的真实性和合理性建立在维护伦理秩序的基础上。于是,许大马棒等人一出场，就变成了反伦理、反普通社会和日常生活秩序的恶的暴力的象征。

　　与这一场面设计形成对照，少剑波率领的解放军小分队一出场，就代表了扬善抑恶、伸张正义的力量。与上述"现实"不同，作者对他们战斗过程的描写采用了"虚写"的手段。与现实生活中的恐怖场面比较，你会感觉这种描写要轻松爽快得多。譬如，他们没有动刑，仅仅使用了象征性的恐吓手段，即制服了阴险狡诈的小炉匠。在攻取形势险要的奶头山时，先是战士们沿着系在悬崖的绳子从天而降，直捣敌巢，接着是杨子荣在山下佯攻形成夹击，最后，也不过是"十几名特等步枪射手，一阵猛射，七八个匪徒碌碌坠下百丈陡壁"，刘勋苍小队对着洞口"一阵暴风雨般的猛射"，轻而易举地取得了全胜。第十五、十九、二十和二十一等四章描写的"智取威虎山"的这场戏，采用的是避实就虚的手法，处处有惊无险。比如，杨子荣凭着许大马棒副官"胡彪"的身份，一串对答如流的土匪黑话，一张"先遣图"，就骗得了老奸巨滑的顽匪头子座山雕的信任；更不可思议的是，逃到威虎山的一撮毛栾平虽然当众戳穿了杨子荣的"共军"身份，他一番巧舌，居然也能应付过去，而且还借座山雕之手杀了他。就连座山雕暗堡密布、地道如网、堪称一道"天险"的威虎山，只有一个内应、一场"百鸡宴"，20分钟之内即被小分队一举拿了下来。这种描写，让人产生出了一种不知是在"小说"中，还是究竟在"生活"中的无法把握的感受。

　　其实，现实生活中解放军"荡平匪患"的剿匪战斗，是十分激烈而残酷的。但为什么同样是真刀真枪的生死搏斗，国民党残匪表现得凶残无比，而我军战士却没有留下革命暴力的记录呢？也就是说，小说为何对敌人采取的是写真的手法，对我军则基本是以虚写的手法为主？这是因为：第一，杀人本身是一种反伦理、反日常生活秩序的行为，而我军战士是以正义和维护乡村伦理道德稳定的化身出场的，许大马棒、座山雕等人对平民百姓的残酷肆杀，正反衬出我军镇压杀人者的政治合法性。只有作为民间伦理秩序的敌人，许大马棒等进而才能成为政治的敌人，成为"传统教育"生动的反面教材。第二，落墨在"从天而降"、"出奇不意"和"道高一尺、魔高一丈"的虚写上，更能衬托出我军战士战无不胜的英雄气概,同时,也增加了全书上下的戏剧性,在情节设置上体现了曲张有致、富于变幻的叙述特点,真正收到既真实、又好看的双重审美效果。第三,新中国成立后创作的一批反映革命战争年代的文学作品,尽管有鲜明的政治宣传功能,却仍然可以看到娱乐性的叙述倾向,看到宣传与娱乐之间的摩擦、交换和妥协。诚然,在反映中国革命的艰巨性、曲折性的同时,也可能引申出正义必然战胜邪恶、好人终有好报、好事多磨和有情人悲欢离合、终成眷属式的情节内容。对广大读者而言,他们更容易在当代文学对传统文学模式、流行小说戏曲的翻译和翻拍中,接受革命的教育和启示。

实际上,不仅读者,就连当时有关《林海雪原》的文学评论,也对作品这种虚实对照的浪漫主义倾向表示了热情的肯定。侯金镜认为:作者把主要英雄人物"都放在重大冲突和惊险的情节中去表现,并且适度地夸大了他们的行动","就必然显出了传奇色彩"。他同时指出,真实的"战斗当然不会象书里描写的轻而易举",但"作者描写的目的不是战斗本身",而是借助"夸张"、"烘托"等手法,来显示杨子荣等英雄身上传奇性的异彩,是读者把他们"当做学习怎样生活、怎样做革命者的教科书来对待"。① 针对当时有人批评作品个别情节缺乏真实性的意见,李希凡辩护说,小说描写中"丰富的着色,不仅不是它的缺点,而且是它的创造。就《林海雪原》的艺术形象内容的要求来说,它并没有损害了它所反映的生活真实,而是烘托了、强化了它所反映的生活真实"。② 两位评论家道出了一个道理,即,革命的现实主义文学是鼓励使用浪漫主义的手法的,这不仅可以突出其"传奇色彩",而且可以教育读者"怎样生活"。通过这一手段,生活真实不但没有失真,反而得到了"强化"。当然,小说作者在对战场虚实描写上的偶尔失控,和由此引起的争论,有时反映了不单单是这部作品,也包括了50、60年代不少战争小说在处理政治宣传与非意识形

---

① 侯金镜《一部引人入胜的长篇小说》,《文艺报》1958年第3期。
② 李希凡《关于〈林海雪原〉的评价问题》,1961年8月3日《北京日报》。

态的娱乐性问题上的困难。众所周知,审美的"娱乐性"在当代中国文学中曾是一个被"革命"话语所压抑的表现领域,所以,它在当时作家的创作中都曾有过十分别扭的"经历"。但读者又不满意于纯粹的说教,这就使那些缺乏丰富、成熟的写作经验和刚刚"出道"的作家,一开始即在这两种话语要求之间迟疑不决,左右为难。这样一来,一些战争题材小说就因为缺少了艺术的震撼力而减色不少。

三 改编为现代革命京剧

通过研究可以认为,由于吸收了古代传奇小说的资源和艺术手法,大大增强了小说《林海雪原》的观赏性。另外,由于作品所描述的剿匪战斗具有空间上的移动性和变化的特点,就使原作不会满足于小说的"时间"特点的限制,而希望被其他艺术形式所接纳。《林海雪原》在70年代之所以被改编成现代革命京剧,说明它原来就存在着很好的改编基础。但也应该注意到,在这一过程中,"京剧"对"小说"作了明显的超越,例如,原作中阶级斗争的主题部分被突出和强化,而非意识形态部分的娱乐性却进一步地削弱和压缩了。

据杨鼎川的《1967:狂乱的文学时代》一书考证,严格意义上的京剧现代戏,大概要从1958年文化部召开的"戏曲表现现代生活座谈会"算起。这一年,上海京剧院上演了根据小说《林海雪原》改编的现代京剧《智取威虎山》,稍后又有《赵一曼》、《白毛女》,及小戏《审椅子》、《追肥记》、《柜台》和《战海浪》等推出。① 由于后来国内"遭遇"了三年自然灾害,激进文学思潮遭到抵制,刚刚启动的现代京剧改革工程一度被迫"搁浅"。1963年,江青在上海观看了沪剧《红灯记》、《芦荡火种》后,随即推荐给中国京剧院和北京京剧一团改编成京剧。次年,《智取威虎山》在京会演期间,又经江青插手,使之从众多京剧中"脱颖而出",直接为毛泽东等中央领导人演出。在此背景下,《林海雪原》被改编成现代革命京剧至少有这么三层含义:一、主流文化

---

① 杨鼎川《1967:狂乱的文学时代》,第37页,山东教育出版社,1998年。

对当时文学艺术的基本状况已经非常不满,于是,试想像1944年在延安成功地把旧京剧《逼上梁山》改编成现代京剧一样,以京剧领域为突破口发动一场现代文艺"革命";二、对"革命传统教育"的受众——广大工农兵群众来说,京剧显然比小说更具直观性和观赏性,演员、导演和剧情可以通过这一形式与前者实现面对面地"结合";三、为即将到来的"文革"大舞台,搭建一个文艺的小舞台,体现文艺从属政治并影射、影响政治的一贯方针。

可以看到,由小说改编的现代革命京剧《智取威虎山》,经历的正是这样一个由"量变"到"质变"的过程。首先是更名的问题。人们知道,原作《林海雪原》是由四个有联系的战斗故事组成的,京剧《智取威虎山》截取的只是其中一个故事,也是最具"戏剧性"的一个故事。初看上去,《林海雪原》像是一个比较普通和常见的小说题目,为了追求背景和故事的传奇性,它花去大量笔墨描写当地的奇山异峰和暴风雪的情状;由于小说的叙事空间相对较大,于是便有蘑菇老人的神奇传说、小白鸽的小女子爱情穿插其间。有一段是写少剑波与小白鸽在感情"挑明"之前男女双方的挑逗、暗示的场面:"'什么?白茹意味深长地故意惊问一声。'没什么。'少剑波很不自然地羞红了脸,'我想让你帮我抄写一下报告,这次的报告太多太长了。'白茹看他那不自然的神情,这是她这位首长从来没有过的,尤其是对她自己。此刻她的内心感情已在激烈地开放。可是她又怎样表示呢?说句什么呢?按平常的军规当然应该答应一声'是!'可是她偏没这样,而是调皮地一笑,'那不怕同志看见批评不严肃吗?'"不可否认,这段描写确实突现了《林海雪原》题目本身的浪漫色彩,但它也显然损害了人民军队舍生忘死的革命斗争精神。或许正因为"林海雪原"的叙述框架容易装进旧式小说的风花雪月、儿女情长和各种花花絮絮,也由于京剧舞台的叙述特点,原作很自然地被更名为《智取威虎山》,剧情被浓缩到围绕威虎山"智斗"座山雕而展开的一场戏当中。因此,经过这样的剪裁,京剧《智取威虎山》进一步强化了人民军队"武装斗争"的主题,"非意识形态"的叙事也随之跟着压缩下来。实际上,在当时不独是《智取威虎山》,另外几部现代革命京剧也都经历了这种意识形态意义上的"更名"。比如,《沙家浜》从沪剧《碧水红旗》、《地下联络员》和《芦荡火种》改为现名,沪剧及昆剧《红灯传》、京剧《革命自有后来人》、电影《自有后来人》被一并放弃,改成《红灯记》等。正如当时有人所强调的那样:"戏剧更好地为无产阶级政治服务是当前戏剧活动的迫切任务,对待现代戏的态度如何是阶级斗争在戏剧战线的具体反映之一。"①

其次,人物形象设计和关系的变动。1969年底,上海京剧团《智取威虎山》剧组连续发表了两篇论述为什么要改变小说原作人物关系的文章。他们指出,"英雄人物和反面人物的关系,是革命和反革命的关系,是一个阶级消灭一个阶级的生死搏斗的关系。在社会主义舞台上,反面人物永远是正面人物的陪衬;在气势上,后者一定要压倒前者",艺术"描写只能成为整个光明的陪衬",并认为,"这是无产阶级文艺创作的一条重要原则"。② 读者知道,在小说中,少剑波被定为"一号人物",他所占的篇幅明显多于另一个主要人物杨子荣。可是,在京剧中,杨子荣却压过了少剑波,被确定为"一号人物"。从整个剧情看,这一调整不是没有用意的。因为,在"文革"的现代京剧中,谁作第一号人物,而谁又不能作,一定要以政治性的主题为准绳,而不会被原作所牵制。所以,杨子荣一出场就不同凡响。他智勇双全、光彩夺目,一露面,即展示了"打马上山"的几个漂亮"亮相",和气吞山河的一段演唱:"穿林海,跨雪原,气吞宵汉。……面对群山"。这段演唱抒发了主人公克敌必胜的革命胸怀,同时预示着,他担当的智取并最终制服座山雕的主要任务,将会决定整个战斗的成败。而剧中的少剑波,只是为他打打下手,在夹皮沟做点发动群众的辅助工作而已,因此,唱腔的设计比较低、平,光彩和力度都显得不够。于是,由于剧本演出阵容的调整都围绕杨子荣而设计,他的唱腔自然成

---

① 此为剧协主席田汉在第四届常务理事会扩大会议上的谈话,见杨鼎川《1967:狂乱的文学时代》,第37页,山东教育出版社,1999年。

② 上海京剧团《智取威虎山》剧组《努力塑造无产阶级英雄人物的形象》,《红旗》1969年第11期;《源于生活,高于生活》,《红旗》1969年第12期。

为《智》剧的主旋律,以至还有毛泽东亲自指示,把他唱段中的"迎来春天换人间"改为"迎来春色换人间"这一个插曲。另外,小说原作中,遭到座山雕等人抢掠的夹皮沟,一派死气沉沉、腥风血雨的景象,除了几个怒气冲冲然而无奈的汉子,其他群众都谈"兵"色变,在敌人的邪恶面前个个噤若寒蝉。座山雕等众匪则气焰嚣张,根本就没把夹皮沟放在眼里,还准备等"百鸡宴"一过,年后下山将解放军小分队一举歼灭。但到了京剧中,夹皮沟的群众被描写得同仇敌忾,非常自信,座山雕等反而十分萎缩,充满了死到临头的气象。与此同时,那个可爱活泼的小白鸽消失了,换上了一个不会谈情说爱、一心只发誓要报"阶级仇"的男性十足的小常保。而在小说中还比较狡猾的小炉匠,则被塑造成一个在观众眼里极其可笑、愚蠢的反面人物。所以,最后定稿的京剧脚本《智取威虎山》把最早版本中的定河老道、一撮毛、蝴蝶迷、栾平老婆等一大串反面人物的戏统统换掉。在舞台上,再不是杨子荣围着座山雕打转了,而变成了,座山雕让杨子荣牵着鼻子满台走。

显然,经过改编的《智取威虎山》,在基本保留原作传奇性背景的基础上,增强了现代革命京剧"表演性"的成分。不过,为把《智》剧修改得更有"阶级性",原作中具有江湖游侠色彩的传奇内容被换成了充满阶级仇恨的内容,例如夹皮沟群众对国民党残匪暴行的集体控诉,小常保字字血、声声泪的大段表演和唱腔等;又例如,为表示剿匪决心和必胜信心,又设计出为庆祝胜利而组织的全体正面演员的领唱、合唱,等等。于是研究者发现,"传奇性"经过一番内容和程式的置换,与革命浪漫主义精神真正结合起来了。曾执笔写过《沙家浜》剧本的作家汪曾祺对此看得很清楚,他说:"中国也曾提过社会主义现实主义,后来又修改成革命的现实主义和革命的浪漫主义相结合,叫做'两结合'。怎么结合?……有一位老作家说了一句话:没有浪漫主义是个立场问题。我琢磨了一下,是这么一个理儿。你不能写你看到的那样的生活,不能照样写,你得'浪漫主义'起来,就是写得比实际生活更美,更理想一些。"①尽管这一段话有"迟来"之嫌,但它毕竟说出了一个道理:在那个年代,文学中的"生活"是要求比"生活"更高和更具有浪漫主义色彩的。这是因为,对一个作家来说,重要的不是他写什么,而是他怎么写的问题——也即他所站的"立场"的是否正确的问题。也就是说,现代革命京剧为什么一般都要对小说原作做重大的"修改"呢?这是由于,在70年代,作者"立场"的地位比过去更突出——即使这样的强调,会损害作品本身的艺术性。

"文革"中,《智取威虎山》剧组在全国各地上演时场场爆满,大礼堂、剧场和露天演出场所可以说是人满为患,盛况空前。杨子荣"打马上山"的唱段,在广大青年观众中被竞相传唱、戏仿,红极一时。但是,大概谁也没料到,直到"文化大革命"结束后的数年之间,这个著名唱段还反复出现在中央电视台春节晚会、各种庆祝活动和京剧清唱,包括民间娱乐的场合中。人们看到,在20世纪90年代,《智取威虎山》和其他样板戏一起被复排公演,不仅重新激发了中、老年观众的历史"怀旧"情绪,而且也博得了不少青年人的好感,据说有连演突破了百场的记录,创造了90年代红色经典"再接受"的现代传奇现象。

但必须指出,因为时代、读者和观众的不同,这种"传奇性"又被赋予了不同含义,遭遇了另一种的文化命运。

---

① 汪曾祺《认识到的和没有认识到的自己》,《汪曾祺小品》,第217、218页,中国人民大学出版社,1992年。

第三编

阅读·重现·成长

第九章　阅读与反应

　　20世纪后50年刚刚过去,它带走的不仅是个人的生活史,还有一代人精神成长的历史。对在1949~1959年间出生的这一代人来说,革命传统教育、爱国教育和政治教育当然是人生教育系统中相当重要的部分,然而深刻地塑造了他们的世界观和人生观,对其一生思想模式和人格操守产生重大影响和规范作用的,莫过于50~70年代革命文学的阅读。在对解放后出生的这代青年实施的庞大的革命化教育工程中,文学虽然只是一个较小的项目,但它形象化的功能和当代性、青年性的特征,却能最大程度地影响青年人的人生选择,深入他们的精神世界,发挥其他教育方式不可替代的作用。检讨一代人文学阅读的历史,其意义并不亚于对一个时代的检讨,因为,它毕竟包蕴了一代人生命成长和思想寻求的全部隐密。

一　文学工程的启动

　　一个社会合法性的确立,首要的目标就是如何吸引和征服青年。1949年后,中国共产党领导广大人民群众在政治和军事上打倒了国民党,但在领导国家民族走向现代化等一系列问题上,这种斗争仍然处于长期继续和深入的状态。40年代末期,青年尤其是知识青年成为推翻"三座大山"历史变革中的革命洪流;跨入新时代后,社会问题和尖锐的历史矛盾并没有也不可能马上得以缓解和解决。因此,如何把"革命洪流"引导、转变为革命大厦的"基础",就成为中共领导人优先与迫切考虑的问题。毛泽东指出,"在城市斗争中,我们依靠谁呢……我们必须全心全意地依靠工人阶级,团结其他劳动群众,争取知识分子,争取尽可能多的能够同我们合作的民族资产阶级分子及其代表人物站在我们方面"。① 为保证这一文化战略的具体实施,《中共中央关于中央人民政府成立后党的文化教育工作问题的指示》明确规定:"原本部所属之新华通讯社已改为国家通讯社,广播事业管理处已改为广播事业局,均隶属于新闻总署。本部所属之电影管理局,已改为电影局,隶属于文化部。在出版总署下成立了出版局,原本部所属之出版委员会及其地方组织,应即取消。新华书店改为国家书店,受出版总署的领导。除了上述组织已改属政府以外,全国的文化教育的行政工作,此后均应经由中央政府文教部门来管理。"② 与此同时,对教育、文艺等上层建筑领域,均进行了一系列的改革。

显然,在现代民族国家的名义下,上述调整不仅有利于文学工程的快速启动,而且使之在广大人民群众中获得了广泛的道义基础。50、60年代文学对"艺术标准"一直表现得比较冷漠,小说的叙事、诗歌的抒情及其他文学样式审美形态的设计,只不过是为了完成对意识形态的确认,它孜孜以求并一再强化的主要是对广大青年读者的"教育"功能。据初步统计,1949～1976年间,先后有大批文学作品问世:长篇有《铜墙铁壁》(柳青,1951)、《保卫延安》(杜鹏程,1954)、《铁道游击队》(知侠,1954)、《红日》(吴强,1957)、《林海雪原》(曲波,1957)、《红旗谱》(梁斌,1957)、《青春之歌》(杨沫,1958)、《战斗的青春》(雪克,1958)、《野火春风斗古城》(李英儒,1958)、《烈火金钢》(刘流,1958)、《敌后武工队》(冯志,1958)、《苦菜花》(冯德英,1958)、《三家巷》(欧阳山,1959)、《红岩》(罗广斌、杨益言,1961)、《欧阳海之歌》

---

① 《在中国共产党第七届中央委员会第二次全体会议上的报告》,《毛泽东选集》第4卷,第1427～1428页,人民出版社,1991年。
② 《中华人民共和国开国文选》,第575页,中央文献出版社,1999年。

(金敬迈,1965)、《艳阳天》(浩然,1964～1971)、《虹南作战史》(集体创作,1972)等;诗集有《投入火热的斗争》(郭小川,1956)、《雷锋之歌》(贺敬之,1963);"文革"时期有京剧《红灯记》、《沙家浜》、《智取威虎山》、《海港》、《平原游击队》、《奇袭白虎团》,芭蕾舞剧《红色娘子军》和《白毛女》等。正如邵荃麟所指出的,这些作品"使我们人民能够历史地去认识革命过程和当前现实的联系,从那些可歌可泣的斗争的感召中获得对社会主义建设的更大信心和热情"。① 但是,这些作品的生产和传播,实际隐含着试图用一种"本质化"的历史叙述和某种真理性的思想成果,对社会转折期的社会公众进行规范的想法。所以,"思想性"成为它们主要突出的作品内容。在这种情况下,"艺术性"虽然并未完全忽视,但它所占的比重明显有所减弱。②

但对历史"本质"的叙事还必须通过读者这个环节,只有与后者的精神世界产生交流,它才不至于流于空疏;另外,社会获得合法性的前提之一,是使文学对历史的叙述获得合法性,也即所谓的"真实性"。可以说,这是走进青年心灵并得到道义支持的根本途径。为实现这一效果,这一时期文学的触目表现是它为提高文学作品的革命主体性而依赖于对其的不断"修改"和"再版"。例如,根据《保卫延安》的初版本,作者把1947年胡宗南指挥的国民党军队进攻延安,毛泽东、彭德怀退出的主要线索修改为:我军将士在青化砭、蟠龙镇和沙家店等战役中,始终保持着英雄主义的高昂情绪。这样一来,生活的真实虽然受到影响,但艺术真实却明显得到加强。又例如,《红岩》的第二稿当时被认为"既未掌握长篇的规律和技巧,基调又低沉压抑,满纸血腥,缺乏革命的时代精神"。但经过共青团中央、中共重庆市委领导和中国青年出版社编辑的一再启发、指点和讨论,第四稿的《红岩》终于"找到了高昂的基调","人物也就从而变得更崇高、更伟

---

① 邵荃麟《文学十年历程》,《文学十年》,第37页,作家出版社,1960年。
② 形成这种现象的原因与40年代关于革命文学的经典理论实际有莫大的关系。

大了",整个作品的面目"焕然一新"。① 在评论界看来,杨沫的《青春之歌》之所以能获得巨大成功,根本原因在于她克服了"知识分子情绪",而把30年代青年的人生选择与中国革命的价值追求紧密地联系起来。但这一过程并不是一次完成的。据该书的《再版后记》所述,作品问世后一时好评如潮,但却遭到《中国青年》和《文艺报》的酷评:一是针对林道静的"小资产阶级感情问题";二是认为存在着"林道静和工农结合的问题";三是对林道静入党后的作用描写过于薄弱表示不满,等等。② 因此,为服从人物形象描写"更概括、更集中"的创作原则,作者不惜增加了在小说结构上明显糟糕、别扭的林道静在农村的第七章和北大学生运动的第三章。但经过这种牺牲艺术规律性而成全思想性的"修改",历史的"规律"得到了进一步凸显。

这就印证了马克思对文学艺术包含的社会意义的判断,他认为,文学是一件工艺品,一种社会意识的产物,同时也是一种制造业。恩格斯也认为,艺术虽是与经济基础关系最为"间接"的社会生产,但它无疑是与上层建筑关系最为密切的一部分。在对马克思文艺理论的阐释中获得权威话语权的布莱希特,更倾向于从文学作品(演员)与读者(观众)的"距离效果"中解释这一令人着迷的阅读现象。在他看来,文学艺术的任务不是"反映"一个既定的现实,而是为表明人物和行动如何历史地产生。文学成了一种实验,用演出效果回过头来验证自己事先的设想;它本身并不完整,甚至也不完美,加上读者(观众)的反应才算完整和完美。

二 另一记忆的形成

在1999年出版的丛书《日常中国》中,我们读到了一代人对50～70年代十分有趣的"记忆"。钱理群回忆说,"当时到处在进行'五爱'教育(爱祖国、爱人民、爱劳动、爱科学、爱公共财物),学校也开展

---

① 马识途《且说〈红岩〉》,《中国青年》1962年第11期。
② 参见修订版《青春之歌》,人民文学出版社,1960年。

了大规模的活动,每一次有一个中心主题,把课内教学与课外活动有机统一起来。例如,'爱祖国周'"等等,"'我们是新中国的小主人公,少儿队是我们自己的组织',这种主人翁感,是建国初期的时代情绪,今天回味那处处以'小主人'自居的劲头,仍怦然心动"。① 余华说:"我把那个时代所有的作品几乎都读了一遍,浩然的《艳阳天》、《金光大道》,还有《牛田洋》、《虹南作战史》、《新桥》、《矿山风云》、《飞雪迎春》、《闪闪的红星》……当时我最喜欢的是《闪闪的红星》,然后是《矿山风云》。"又说,"从《东方红》到革命现代京剧,我熟悉了那些旋律里的每一个角落,我甚至能够看见里面的灰尘和阳光照耀着的情景","我突然被简谱控制住了,仿佛里面伸出了一只手,紧紧抓住了我的目光"。② 其实,在那时,不单是小说、诗歌和音乐,而且电影、舞剧也深深渗透到那代人的日常生活和精神生活当中,例如莫言、陈村、孙甘露等人都曾谈到后者这种更为形象和直接的形式对他们心灵世界的震撼和影响。除注意到文学艺术作品对当时青年实施的革命理想主义和革命浪漫主义的人格培养之外,蔡翔还把回忆延伸到"文革"这一更复杂和多层面的时间领域。他说:"我们对革命仍然很关心,经常传播各种马路消息,尤其是'武斗',常常刺激起我们潜在的浪漫。"认为当时"尚武"之风在青少年中的盛行,以及"武斗"情结的深层积淀,与时代氛围、文学阅读和人格的畸形发展等等因素,都不无深刻的关联。③

在我看来,"讲述"在今天实际是一种"再叙述"。不过,它仍然能真实地揭示与共和国一同成长的一代青年的人生轨迹(值得注意的是,它在今天的社会生活中,仍有颇富意味的呼应和回声)。事实上,

---

① 钱理群的年龄段不在我们考察的历史范围,但他的精神状态仍属于这一时段。《五爱》、《主人翁》两篇文章均出自《日常中国——50年代老百姓的日常生活》,江苏美术出版社,1999年。

② 余华《阅读》、《音乐课》,《日常中国——70年代老百姓的日常生活》,江苏美术出版社,1999年。

③ 蔡翔《少年》,《日常中国——60年代老百姓的日常生活》,江苏美术出版社,1999年。

"再叙述"不光是在90年代后才出现的,建国初期,它已成为一些作家回顾历史时常用的一种表达方式。自然,它的意义不仅在于体现了这一时期的文学战略,也在于与历史本身进行着某种"合谋"。但人们注意到,作家们的创作并不是以"再讲述"为满足的。杨沫在谈到《青春之歌》的创作时坦然承认:"如果这部小说真能让青年同志看看过去的人们是怎样生活、斗争过来的,也许他们对今天的新社会、今天的幸福生活就会更珍爱一些,——而这就是我对这本书的最高愿望了。"并形象地为自己的一再改书辩解道:"作者和作品的关系可以比作母亲和孩子的关系。母亲不但要孕育、生养自己的孩子,而且还要把他教育成人,让他能够为人民为祖国有所贡献,做一个有用之材。假如发现自己的孩子有了毛病、缺点,做母亲的首先要严格地纠正他,要帮他走上正确的道路。"①雪克表示,他之所以要写《战斗的青春》,目的是要"表现出敌、我力量的消长转化",从而表现出抗日力量"从战斗到挫折,到再战斗,到胜利的反复性"。为什么要"重写"国民党七十四师师长张灵甫,《红日》作者吴强的明确回答是:"为了传之后世和警顽惩恶,让大家记住这个反动人物的丑恶面目,我在他的身上特意地多费了一些笔墨。"②显然,这一"讲述"并不是复制历史,而是要重新刷新人们记忆的光屏。它的目的是通过排斥其它异质性记忆的地位,使人们建立起对于历史的新的认识。

然而,这种"记忆"的进入,也会带来某些比较负面的东西。例如,建设现代化民族国家的目标中虽然包含了对现代性的选择,但在它复杂的历史过程中,人们看到了现代性遭遇的某些挫折。如理性、自由、民主、科学,又如对话和交流等现代性的目标,在这一过程中逐渐变成了次一等的东西,有的甚至不再允许存在。在这个意义上,文学创作似乎被孤立于世界文明史和现代化进程之外,变成了一种"另

---

① 《青春之歌》的"初版后记"和"再版后记"。该长篇小说的初版本是1958年1月由作家出版社出版的。

② 雪克《讨论〈战斗的青春〉给我的启发》,吴强《红日·修订本序言》,两文均转引自张钟等《当代中国文学概况》,北京大学出版社,1986年。

类"的写作。换句话说,它以宏大的名义,对现代和传统都做了剥夺性的否定。于是,人们发现,如果还有"传统"存在的话,那么,所谓的"传统"也只剩下"革命传统"一家。所有的"记忆"被关闭了,50～70年代的中国好像惟有对"革命战争"及其"历史"的记忆。在此基础上,充满政治文化色彩的"另一种记忆"诞生了。因此可以说,1949～1959年间出生的一代人正是被"革命历史传统"缔造的一代人,50～70年代文学正是为当代中国读者营造和提供了革命这"另一种记忆"的一种文学。

正如有人指出的:"在当时,没有看过这些影片的城市人,几乎是没有的。它已经不再是影片,而是某某路线的伟大胜利和一堂最生动的阶级教育课。"①其实,当时的文艺出版发行、电影戏剧的创作演出等,都是围绕这一目标而设计和制定的。不仅是前面作家的公开声言,连文艺界的权威领导人也不打算隐讳这一意图。1950年初,茅盾在《人民文学》举办的"创作座谈会"上,率先提出了文艺如何积极配合政治任务和政策宣传的问题。他认为,能够使自己的作品既完成政治任务而又有高度的艺术性,当然最好。但常常两者不能得兼,"那么,与其牺牲了政治任务,毋宁在艺术上差一些",号召作家以"赶任务"为光荣。② 40年代,周扬在分析一篇小说之所以"不成功"的原因时也指出,是因为它的"教育意义"没有发挥出来;为此他概括说,教育意义决定文学作品的成败。50年代末,为维护上述"功能"的权威性,他又对资产阶级的个人主义进行了猛烈抨击,并具体指示有关文化出版部门说:"要扩大社会主义,就要缩小个人主义。个人主义,在社会主义社会,是万恶之源。"③

---

① 陈村《看电影》,见《日常中国——70年代老百姓的日常生活》,江苏美术出版社,1999年。
② 茅盾《目前创作上的一些问题》,《文艺报》第1卷第9期,1950年。
③ 周扬《文艺战线上的一场大辩论》,1958年2月28日《人民日报》,同年第4期的《文艺报》也刊发了此文。

三　文学教材的制度化

对文学阅读的制约还渗透到中、小学和大学的课程当中。本着"社会主义的文化阵地，无产阶级不去占领，资产阶级就会去占领"的原则和指导思想，大大小小的课堂自然成为文学"革命化教育"的重中之重。但革命化教育不是一个笼统的概念，必须通过重新摆正新教育体制与旧教育体制、人生价值与传统文化理念、人才培养与政治教化等等的关系，使之进一步具体化和制度化。它必须与旧的时代严格区别开来。

1942年，西南联大中文系罗常培和朱自清两位教授曾就古典文学和新文学在课程中的比重问题发生过争执。罗常培主张中文系应该以研究中国语言文字、中国古代文学作为主要方向，朱自清则认为，"研读古文"，"为的便于了解和运用古代文学遗产"，"但这绝不是中文系的惟一目标"。两先生的争论是在学理的层面上进行的，他们的意见所显示的，只是在处理现代生活与传统文化关系时考察角度上的差异。正如有人在评价这一代人的文化心态时所指出的那样，"他们都是新文化和新文学的传人，身上都流着'五四'的血"，像现代中国大多数知识分子一样，他们始终是以"守护真理与良知、坚持价值与理想自任的"。①

建国后中、小学和大学文科教材的编选优先考虑的，却是另一个涉及到价值观的问题。1962年11月，周扬亲自参加《中国现代文学纲要》讨论会，对有关人员做了重要指示。他在讲话中一共谈了怎样写现代文学史、现代文学的线索、对左联的估价和对作家作品的评价等五个问题，但都是围绕如何"培养共产主义接班人"这一命题而展开的；这些精神，对中国现代文学史（包括中、小学教材）史学观的形成和研究，对教学的方向无疑都产生了重大影响。其实，50～70年代各种文科课本一直是按照歌颂革命史和控诉封建主义等三座大山

---

① 李书磊《1942：走向民间》，第85～92页，山东教育出版社，1998年。

来设计、编写和讲授的。在文学题材的限定和归类上,体现出以下几个特点:一是对"帝王将相、才子佳人"等"封建糟粕"的东西,基本采取的是扬弃的态度;即使有某些作品选入,也是以歌颂劳动人民反抗地主压迫和农民战争的内容作为思想标准。在此情况下,中外文化的遗产很难再进入这一代中国人的文化视野,与其世界观、人生观的建设处于几乎完全隔绝的状态。二是反映各个时期的革命斗争的回忆录、小说、散文等文体,占据了文科课本的主导地位,从而也进入了大、中、小学生的思想、精神和气质培养的全部过程之中。它们以"红色经典"的姿态,成为各类学生人生成长中的"偶像"和"榜样"。在这个意义上,新的革命传统代替了过去的传统,重建起一整套另类的思想观念和价值系统,并成为广大青少年精神世界中最大和惟一的"内存"。三是鲁迅、郭沫若和茅盾等人的作品大量入选,入选原因在于他们反抗的姿态吻合了文化激进主义思潮当时被压抑的"非主流"的地位和心境,更重要的是他们与当代激进主义文艺思想本来就属于同一知识谱系,享用着同一个文化资源。另外,载入当代文科教科书的文章和作品主要分为两大类:一是颂扬中国革命历史和老革命家胸襟的文字,例如杨得志的《大渡河》、王愿坚的《七根火柴》、陶铸的《松树的风格》;另一类是反抗北洋军阀和国民党黑暗统治的,例如鲁迅的《纪念刘和珍君》、《"友邦惊诧"论》、《论"费厄泼赖"应该缓行》,茅盾的《白杨礼赞》,殷夫的《别了,哥哥》,闻一多的《最后一次讲演》,等等。

如果继续讨论,关于文学题材的讨论可以一直追溯到1942年发表的《在延安文艺座谈会上的讲话》,也可以追溯到30年代的左翼文学;但更需要深究的是当代文科教科书所呈现出来的"当代化"的两种文化心态即战争的心态和仇恨的心态。① 前者把人们的精神世界纳入紧张的、服从性的和崇尚集体而排斥个人的状态之中,它把战争

---

① "文革"后期盛行一时的中外战争电影,如《地道战》、《地雷战》、《宁死不屈》、《海岸风雷》、《小兵张嘎》、《英雄儿女》、《闪闪的红星》等对青少年思想生活的影响,将会在另外场合加以考察。

年代中形成的政治军事思维、行为模式植入和平时代人们的思想观念，进而把"战争文化"奉为最高和权威性的社会意识形态；后者反对爱而歌颂恨，向往一种惊涛骇浪般的文化胸襟和人文处境，同时它把激进的和单向度的人格标准置于人生的多种发展的可能性之上。它以和"旧传统"彻底决裂的姿态，为解放后各种文科课本的编辑策略提供了思想武器，也提供了一种逻辑。有人在谈到后来自己所受的影响时，曾形象地说，在"文革"初期"我觉悟过来，下决心出去闯荡世界，中央已下令不得随意拦截汽车、火车等交通工具。也就是说，这回的长征，真的得学老红军，依靠自己的两条腿了"，"四十五里路程，全靠脚板丈量，还是相当遥远的。跟着一杆红旗，走不动，歇一阵，再跟上另一杆；反正潮汕公路上红旗飘飘，不会迷路的"。① 这一红卫兵全国"串联"的场面，无异于《七根火柴》精神在60年代的"重现"。在另一种意义上，是上述"文化教育"在植入一代人心灵世界后所发生的直接性的效果。最近几年，一些写于60年代末到70年代初的"知青日记"开始风行于市，成为"热门读本"。其实，这些读本之所以受欢迎，不在它幼稚、粗浅的文体，而是它真实地记述了一代人精神探索的历史过程，以及其中那些曾被大历史所遮蔽过的小人物们的小"故事"。

　　课本的"改写"，显然达到了预先的一些目标。但也没有达到人们在今天所估计的那种高度一致化的程度。有时会相反，它在统一化的过程中，却导致了另外一些异质化的东西的出现。例如，60年代初的北京地下诗歌沙龙，还有"白洋淀"诗人群等等。如果走向极端，它还会培养一种怀疑型的社会情绪。当然，就总体而论，教材的制度化仍然在相当的社会层面上发生了作用。人们注意到，在此之后，战争和仇恨的哲学不仅因此合法地建筑在坚固的思想温床之上，而且在广大的民间获得了丰厚的土壤。于是，在当代社会的前半期，青少年精神状态的"非知识分子"和"走向民间"构成了势不可挡的两

---

① 引自陈平原文章，见《日常中国——70年代老百姓的日常生活》，江苏美术出版社，1999年。

大潮流。不过,需要甄别的是战争文化中健康、向上的民族主义情绪与由战争所孕育的意识形态之间的区别,正常的爱国主义精神与愚民政策两者的思想界限。对于前者,是任何时候都需要加以弘扬的。

四 从红卫兵运动到伤痕文学

考察文学作品对一代人精神生活的影响,红卫兵运动和伤痕文学无疑是两个不能忽视的重要案例。这不仅因为,它们是对这代青年精神状态的"最集中、最典型和最形象"的概括,而且通过它们,我们还可以进一步印证这一时期文学的审美性格和思想趋向,发现二者之间某种共时性的特征。当然,检讨包括自己在内的同代青年的精神世界是困难的,尤其是当人们对曾经深信不疑的真理展开质疑,又把激情岁月纳入到学理之中的时候更是如此。

红卫兵运动在20世纪60年代中期的兴起绝不是一个孤立的历史现象。它既有全球范围内左翼文化的深刻根源,又是当代中国激进主义文化内部矛盾激化的一个结果;它既是本土化"平均主义"观念和俄国民粹思想的充分膨胀与体现,同时又预言了现代化的全面危机。必须看到,由政治权威发动的波及全国的这场红卫兵运动,为这代青年提供了一个参与社会活动的"平台"。"等着我们的捷报吧,妈妈!/总有一天,我们会欢聚在红旗下。/不夺取文化大革命的彻底胜利。/儿誓死作千秋雄鬼不还家!"(《放开我,妈妈!》)"听!/那是红卫兵在历史幕台上高唱,/'这是最后的斗争,团结起来到明天,/英特纳雄耐尔就一定要实现!'/那是红卫兵在历史幕台上高颂,/'战旗挥舞冲天笑,赤遍环球是我家'。"(《红卫兵万岁》)"我们曾沿着公社的足迹,/穿过巴黎公社的街垒,/踏着国际歌的鼓点……/因为我们有/钢枪在手,/重任在肩。"(《献给第三次世界大战的战士》)但显然,我们不能把这场运动的重要成果之一的"红卫兵文学"看成是对"十七年文学"的否定和断裂。某种程度上,红卫兵文学中这种"革命性"和"先锋性"的特征,恰恰是"十七"年文学在某一些方面的延伸和继续。在其精神状态上,它们应该同属于激进文学这一家族。

如果再作考察，它们的出现有一定的历史"积因"。我们知道，"忠孝不能两全"的离家"出走"模式，曾贯穿在"五四"学生运动直到30、40年代青年运动的始末。以同旧传统（旧家庭）"断裂"的方式参与中国革命的社会实践，曾经是几代中国青年的人生目标和基本走向。这一"传统"，事实上在50、60年代的文学创作中继承了下来，有些人物的行为模式，有些对话和自述，都有一些"似曾相似"之处。《青春之歌》是这样描写林道静对革命的向往的："想到一个久压在心头的问题，道静的心跳得更快了，她抑制住自己，低声地问：'请你告诉我——你是共产党员吗？'"而江华的回答是："你会懂得考验这两个字的意思。你从生活里考验了党，考验了革命；可是，革命也要考验你的……道静，你要经得起考验，党是会给你打开大门的。"以党为家，以革命为家，和以天下为家的现代意义上的人生观，也深刻影响着他们的生死观，这一个人与社会的新型的关系，作为一种重要的资源，在小说的重新构造中得到了运用。例如，革命烈士许云峰临刑前的著名"自白"，曾经那样激动过60年代广大青年读者的心弦。他说："这点，我完全可以奉告。我从一个普通的工人，受尽旧社会的折磨、迫害，终于选择了革命的道路，变成使反动派害怕的人。回忆走过的道路，我感到自豪。我已看见了无产阶级在中国的胜利，我感到满足。风卷残云般的革命浪潮，证明我个人的理想和全国人民的要求完全相同，我感到无穷的力量。人生自古谁无死？可是一个人的生命和无产阶级永葆青春的革命事业联系在一起，那是无上的光荣！这就是我此时此地的心情。"（《红岩》）《红岩》的出版，与前面所说的"大时代"，在时间上相隔不过二十多年，然而人们发现，两个时代的人们原来遵循的是如此相似的思想逻辑，和人生的轨迹。这一"对比"使我们相信，"文学"原来是在"历史"之中的，而历史之间又是一种彼此传承的关系。有的时候，我们会因历史的潮水而遮蔽了对历史的看法，但当潮退之后，新的认识便会自然地浮出水面，暴露出一些在过去难以想像和理解的"真相"来。

　　其实，在精神取向上，"十七年"、"文革"乃至"文革"后的一段时间，人们的文学生活并不存在根本的区别。我们很难将它们"断裂"

开来。对那个漫长时代里的人而言,文学就是生活本身。因为文学比生活站得更高,文学最典型和集中地概括了生活,它创造了生活火一般的性格。所以,这样的文学在本质上是反对布莱希特那种保持"审视距离"的文学观的,它充满高昂革命斗志和激情的人文品质,肯定会反感冷淡和疏离现实的态度。因此可以认为,正像席卷中国的红卫兵运动孕育了红卫兵文学一样,1976年春的"天安门事件",也成为培育"伤痕文学"的直接的思想产床。有人指出,伤痕文学的"创作仍然是在体制内进行的,其中的一些创作仍然是意识形态话语",这是因为,"'文革文学'的阴影与消极面仍然存在于新时期文学之中,这不仅表现为'文革文学'某种方式的惯性'运动',还表现在长期的'心理'暴力对作家的禁锢;甚至在一段时间内仍然有学术政治化的现象,而一些人还习惯运用'大批判'的方式"。① 这固然是对不同历史时段文学复杂关系的一个判断,但有意思的是,它从连续不断的文学史运动中提取了一个观察的视角。这个视角,既可以用于观察一代人精神发展的内在历时性,也可以观察其发展的共时性。

于是,从卢新华的《伤痕》、孔捷生的《在小河那边》、刘心武的《班主任》等小说,到北岛的诗《宣告》、《结局或开始》和遇罗锦的报告文学《一个冬天的童话》,再到前期知青文学的知识谱系中,我们可以注意到一个极其触目的时代性字眼:"伤痕"。伤痕顾名思义是在表明"文革"给广大青年所造成的精神创伤,但更值得关注的还有它对50~70年代思想方式的继承与沿用。北岛在短诗《回答》中宣称:"我来到这个世界上,/只带着纸,绳索和身影。/为了在审判之前,/宣读那些被判决的声音。"江河在《纪念碑》中也写道:"真理就把诅咒没有完成的/留给了枪/革命把用血浸透的旗帜/留给风,留给自由的空气/那么/斗争就是我的主题"。而刘心武的《班主任》关心的仍然是如何"培养无产阶级革命事业接班人"的社会"问题"。他在谈到创作这篇小说的体会时说,"严肃地从生活出发,运用唯物辩证法去分析

---

① 王尧《关于"文革文学"的释义和研究》,《'99中国年度文论选》,漓江出版社,1999年。

生活",是自己创作的惟一准则。① 在这里,50～70年代的文学教育继续在组织着作家们的文学思维和对生活的叙事,他们仍然在用偏重夸张的战争文化视角介入人物的情感世界,用仇恨的文化心态及哲学标准来评价生活的是非。准确地说,他们是在以"革命的方式"来反省"革命的错误"。不同只是,"文革后"和"文革前"在时间观念上是历时的,而它们在精神状态上却最大限度地体现出了共时的特征。

红卫兵运动和伤痕文学不单映现着共和国的历史,它也是我们这一代人的历史。恰如有人所说的那样,我们是被革命喂养大的一代人。② 正是与我们的生命一起成长的文学的阅读,让我们理解了什么是革命,什么是理想的人生。所以,前面所述的两种现象尽管发生在60年代末到70年代末,但它无疑得益于在此之前文学教育的成功实践。恰如有人所指出的那样:"在大字报的时代,人的想像力被最大限度地发掘了出来,文学的一切手段都得到了发挥。"③文学,不,还有历史,难道不都是如此吗?

五 怎样看待革命文学

能否冷静和客观地认识50～70年代文学,不仅关系到如何看待中国革命,也关系到如何看待百年中国现代化选择的问题。在这个目前尚属"敏感"的问题上,一直存在着两种不同的意见:一种是"非历史化"的文学倾向,持这一观点的人始终在用现代化探索的"误区"等流行意见来批评文学对革命道路的选择。因此,与此相关的文学史著作总会努力贬低或根本忽视这段历史;另一种正好与之相反,作为对经济全球化趋势的强烈反弹,他们更愿意在"怀旧"的心理中重

---

① 刘心武《生活的创造者说:走这条路》,《文学评论》1978年第5期。
② 戴锦华语。
③ 余华《阅读》、《音乐课》,《日常中国——70年代老百姓的日常生活》,江苏美术出版社,1999年。

温历史的激情，甚至表现出将革命时代的价值观"商品化"和"时尚化"的想法。但不可否认，真正认识这一时期的文学仍然需要时间的长度，和足够的耐心。这显然因为，人们与自己所"亲历"的时代毕竟只有30年的历史距离。

有人曾富有激情地指出："'你们独裁。'可爱的先生们，你们讲对了，我们正是这样。中国人民在几十年中积累起来的一切经验，都叫我们实行人民民主专政，或曰人民民主独裁，总之是一样，就是剥夺反动派的发言权，只让人民有发言权。""人民是什么？在中国，在现阶段，是工人阶级，农民阶级，城市小资产阶级和民族资产阶级。这些阶级在工人阶级和共产党的领导之下，团结起来，组成自己的国家，选举自己的政府，向着帝国主义的走狗即地主阶级和官僚资产阶级以及代表这些阶级的国民党反动派及其帮凶们实行专政，实行独裁，压迫这些人，只许他们规规距距，不许他们乱说乱动。"①这段话中，透露出一个道理，同时，还包含着一个重要信息，即：无法回避的是，革命是"以暴易暴"的历史产物。如果理解了一个现代政党对另一个现代政党28年的残酷镇压，理解了在付出巨大的流血牺牲之后才迎来一个现代民族国家的诞生，就比较容易理解上述的政治结论，也比较能够抱着"历史的同情"的态度，去看待当代中国文学要对"革命遗产"而非是对"五四遗产"，对集体主义而非是对个人主义所作出的历史选择。

1949~1959年出生的一代人，正是这一历史选择中的必然产物。他们在迎接新中国的到来时，也非常自然地接受了鲜红而丰富的革命传统。他们成长的历史，也就很自然被纳入到新中国宏大的文学工程当中。"我们是共产主义接班人，沿着革命先烈光荣传统。爱祖国，爱人民，鲜艳的红领巾飘扬在前胸。"这时代的格言实际已经清楚地表明了：革命的目标是要把他们培养成与传统的中国人截然不同的"新人"，而文学，则不过是这一过程中的重要环节。所以杰姆

---

① 《论人民民主专政》，《毛泽东选集》第4卷，第1475页，人民出版社，1991年。

逊说,"所有第三世界的本文均带有寓言性和特殊性,我们应该把这些本文当做民族寓言来阅读","我们必须重新思考我们对叙事中的象征意义的习以为常的理解",因为它们"总是以民族寓言的形式来投射一种政治"。为此他提醒人们说:"如果我们要理解第三世界的知识分子、作家和艺术家们所起的具体的历史作用的话,我们必须在这种文化革命的语境之中来看待他们的成就和失败。"①韦伯则是从历史发展的角度强调"合理性"的。他认为,工具合理性行动是指以能够计算和预测后果为条件来实现目的的行动;价值合理性行动,则指主观相信行动具有无条件的、排他的价值,而不顾后果如何、条件怎样都要完成的行动。价值合理性行动和卡里斯马式行动都有"非常态"、革命的性质,因而可以成为打破传统习惯、推动理性化进程的动力;工具合理性之所以具有"合理性",是因为这种行动符合人们理性思维的常态。但反之,由于行动只为追求功利的目的所驱使,势必会漠视人的情感和精神价值的存在。因此,"合理性和非理性是相对而言的,任何一个现实的行动都含有这两者的因素。人们力求通过合理性行动使世界从巫术迷信中解放出来时,殊不知在这理性化过程中非理性因素也渗透其中"。②

……我们这一代人的命运即将成为一页掀过去的历史。与之相联系的,那曾经"喂养过"我们的50~70年代文学实际已变成了一份革命文学的遗产。问题的复杂性在于,如何不再以简单否定或赞成的态度,而是以理性的态度去面对属于自己的这段"历史"。首先,从第三世界的"语境",尤其是从处于现代化矛盾与选择之中的百年中国的历史发展看,无论我们对时代的选择还是时代对我们的选择,都是痛苦的,然而都含有某种"合理性"。所以,在价值观上否定50~70年代文学及其对一代人精神的影响显然不能代替对这段文学史

---

① 杰姆逊《处于跨国资本主义时代的第三世界文学》,引自张京媛主编《新历史主义与文学批评》,北京大学出版社,1993年。
② 苏国勋《理性化及其限制——韦伯思想引论》,第89~98页,上海人民出版社,1988年。

的认识。因为,一段历史的价值不仅在它的历史范围之内,而且还在它从反人类和反人性的本质上给后代另外一种精神的启示和财富。其次,在"正常"的社会处境中,人们难以在情感和理智上接受"非正常"的历史,尤其缺乏与研究对象之间形成互动的理论、方法、视野和胸襟。这样,就需要对这一代人的"文学阅读活动"做历史的深广度的包容,而且做学理性的提升。但至今为止,我国的当代思想史、文学史始终奇缺的是对"同代人"精神状态史的研究,那种能够启示人做深远思考和想像的研究成果更是处于"缺席"的状态。在我看来,令人遗憾的倒不是一代人的历史行将成为"过去",而是对它的深刻剖析和记录将成为一段"空白"。最后,我不主张对这段历史和一代人的精神"遭遇"采取仰视或俯视的研究视角,而主张与之调整到"互动"的、"同情"的和稍有"距离"的状态。诚然,这些年的思想史和文学史研究形成了多元的观念,它对于打破僵硬的历史认识框架,以"当事人"的身份"重返当代",并深刻地认识当代无疑有积极的创意性的作用。但它也带来了某些负面效应,比如对历史的冷漠,对人精神实质的疏离,这种后结构主义式的非人文态度才是当代文学及思想的研究浅尝辄止、难于真正深入的根本原因。对这些现象的警觉显然不是无益的,因为它可以避免研究者的人文心态进一步地陷入低迷和鄙俗。

除此之外,我以为不仅要加强对文学阅读活动中的"被动者"精神状态的考察,还应该开始适度地着手对"主动性"和"同谋性"的研究工程。只有这样,文学史和文学批评的活动才真正算得上启动了与历史的"对话"。

第十章 历史文献的解密

一 历史的"重现"方式

1979年后,随着思想解放运动对各种历史"禁区"所形成的巨大冲击,平反冤假错案成为转移民愤和"百废待兴"的一个重要政治策略。在此情况下,围绕当时许多震惊中外的"事件"的被平反,一大批文艺界著名人士从沉冤中再度复出,数量惊人的与"当事人"关系密切的历史文献和档案获得了披露的机会。例如,关于"丁、陈反党集团"的决议、材料、检查等等,在1980年后的《新文学史料》上陆续刊出(其中,李之琏的文章和周扬的"答记者问"格外引人瞩目);1980年7月21日,《关于"胡风反革命集团"案件的复查报告》通知了胡风本人,两个月后,又以"中共中央批转"的形式下发;1989年2月,李辉的《胡风集团冤案始末》一书出版(人民日报出版社);1993年1月,晓风主编的《我与胡风——胡风事件三十七人回忆》问世(宁夏人民出版社);90年代中期后,《往事苍老》、《忆周扬》等书对"胡风案件"的历史资料做了更具权威性和突破性的揭示;1993年10月,温济泽等著的《王实味冤案平反纪实》出版(群众出版社),由于有的作者曾是延安文化界的老人,不少"材料"可以说是"鲜为人知"的;在80至90年代,50、60年代《人民日报》、《文艺报》等报刊上未曾"署名"但背景寻常的"编者按"作者,也渐渐在各种研究著作和回忆中浮出历史的地表……

但是,历史的"重现"要经历一个痛苦的过程,尤其是当它要否定自己过去的结论,又形成新的结论的时候,"重现"就呈现出了一种错综复杂的情况,让人对其中充满矛盾和曲折的表述感到难以理解。例如,《关于"胡风反革命集团"案件的复查报告》认为:"没有事实证明以胡风为首组织反革命集团。也没有证据说明胡风有反对社会主义制度、颠覆无产阶级政权为目的的反革命活动。因此,胡风不是反革命分子,也不存在一个以胡风为首的反革命集团。胡风反革命集团一案应属错案错判。"然而,1957年5月著名的《人民日报》《〈关于胡风反革命集团的材料〉的序言和按语》却很肯定地说:"这样一来,胡风这批人就引人注意了。许多人认真一查,查出了他们是一个不大不小的集团。过去说是'小集团',不对了,他们的人很不少。过去说是一批单纯的文化人,不对了,他们的人钻进了政治、军事、经济、文化、教育各个部门里。过去说他们好像是一批明火执仗的革命党,不对了,他们的人大都是有问题的。"——这样决断的结论,自然成为"复查报告"所要解决的主要疑点。但如此的反复,却使得希望了解历史的人,会在怎样建立研究的立足点上感到左右为难……好在,"推翻一切不实之词"(1980年前后)这一"重现"历史的独特方式,已为社会公众所习惯,而且也欣然地接受了。所以,最后,不仅"胡风的所有亲友,所有认识与不认识胡风的人们,以及关心胡风这一案件的人们,都认为它是实事求是的,公正客观的"。①

历史文献走出封闭的档案馆直接进入社会的"公共空间",成为有较高"透明度"的大众读物,本身就说明意识形态出于务实的态度而转向了松弛化。众所周知,在走进当代的历史中,对重大政治、文化和经济问题的表态都是以"集体决定"的形式作出的,即使强烈代

---

① 对1980年的"复查报告"和"批示",胡风家人比较有意见;1988年6月,经过中共中央政治局讨论的《中央办公厅关于胡风同志进一步平反的补充通知》(即中办发〈1988〉6号文件)下达,才认定是最后"平反"。参见梅志《胡风传》,北京十月文艺出版社,1998年。

表个人倾向的意图,也都以"决议"、"社论"、"写作组"和"编者按"的方式公之于众——这几乎变成了一种"惯例"。80年代后,这一传统的言说方式出现了较大变化。人们注意到,在80年代中期前后,当过去文艺政策的主要阐释者和领导者如周扬、夏衍、林默涵、张光年等的"谈话"、"回忆"和文章不断见诸杂志和报端时,它表明"惯例"对每个人的控制作用在进一步减弱。同时,使人更深刻地感受到的是,他们的表述所透露的某些"文献"材料,已经不再单纯地属于某一社会集团,而是变成了一种对所有的人来说都应该知道的历史"掌故"。比如,经人整理后发表的《与张光年谈周扬》等文章,通过对当代文学史一些事件的"钩沉",使读者有一种回到历史"现场"的感觉:

> 1957年,作协批丁玲、艾青等人。次年1月《文艺报》发表《再批判》。这个特辑是我经手的。周扬找到我、陈笑雨、侯金镜,说毛主席要发表对丁玲等人的再批判,需要组织批判文章,按语是我写的。送给毛主席,毛看得细致,大部分都改了,题目也改了。原来就是《关于……再批判》,毛把前面删去,只留下《再批判》三个字。这个按语不好写,我措辞谨慎,拘谨,毛全改了。他批评我们:"政治性不足,你们是文人,文也不足。"看来,在反胡风、反丁玲问题上,周扬比较谨慎,开头都不认为是反革命问题,也不希望牵扯许多人。①

不可否认,刚开始时,这样的文字是令人吃惊的。但随着相同文章和回忆录的不断增加,乃至大幅度的复制和覆盖,人们已由习以为常而逐渐接受了这一文体。尤其是当它作为一种"大众读物"进入文化市场,它的历史震撼力也在随之减弱,对读者阅读的刺激性却明显增强。它说明,与80年代相比,人们在90年代对于它的文化需求已经发生了根本性的变化。

---

① 李辉《与张光年谈周扬》,《往事苍老》,第278~279页,花城出版社,1998年。

第十章　历史文献的解密

当然，不能因此而否认，80年代初期的那场大规模的"平反"活动，为寻求历史新的合法性而否定了旧的合法性，其历史意义是积极的。当代文学的作家群体，从社会的最底层被重新召唤回社会中心，于是就有了"重新复出"和"归来"等诸多的文学命名。在此过程中，与当代文学关系密切的"文献"经历了一次"划时代"的变化：它们从一体化的政治制度（被封闭的档案馆）中被"解密"，在日渐宽松的文化市场上重新出版并被再叙述，因此也意味着其价值发生了一次根本转变。所以，当时有人评价这是"坚持从作品所反映的现实或历史的生活是否真实出发，实事求是地考察作品的思想倾向，重新作出科学的评价，推倒过去强加给它们的一切诬蔑不实之词"，"其重要意义不只是一桩历史旧案的昭雪，而更在对新时期文学运动的积极推动和影响"。① 但是，与这种从文艺体制内反省体制本质的考察视角略有不同，福柯的看法是，"档案首先是那些可能被说出的东西的规律，是支配作为特殊事件的陈述出现的系统"，"是那些在陈述——事件的根源本身和在它赋予自身的躯体中，从一开始就确定着它的陈述性的系统的东西"，而且档案还处在"某种实践的层次，这种实践使陈述出现多样性"，"这种多样性没有传统的沉重包袱"，所以，他坚持认为："我们不能透彻地描述某一个社会、某一种文化或者某一种文明的档案；无疑也不能描述整个时代的档案。"② 显然，福柯关注的不是它推动社会发展的"一次性"作用，而是它作为一种"实践"的"陈述"的"多样性"特征。由此，我们可以更清晰地看到，在1980年前后对50至70年代各种批判运动文献的发掘和利用的"表述"中，"为今所用"的出发点占据了极其重要的地位。所以，这些文章、书籍中的关键词，经常地被定义为"团结一致向前看"和"找到了社会主义时期文艺的终极目标"等等说法。对此，笔者不由得想到，在经历了"继往开

---

①　朱寨主编《中国当代文学思潮史》，第530、531页，人民文学出版社，1987年。

②　米歇尔·福柯《知识考古学》，第166～168页，生活·读书·新知三联书店，1998年。

来"的历史"遗忘"之后，人们最容易忽略不计的，可能正是历史文献本身的复杂性格。

二 陈述与记忆的缠绕

在当代中国，文献的存在不仅有历史的象征意义，当它作为"支配"事件的"陈述"的"系统"而被人重新认识，尤其是成为当代文学的新的"文学叙事"的时候，那么它开启的确乎是一个新的时代。

在我看来，文献档案的"解禁"不仅对胡风、丁玲等作家集团和所谓"30年代文艺黑线"起到了平反和恢复名誉的历史作用，而且触发了"重读""文革文学"和50、60年代"红色经典"的热潮；它的"支配"作用不止在80年代，还一直伸展、延续到90年代和21世纪初的文学空间。按照有人的研究，50至70年代之际接连不断的批判运动，反映了左翼文艺阵营"分裂"的基本规律和特征，当革命需要用更激进的方式建构国家的神话时，就会剔除与更激进意识形态话语不相适应的部分，在此基础上确立新的陈述系统。譬如，50年代中期后，当发现丁玲、艾青等来自"五四"文学传统思想资源的文艺个性主义，在建国后不仅没有根除，反而有某种膨胀之势的时候，于是发动了对他们的"再批判"。又比如，在左翼阵营内部的冲突、分裂中小赢的周扬其实也不轻松，毛泽东就严厉批评过他"政治上不进展"。在文艺界每次的政治运动中，周扬都是主要的组织者和批判者，然而仍然被指责为"政治性不足"、"文也不足"、"下不了手"，等等。所以，"文革"前夕，以周扬为代表的"文艺黑线"，终于被更加激进的文化思潮和《纪要》所代替。……但我以为，对历史的认识不能由对历史的同情所替代。更重要的，是需要理解当时的意识形态话语"陈述"了什么，而这一陈述是否还将对以后的文学有这样那样的影响。把握陈述的规律，有时候要比看到陈述的结果显得更重要。因此，也就进一步认识了今天"重读"这些陈述的特殊含义。所以，以上的文学史线索，从表面上看是对激进文化思潮的一种反思，但在更深的层次上揭示的却是被反思对象在改换了表达方式进而成为"新时期"新的主流话语之后,它针对"当代文学"所进行的新的"陈述"。它是怎么成为影响1980年后当代文学的研究面貌、发展走向的根本思想逻辑和知识谱系的。在这种情况下,就不能不对80年代那些有代表性的当代文学史版本,如张钟等人的《当代中国文学概观》、中国社会科学院文学研究所的《新时期文学六年》、王庆生的《中国当代文学史》等,开展"再研究",对有关问题进行力所能及的"再反思"的工作,例如:它们是从哪个特殊角度利用"文献档案"的?它们对这些档案的新的陈述与档案原来的陈述之间究竟是一种历史的断裂,还是另一意义上的合谋呢?也就是说,在历史出现较大转折的过程中,对历史的新的陈述中是不是发生了某种"复制"的现象?

  1992、1994、1998和1999年,是图书市场为寻求更大利润突破历史文献禁忌的几个重要年份。这些颇带功利色彩的商业契机,却为当代文学赢得了更大、更自由的言说空间。在某种程度上,也根本扭转了它的思想背景和研究的机制。1994年,假借德国学者"洛伊宁格尔"之名问世的《第三只眼睛看中国》,以其对历史档案高度的熟悉和对各种"事件"背景、细节的了如指掌,对中国革命的历史选择做了"颠覆性"的描述和剖析。在此前后,罗德里克·麦克夸尔和费正清主编的《剑桥中华人民共和国史》(1994)、R·特里尔的《毛泽东传》(1994)、萧秋等人翻译的《国外学者评中国共产党》(1992)、徐崇温主持翻译的《国外马克思主义和社会主义研究丛书》(1993)、中共中央文献研究室编译的《毛泽东与马克思主义乌托邦主义》(1991)、魏裴德的《历史与意志——毛泽东思想的哲学透视》(1994)、托洛斯基的《文学与革命》(1992)、李君如等编译的《海外学者论"中国道路"与毛泽东》(1993)、刘淑春等编译的《"十月"的选择》(1997)、叶卫平的《西方"列宁学"研究》(1991)等等也通过第一、第二渠道获得了"公开出版"的合法性。这些著作的出版,显然迎合了潜藏于大众社会的"毛泽东热"、"红色革命热"和"政治隐秘热",但作者的书写性质所表现出的,却是对隐藏于历史档案后的中国革命道路的强烈的研究兴趣。1998年后,各种与"右派"知识分子有关的史料、回忆录、日记、随笔和纪实性的研究文章,纷纷进入出版和发行的序列。例如,《思忆文丛》(1998)、韦君宜的《思痛录》(1998)、段跃编《1957年：乌昼啼——"鸣放"期间杂文小品文选》(1998)、丁东编《反思郭沫若》(1998)、朱正的《1957年的夏季：从百家争鸣到两家争鸣》(1998)、季羡林的《牛棚杂忆》(1998)、廖亦武编《沉沦的圣殿》(1999)、收有罗隆基、储安平、王造时、王实味、胡风、顾准等文字和评论文章的《野百合花丛书》(1999)等等。历史的沉痛似乎没有怎么触动普通年轻读者的心弦，但它们无疑为研究者指出了一条并不平坦的"重返历史"之路。与此形成对照的，是希望重新强化"教育青年"的政治功能，在另外层次上反而起到"重读"作用的50至70年代"红色经典"系列的大量倾销，如《红岩》、《红日》、《红旗谱》、《青春之歌》、《野火春风斗古城》、《战斗的青春》、《烈火金钢》、《创业史》、《铁道游击队》、《林海雪原》的出版，以及电影《保尔·柯察金》的"重排"上映等。从以上情形看，上述书籍、影视的出版和上映实际为90年代的人们营造了一个"共生性"的文化环境；在历史档案的"再利用"上，表露的却是"商业性"、"革命性"和"轶闻性"等多方面相混杂的出版动机。

确实，当历史更多地露出它"冰山的一角"，简单的"批判"、"反思"或回避已不能代替对历史更深入和复杂的认识。更多的人也许已经意识到，中国当代文学史并不是一部外在于个人之外的文学史，而是中国革命的象征史，是我们几代人的精神史、成长史，还是20世纪下半叶的思想文化史。历史文献中为社会所公认的价值观念尽管仍然支配着有关当代文学的叙述，但是它处于隐匿状态的多种话语和精神的多重性，却在90年代的"再出版"中呈现于人们面前，即如50至70年代的"红色经典"及其批评，即如一连串的政治运动和运动中的检查、日记、假批判，等等。虽然非主流的话语和声音始终处在被压抑、被删改的状态，然而一旦在今天被重新"发掘"出来，很快就恢复了旺盛的生命力，对"重返"这一时期的文学具有不可替代的、十分重要的认识价值。当官方的解说成为惟一的"陈述"时，一些真实的历史陈述便在人们大脑的"记忆"库中掩盖了起来，事实上成为历史的"第二档案馆"；而当政治环境趋于比较宽松时，它们又越过官方的文献界限在各种"讲话"、"回忆录"、"访谈"等书面形式中变成弥可珍贵的"再叙述"。例如前面提到"与夏衍谈周扬"、"与林默涵谈周扬"和"与张光年谈周扬"等。这些因素使得拓宽当代文学的视域,重新梳理当代文学的历史线索,使当代文学的研究不再是对现代政党的真理性及文艺政策的研究,而是可以放在20世纪中国革命多重的历史抉择,放在全球性左翼文化的总体格局之中,客观和重新检讨当代文学的历史贡献及其教训,这样的研究在今天不仅不是梦想,不是虚拟的现实,而成为了一种可能。正如有人指出的:"史料和纪实,本身就是历史的化身,是最'真实'的历史真相。但我更为关心的,是记忆的存在方式和表现方式。为什么这段历史记忆的书写方式会从80年代的虚构走向90年代的纪实?在这种书写形式的变化之中,表明现实的文化机制和知识/权力的构成发生了什么样的变化?更进一步地,附着在'虚构'和'纪实'之上的文化和现实的互动关系是什么?难道我们可以简单地说80年代的政治文化迫使历史变成虚构,而90年代市场文化的'自由'在以纪实的方式,'还原'历史本身吗?如果不仅仅如此,这种变化又暗示了我们什么?它可以让我们看到知识群体本身的什么问题?"① 也即是说,除去应该注意那些历史文献的陈述在继续发挥着其特殊的作用时,还应当留意,后来人们的记忆怎样与这些陈述缠绕在一起的情况。因为事实上,这一相互缠绕的现象,已经对当前的当代文学研究产生了不可忽视的暗示性影响。

三　进一步"解密"的障碍

在《1957年的夏季:从百家争鸣到两家争鸣》的叙述中,朱正有着一般人所不具备的少见的历史的"清醒"。他认为,"文艺界的反右派斗争,大体上说,有两大任务,或者说有两条战线。一个任务,是打击苏共二十大以后出现的,特别是百花齐放方针所鼓舞起来的自由

---

① 贺桂梅《世纪末的自我救赎之路》,《思想文综》第4辑,暨南大学出版社,1999年。

化倾向","另一任务,是趁这一场斗争的机会用快刀斩乱麻的办法来处理历史遗留问题,像反对丁陈反党集团,反对冯雪峰,就都是这一性质"。他进一步发现的,是冯雪峰"幼稚"地以为只要"努力往深处做检讨"就可以安然"过关"。他身在文艺体制之中,却没有真正理解它深刻而真实的含义——而且当时与冯雪峰心态相类似的,还有许多著名作家和文化界人士。① 丁东在《反思郭沫若》一书的"编后记"中也表示了相似的"历史感受",他说,"把郭沫若作为一个生活在19世纪末到20世纪70年代中国知识分子加以考察,从而看到他身上所体现的中国知识分子的悲剧","因为经历和地位的特殊,悲剧发生在他身上就有了一种典型意义","但反思郭沫若的晚年是一个大工程",显然不能抱过高的期望。② 有人明确指出:"总结我们的经验,集中到一点,就是工人阶级(经过共产党)领导的以工农联盟为基础的人民民主专政。这个专政必须和国际革命力量团结一致。这就是我们的公式,这就是我们的主要经验,这就是我们的主要纲领。"③作者在这篇文章中勾画了未来国家的架构,这一预见,也决定了后来中国革命对历史道路的基本设定和选择。葛兰西是站在西方马克思主义的立场强调革命政党对国家的领导权的。在他看来,一个政治阶级的领导权意味着该阶级成功地说服了社会其他阶级接受自己的道德、政治以及文化的价值观念。但仅此还不够,"权力工具的实现只有在它创造了新的意识形态领域,并决定着意识以及知识方法的变革时,才能作为一个知识的事实,一个哲学的事实。用克罗齐式的话来说,这就是,当我们成功地采用一种新的符合与新世界观的道德观念时,我们便最终采用这新的世界观"。所以,一个成功的统治阶级,就是那个在实际上取得政治权力之前就已经在精神和道德上取得了

---

① 朱正《1957年的夏季:从百家争鸣到两家争鸣》,第353~393页,河南人民出版社,1998年。
② 丁东编《反思郭沫若》,作家出版社,1998年。
③ 《毛泽东选集》第4卷,第1480页。人民出版社,1991年。

领导地位的阶级。① 虽然两个阐释者的文化背景存在差异,但在对"领导权"的性质、目标、方针策略和如何行使这一权力等问题的认识上,却是比较一致的。

上述理论表述其实表明,历史文献的进一步"解密"是有一定的前提的。因为这样下去,势必会与以上的文化期待发生很大的抵触。要解释这一原因,有必要对一些历史"背景"作些交代。在一定意义上,现代民族国家的创立,表明主导性意识形态在政治、军事领域取得了成功,但并不表明它在文学艺术领域也得到尽如人意的贯彻,确立了自己的领导权。这不光因为文学艺术是一个与"传统"(中国传统文化和文学)和"现代"("五四"新文学、通俗市民文学等各种复杂的文学形态)关联最为密切而广泛的领域,国统区、沦陷区文学艺术家与解放区文学艺术家,不同文人集团之间的精神状态本来就存在差异;而且还因为,对它的"思想改造"远不像在政治、军事领域那种"外科手术式"的简洁和顺利。各种矛盾和冲突潜伏性的存在,和不断地激化与公开,是解放后文艺界政治运动频繁发生的主要诱因;主导性意识形态在文学艺术领域文化领导权的确立,正是借助政治运动批判"资产阶级文艺思想",包括批判左翼文艺阵营内部的非主流文艺表现而逐步实现的。在这一过程中,人们可以发现当代文学中一种"新文体"的出现。例如毛泽东50年代对批判胡风和丁玲等反党集团的"内部指示"、60年代关于文艺工作的"两个批示",以及在一定级别会议上的"讲话"等;胡风的《我的自我批判》、冯雪峰的《检讨我在〈文艺报〉所犯的错误》、丁玲在中国作协主席团等会议上"痛哭流涕"的"检讨",检讨者的私人日记和信件等;与此同时还有一大批"批判"文章,例如袁水拍的《质问〈文艺报〉编者》、周扬的《我们必须战斗》、《文艺战线上的一场大辩论》、姚文元的《论文学上的修正主

---

① 詹·约尔《"西方马克思主义"鼻祖——葛兰西》,第128~131页,湖南人民出版社,1988年。

义思潮》,等等。① 这些文体严格地说不能归入当代文学的"作品"之列,它们甚至说不上是真正的"文学"批评。在一场运动和另一场政治运动的间隙里,其中一些材料被放进带有"保存历史"性质的各种图书馆、资料室和档案馆,有的还进入更高一个级别的收藏,为严守历史"真相"和"秘密",即使今天也不会向公众开放;有的因为当事人仍"心怀余悸",所以一定程度上变成了"私人藏品",成为一般人很难接触到的历史隐密。

它们之所以被永久封存,是因为:作为先验知识合法性的历史见证和依据,某些文献档案的存在意义实际已超出了个人和文人集团的恩怨,超出了对领导者的个人评价,而变成了国家利益的一部分。正因为如此,在各种"资料体之间,档案确定着一个特殊的层次"。在显而易见的意义上,"这个区域既接近我们,又区别于我们的现时性,是时间的边缘围绕着我们的现时,凌驾在我们的现时之上并且在它的相异性中指明它;这是在我们之外限定我们的东西。"②但上述档案的永久性"封存"使得当代文学的研究在一些问题上无法真正深入下去,藉此获得思想与历史的深度,比如:为什么要发动对所谓胡风、丁玲反党集团的批判,除了研究界的流行观点和各种并不十分可靠的"猜测"、"推理"之外,是否还有足够材料证明领导者的"个人心态"? 由此,是否可以延伸出对当代中国知识分子群体的基本态度? 显而易见,一个缺少"心态史"的文学史,在先天条件上注定是残缺不全的,无法足信的。另外,还有一些材料当时只在少数几个人手中"传递"和"传阅",然后不做评价地加以"封存",而今天又很难读到,所以,一些研究实难有明显的进展。例如,左翼文艺阵营在 60 年代

---

① "检讨"分见于《文艺报》1955 年第 9、10 号合刊、《文艺报》1954 年第 20 号、李之琏的《不该发生的故事》(《新文学史料》1989 年第 3 期);"批判"文章分见于 1954 年 10 月 28 日《人民日报》、《文艺报》1954 年第 23、24 号合刊、1958 年 2 月 28 日《人民日报》。

② 米歇尔·福柯《知识考古学》,第 167~169 页,生活·读书·新知三联书店,1998 年。

第十章　历史文献的解密

中期的另一次冲突和分裂中,以周扬为代表的左翼文人集团为什么遭到了另一激进文化流派的排挤和拒斥,对所谓"30年代文艺黑线"做出政治判决的基本理路是什么,这些问题至今是研究工作中的"历史悬疑"。又比如姚文元在文艺界乃至后来在"文革"时代的"崛起"问题。历史地看,姚文元的"出身"与"30年代文艺黑线"及作家集团之间有某种天然的精神联系,以至在"文革"前,他与冯雪峰还有过多次"通信",并以"前辈"与"晚辈"相称,①其父姚蓬子更有国民党的嫌疑。但姚文元迅速"出现"的背景及其资料一直处于"暂付阙如"的状态。由此可见,姚文元研究的"缺席"势必会影响到人们对"文革"文学的"现场体验"和进一步认识。

　　档案材料查询与甄别的另一个难点,是各级作家协会对犯错误作家、评论家的"处理意见",以及作家在各种政治运动中"检查"、"日记"、"信件"和"私人谈话"的隐匿与遗失。在1954到1967的十余年间,中国作家协会和各级分会发动了不下数十次大大小小对作家集团或个人的"批判运动",较著名者,有胡风反革命集团批判,丁陈反党集团批判,冯雪峰文艺思想批判,夏衍、田汉、阳翰生、周扬"30年代文艺黑线"的批判,邓拓《燕山夜话》的批判,等等;许多作家因受牵连而遭受厄运,例如艾青、萧军、舒群、白朗、阿垅、彭伯山、李又然、绿原、牛汉等;一批青年作家在反右斗争中被划为右派,比如王蒙、邓友梅、从维熙、刘绍棠、李国文、陆文夫、张弦、方之、张贤亮、白桦、公刘、邵燕祥、流沙河等等;另外,还有一些作家虽未在运动中遭到"清洗",却因作品或文章而遭受不公正的批判,如钱谷融、巴人、赵树理、萧也牧等人。在"文革"中,受到残酷迫害的作家、文艺理论家更是不计其数。然而,随着某一个运动的结束,这些作家的"检查"、"处理意见"和"领导批示"一起被归入各个作家协会或主管部门的"档案",从社会上销声匿迹。80年代后,随着各种冤假错案的平反,这些对当代文学研究而言极其珍贵的档案本应该很快地"解密",但至今为止,始

---

① 陈早春、万家骥《冯雪峰评传》,第528、529页,重庆出版社,1993年。

终未能完全公开。① 在笔者看来,造成这些现象的原因可能是:一、按照档案方面的有关规定,它属于国家机密,原则上是不能和当事人或研究者"见面"的;二、有些材料由于牵涉到更高一级领导部门,牵涉到文艺界前领导人之间不便公开的矛盾,所以它们的公布会影响到建国后文艺发展的整体"形象";当事人当时的检查、日记和信件,和 80 年代后的"再叙述"有某些出入,或出于政治禁忌与自我保护的心理,也不愿意使之进入公众的阅读领域;最后,因时间久远,档案积累过多不便保存,有关部门把某些在档案层次上比较"次要",文学史意义上却较为"重要"的档案材料逐年作为废纸予以清理,以致完全从研究的视野中消失,成为历史"硬盘"上不能再复制的东西。另外值得注意的,还有一些当事人对于"历史"的改写和删节,致使文学事件变成没有"上下文"的孤立的和缺少真实性的个案。譬如,陈明、周良沛和王蒙笔下 50~80 年代的"丁玲形象"之所以会有较大出入和分歧,表面上是因为作者考察的角度不同,实际与对"材料"的隐匿或公开以及处理的态度有更直接的关系。上述因素,都有可能成为当代文学研究的隐形障碍。

　　档案文献解密的负面效应,显然对"文化领导权"构成了潜在威胁。对当代文学史研究的深入,有的时候还会被视为一种小小不恭的行为,以至象征着某种"出轨"。但应注意到一个新的情况。进入 90 年代以来,人们对历史问题开始采取一种不同于 80 年代的考察的角度,这表明了研究者与体制之间的关系所发生的一些变化。由于市场体制的出现,传统体制的威慑和知识分子的质疑都在明显后退和减弱;在市场这个非意识形态的但双方都能与之通约的"公众空间"中,知识分子与体制激烈对抗的中介和机率已越来越少。在市场变成各种文化矛盾之间的"缓冲地带"之后的今天,对档案文献这份思想遗产的认识,和是否继续解密并且到何种程度等问题,一直还处

---

① 最近,由其家属整理的《郭小川"检讨书"》的出版,使人看到了在对历史认识上某些令人欣喜的进展,但这仅仅是一个孤立现象。更多作家的同类文件,仍然处在封存状态。

在历史的十字路口。

四 档案中的"身份"

有人曾经指出:"我们的文艺,第一是为工人的,这是领导革命的阶级。第二是为农民的,他们是革命中最广大最坚决的同盟军。第三是为武装起来了的工人农民即八路军、新四军和其他人民武装队伍的,这是革命战争的主力。第四是为城市小资产阶级劳动群众和知识分子的,他们也是革命的同盟者,他们是能够长期地和我们合作的。"①在这一思路的指导下,当代文学的文艺方针政策、研究和评论中出现了许多有区别的"命名",比如:以创作目标和艺术手段论,有"中心任务"、"重大主题"、"题材决定论"等;以作家的社会身份论,有"解放区作家"、"国统区作家"、"革命作家"、"中心作家"、"被团结、争取的作家"、"右派作家"、"反动作家"等;以艺术形象论,则有"正面人物"、"反面人物"、"一般人物"、"英雄人物"、"主要英雄人物",等等。

于是,人们从中联想到,在历史文献中是否也存在着作家和作品的"身份"等问题?作为考察当代文学的一个角度,对历史文献与作家身份关系的研究,能不能提供一个新的视野?也即是说,尽管文献处在封存状态,但它作为一个事实上的"社会公论",是否还在对作家的精神状态产生实质性的影响,存在某些无形的压力?在这里,不妨列举周扬和胡风两个人的一些情况,作为研究的个案。我们知道,在30、40年代,周扬和胡风都是文人气十足的马克思主义文艺理论家和评论家,尽管由于所处的文化地域不同,其社会身份后来发生了一些变化,但在文艺界仍被目为旗鼓相当的人物。50年代后,随着胡风遭到批判,地位明显下滑,两人在历史文献档案的"馆藏"中很自然被列入了待遇不同的展室,文化身份于是出现了被重新甄别和命名的情况。这表明,左翼阵营两个主要代表人物社会地位的新差异,不

① 《在延安文艺座谈会上的讲话》,《毛泽东选集》第 3 卷,,第 855 页,人民出版社,1991 年。

仅说明了政治斗争的严酷性,而且也说明文献档案和文学在进入当代之后,它们的关系开始由"客观"性转向了"主观"性,日益趋于紧张和不平等的状态。它还表明,一个时期内,研究周扬的"合法性",和研究胡风的某些"不合法性",并不只是研究对象本身带来的,它的标准来自当代历史文献潜在的权威性。同类现象中较典型的,还有丁玲身份的"突然"变化。建国初,丁玲身兼中共中央宣传部文艺处处长、中国作家协会副主席和书记处书记等多种显要职务,在党员作家中,是地位仅次于周扬的第二号人物。但 1955 年,由于失去信任,她的"历史问题"被重新提了出来,成为被"审查"的对象。在《不该发生的故事——回忆 1955～1957 年处理丁玲等问题的经过》一文中,李之琏说,刚开始怀疑丁玲 1933 年被捕后有叛变行为,但在查 30 年代的旧档案时又没找到证据。两年后,一直拖延未决的丁玲问题,又因反右斗争被重新定性为"反党分子"、"彻头彻尾的个人主义者"和"叛徒"——于是她获得了另一种新的"社会身份"。① 这种结论后来被存入中国作协丁玲个人的"档案"和更高一级的"保密材料"中。被档案所"压抑"的丁玲本人,则在它的阴影中度过了 20 余年的岁月。②

巴尔特在研究了各种"写作"内部机制后发现:"毋容置疑,每一制度都有它的写作传统","写作作为言语的公开介入形式,可以通过精心制作的含糊,既包容一种存在,又具有权力的显现,既表明它是什么,又表示它让人相信是什么",在此基础上,这种写作"变成了一种价值语言"和真理的化身。③ 实际上,在文体形式和风格上,历史文献和档案就是这样一种"既表明它是什么,又表示它让人相信是什么"的写作。所以,当人们查阅那些被允许查阅的 50～70 年代有关上述作家们的档案材料时,会发现即使连周扬本人的"地位"和"身份"也是不固

---

① 《新文学史料》1989 年第 3 期。
② 陈明《三访汤原》,参见郜元宝、孙洁编《"三八节"有感——关于丁玲》,第 287～304 页,北京广播学院出版社,2000 年。
③ 罗兰·巴尔特《写作的零度》,引自伍蠡甫、胡经之主编《西方文艺理论名著选编》下卷,第 446、447 页,北京大学出版社,1987 年。

定的,它们经常在"革命作家"、"中心作家"和"右派作家"、"反动作家"等符号之间游移和变动,在不同历史时期的措辞中充满了矛盾和不能自圆其说之处。这些材料"不管经过怎样精心的编纂,也总是引起越来越少的微妙歧义和修正,为维护一个领域里的正统观念而搬出来证据,常常就无法预见地包含着对另一领域里的传统思想的质疑"。① 为进一步说明问题,和使问题的讨论更具"细节化",我们不妨把两个不同时期对冯雪峰"问题"的"处理意见"的档案材料抄出如下:1958年3月21日,文化部整风领导小组办公室的处理结论是,"右派分子冯雪峰的处分已经中央国家机关党委批准:撤消人民文学出版社社长兼总编辑、作协副主席、全国文学艺术联合会常委委员、全国人民代表大会代表等职务,保留全国文学艺术联合会委员、作协理事,由文艺一级降至四级";在1979年11月17日为冯雪峰"补开"的追悼会上,《悼词》改称他是"著名的无产阶级文艺理论家和作家、诗人","是经过长期革命斗争锻炼和考验的老党员、老干部。他的一生,忠于党,忠于人民。他的一生,是革命的一生,战斗的一生"。这显然不是措辞的差异造成的,而说明,"档案"也是可以变动的。②

由此我们可以看到,历史文献与当代文学的关系从来都不是"同等级"的。在此前提下,作家的"身份"自然一直处于被怀疑和重新指认的过程当中。这说明,研究者对当代文学文献档案的研究也不是在平等的地位上进行的,他们经常要处在"冒犯"、"僭越"的不利位置上,感到学术良知和明哲保身之间的"二难"。实际上,这种历史处境并不是只有中国的研究者才会有的,它在其他国家也不同程度地存在,也许是一个世界性的难题。所以,正如有人所说的,似乎觉得越是重大的历史事件,说的人越多,越是没有新的话可说。在某种程度上,这也是50～70年代的中国当代文学研究正在经历的历史"尴尬"。

---

① 刘淑春等编译《"十月"革命的选择》,第80、81页,中央编译出版社,1997年。
② 陈早春、万家骥《冯雪峰评传》,第529、552页,重庆出版社,1993年。

第十一章　在电影中成长

1996年,姜文导演的电影《阳光灿烂的日子》,以一种怀旧的诗性的笔调,揭开了一代人心灵深处的精神伤疤。"文革"后为现代化进程所遮蔽的荒芜的精神世界,在这部影片中悄然掀出了一角。电影的叙事视角是回忆性的,但这种视角使人们意识到,它在一瞬间构筑的"重返历史"的言说方式,使"今天"与"过去"交流的壁垒顷刻轰然瓦解。人们由此看到,作为"文革"中硕果仅存的大众文化娱乐形式之一,电影不独构成了一代青年的娱乐史,而且重组了他们的精神史。

一　60年代的文化时尚

表面上看,20世纪60年代在文化上是一个万物凋零的时代,但作为"文革"这场史无前例的大革命的旁观者,由于学校停课、父辈兄长忙于革命活动,少男少女们却意外地在红色风暴中获得了一个极其自由的"天地"。1964年,《早春二月》、《舞台姐妹》、《红日》、《革命家庭》、《两家人》、《兵临城下》、《聂耳》等一大批电影被江青指斥为"毒草电影",要求进行批判。8月,毛泽东在关于公开放映和批判电影《北国江南》、《早春二月》的报告中批示:"不仅在几个大城市放映,而且应在几十个甚至一百多个中等城市放映,使这些修正主义的材料公之于众。"①1966年,有《南征北战》、《平原游击队》、《战斗里成长》、《上甘岭》、《地道战》、《分水岭》、《海鹰》等在经过"甄别"后,从68部有争议的影片名单中获得"解放"。在特定历史时期,"毒草"电影和"解放"电影以一种"重放"的方式进入了广大青少年的文化视野。这些"修正主义材料"的被公布,未想却刺激了另一种文化时尚的建立:既在电影的传播渠道中接受革命的宏大叙事,又潜移默化地接受了影片中"小资情调"、"人性论"等的"侵蚀"与"污染";国家叙事与个人叙事的声音混杂在一起,搅乱了,同时也填充了广大青少年的精神内存。革命与娱乐、时代与个人、受挫与成长,于是成为20世纪60年代至70年代电影院中的一道独特的文化景观。

一般而言,时尚是工业社会所催生的文化胎儿,与革命的时代无缘。其实在贝尔看来,文化是一种略小于宽泛的生活方式,又稍大于高雅艺术的东西,"文化本身正是为人类生命过程提供阐释系统,帮助他们对付生存困境的一种努力。"②王一川也认为,文化时尚的基本功能是娱乐性,"娱乐不只是审美的艺术,而是一种包含审美和消费在内的文化。也就是说,艺术作为日常生活中的娱乐过程,并不与其他两种文化即社会性文化和个性文化隔绝,而是具有密切的联系。文化批评的任务正是透过艺术的娱乐的表面而揭示其深层的社会性文化和个性文化内涵"。③ 在60年代,各地中、小学组织学生看"批判电影"和"重放的电影",几乎成为一种社会时髦。受"小学6年级以上"、"儿童不宜观看"之类禁忌的心理刺激,许多不符合上述"观看"条件的小学生,常常冒充高年级学生,一脸深沉地混入影院。在某种程度上,影院成为他们逃避"生存困境"的虚拟人生空间,同时也极大地满足了与青春期力比多过剩相伴随的日益膨胀的文化消费需

---

① 评论员文章《高举革命的批判旗帜彻底批判修正主义影片》,1966年5月31日《人民日报》。

② 丹尼尔·贝尔《资本主义文化矛盾》,生活·读书·新知三联书店,1989年。

③ 王一川《张艺谋神话的终结》,河南人民出版社,1998年。

求。禁演,有时候反而刺激了人们的偷窥欲,在不那么光明正大的"偷看"中,后者获得了违禁的快感。进一步说,在当代中国,它可能还包含着另一层更为羼杂多样的内涵,即:"文化大革命"试图把中、小学生"组织"到它对未来中国的叙事之中,却无意中完成了一个非政治化的日常娱乐过程;它想在"批判"与"重放"的意识形态编码中,重建青少年的人生观和世界观,但没想到,它其实正好为个人的精神狂欢搭建了一个合法的平台。这是因为,"文化大革命"史实际就是一部革命文化的时尚史。"文革"以它奇特的方式培育了以八个革命样板戏为代表的林林总总的文化时尚,把1966~1976年这段历史变成了名副其实的大舞台,看电影则不过是其中一个部分。一些多年后的"回忆",进一步证明上述推断的确是当时生活中确凿的"事实"。陈村说,"看到24年前的一则电影广告,我突然记起了《火红的年代》中于洋那张令人痛苦的脸和声嘶力竭的声音。我还记得有趣的是钱广的三鞭子和他的马",但他表示,对《艳阳天》里有什么先进事迹和什么阶级敌人,"则忘得一干二净"。① 莫言在回忆当年看电影《保尔·柯察金》的心理活动时说,"电影中的冬妮娅根本不是我想像中的冬妮娅,保尔和冬妮娅最终还是分道扬镳,成了两股道上跑的车,各奔了前程。当年读到这时,我心里那种滋味难以说清","但也不能说保尔不对,冬妮娅即使嫁给了保尔,也注定不会幸福,因为这两个人之间的差别实在是太大了。保尔后来又跟那个共青团干部丽达恋爱,这革命时期的爱情,尽管也有感人之处,但比起与冬妮娅的初恋,缺少了那种缠绵悱恻的情调。最后,倒霉透顶的保尔与那个苍白的达雅结了婚。这桩婚事连一点点的浪漫情调也没有。看到此处,保尔的形象在我童年的心目中就暗淡无光了"。他承认,"阶级壁垒"在主人公热烈爱情中的"瓦解",改变了他对说教式革命爱情的看

---

① 陈村《看电影》,《日常中国——70年代老百姓的日常生活》,江苏美术出版社,1999年。

法。① 虽然,两位当事人的"回忆"可能存在"增删"历史的成分,但这种回忆有助于我们回到"现场",感受文化时尚对他们的吸引力和持久的影响。进而,通过"历史"与"个人记忆"的比较分析,可以藉此找到讨论一代人成长道路等问题的某种有效的途径。

如果进一步考察,还可以发现,除了各种大小批斗会、学习班,电影是"文革"社会的另一个公众领域。正像前者因为报纸、文章和追忆的存在而不构成什么隐密一样,对电影院文化时尚的研究在今天也不应该形成任何障碍。但在1949～1976年的当代文学史上,电影院文化时尚的研究实际还是一个被人遗忘的角落。除了正宗的文学对电影这种"艺术形式"固执的排斥外,说明读者、观众对像这种其实是在广义文学史范围内的文学史研究,尚未引起足够的注意。然而,电影院实际就是一个历史时期内的文化博物馆,它不仅珍藏着对文学史而言弥足珍贵的各种文献,也把当时许多文学的构成方式、话语方式和审美经验尽可能地收纳了进去。

二 《地道战》、《地雷战》中的游戏性

20世纪60年代中期,表现抗战题材的电影《地道战》和《地雷战》先后在全国各地上演。由于那时文化生活非常匮乏,像《小兵张嘎》、《南征北战》等一样,它们很自然成为当时上座率最高的影片。然而,真正吸引孩子们的并不是影片中宏大的革命叙事,而是日本鬼子在魔术般的游击戏法中丢盔卸甲、狼狈逃窜的喜剧场面。所以,这里值得探讨的,是当时电影的叙事规则与孩子游戏心理之间的关系,它对今天"重读"红色经典提供了什么意义。

《地道战》是根据抗战时期冀中地区武工队和群众反扫荡的真实故事改编而成的一部电影。据《剑桥中华民国史》记载,从1942年5月起,侵华日军对冀中根据地进行了长达3个月残酷血腥的、拉锯式

---

① 莫言《闲书》,《日常中国——60年代老百姓的日常生活》,江苏美术出版社,1999年。

的封锁与扫荡,"整座村庄被夷为平地,在那里发现的一切有生命的东西全被杀死",由于施行了声名狼藉的"三光"政策,"这一地域的共产党根据地全部降至游击状态。许多主力部队(如吕正操和杨秀峰的部队)被迫西移,进入山区以保存实力"。① 影片开头,出现了鬼子烧杀后一派萧瑟、悲惨的场面,村庄里到处残垣断壁,失去儿子的老母亲在那里失声痛哭。但镜头很快一个切换,被抗日武工队重新组织起来的老百姓,迅速在全村挖起了地道,战争形势也随着星罗棋布的地道网的形成,而发生了逆转。于是,影片很快又被喜剧的场面和气氛所笼罩:一群鬼子兵像瞎子一样进了村子,还没弄清怎么回事,就被一阵冷枪撂倒了几个;一名日军被从水井口射出的子弹击杀,愤怒的敌人想下到井里报复,却被等在地道口的群众连人带枪捅到了井底;转眼之间,树洞、锅盖、地窖、高粱地等都成了射击点,天上地下都变成了日军的坟场,机智勇敢的武工队员打一枪换一个地方,直打得猖狂一时的鬼子兵们屁滚尿流,狼狈逃窜。最后,电影在观众的喜笑颜开中散场。《地雷战》的情形也差不多。影片是在"好玩"的叙述套路中展开的:日本鬼子想通过残酷的肆杀征服根据地的人民群众,没想到却陷入人民战争的"汪洋大海"之中。人们在田间地头、村舍、路旁,以及所有的地方巧妙地埋下地雷,令敌人闻"雷"丧胆。过去,敌人见人就杀,见东西就抢,如今却步步为营,小心翼翼,变成了一群令人发笑的小丑。在影片中,一个鬼子见锅盖上冒出热气,刚用刺刀轻轻一挑,就被炸飞了;另外几个鬼子刚想到一堵破墙下躲避,立即被湮没在一阵剧烈的爆炸声中。电影还安排了这样一个有趣的细节:渡边小队长戴上头巾,穿上花衣服,化装成农村妇女,坐毛驴进村探明布雷情况,但他的企图被孩子们侦知,最后不得不弃驴逃窜,模样非常滑稽。在影片结尾,照例是共产党领导的地方武装掌握了战斗的主动权,他们神出鬼没地射杀敌人,直到取得最后胜利。人们至今还记忆犹新,《地道战》高亢、激越的主题曲,不仅把电影的情绪推向了高潮,显然也对当时观众情绪做了一种时代性的概括,"地道战,

---

① 费正清《剑桥中华民国史》(下卷),中国社会科学出版社,1994年。

嗨,地道战,埋伏着群众千百万,埋伏着群众千百万……",这段歌词,当然也把战斗胜利与毛泽东人民战争思想的正确性,很自然地缝合起来。

诚然,如有的人所说,建国后的军事题材故事片一直"把宣传革命武装斗争,歌颂人民战争和人民军队,作为自己的重要任务",① 但从《地道战》、《地雷战》当时的上映效果看,求"知识"若渴的孩子观众,却多半把电影当成传播"文化"的载体,在观看中充分享受了童年与艺术相结合的喜悦。也有人在回忆中,发掘出另一种"艺术接受"的效果:"我们对革命仍然很关心,经常传播各种马路消息,尤其是'武斗',常常刺激起我们潜在的浪漫。"② "电影"与"武斗"、"娱乐",形成了有趣的时空对接,揭示了时代游戏性文化的基本特征。这两部影片之所以在当时反复播映,受到青少年观众的热烈欢迎,还取决于以下几个因素:第一,影片表现的战争文化,看似偶然,但实际巧妙地吻合了"文革"中的"尚武"文化,而这种由革命包装却又充满游戏性的流行文化,对青少年的文化结构和心理产生了很大的影响——他们在观看过程中,无疑已参与了电影的构思、制作和表演,成为影片"再创作"的因素之一——这些,显然已在上述几位作家、批评家的"回忆"中得以彰显。第二,做为两部电影"原型"的冀中反扫荡战斗,本来是相当残酷、激烈和血腥的,影片之所以有意淡化历史真实的悲剧性,而渲染艺术的喜剧性,显然是为了遵守建国后确立的革命浪漫主义文学原则。然而,这种"改编"无意中却与当时青少年观众"看画书"、"猎奇"和"找乐"等等心理,发生了一种共谋关系。在成人看来非常严肃的内容,在他们眼里也许显得十分好笑或者好玩。这种艺术选择,使当时大多数人自然不喜欢电影《白毛女》,而偏爱《地道战》、《地雷战》,以及《南征北战》、《小兵张嘎》这样一些喜剧影片。第

---

① 俊英《八一电影制片厂的道路》,《中华人民共和国电影事业三十五年》,中国电影出版社,1985年。

② 蔡翔《少年》,《日常中国——60年代老百姓的日常生活》,江苏美术出版社,1999年。

三,取得上述效果,与编剧、导演和演员对日伪军普遍采取"漫画化"的叙述手法,也有较大关系。例如对《地雷战》中渡边小队长"偷地雷"的滑稽处理,《地道战》饰汤司令的演员的戏剧性表演,等等。由此可见,两部电影游戏性的观赏效果是在建国后"十七年"文化与"文革"文化的相互作用和相互较量中形成的。电影背离原作"歌颂"、"教育"的初衷,而滑向一种喜剧性的审美风格,正是"文革"中潜藏的游戏性文化心理对影片"再创作"、"再体验"和"再观赏"的直接解构。有趣的是,这种相反的"认知"却意外得到了国外影迷和有关专家的认同,1974年,《地雷战》在奥地利荣获第14届维也纳电影节纪念奖。

三 "反面教材"的意义

"文革"中重新播放的一些电影,是作为"反面教材"展现在青少年观众面前的。例如,在不少城市只允许"内部观看"的影片有:《早春二月》、《北国江南》、《逆风千里》、《林家铺子》、《舞台姐妹》、《不夜城》、《红日》和《兵临城下》等。据说,"重放"它们是为了向观众提供"修正主义思想的活标本",提高人们的"政治嗅觉",增强思想的抵抗力。① 使更多人认清,它"实际是与毛泽东思想相对立的反党反社会主义的黑线向党进攻的一支毒箭、是阶级斗争在文艺战线上的反映"。② 上述结论,对涉世不深且又"生在新社会、长在红旗下"的青少年来说,确实有某种"引导"和"规训"的作用。

上述"文革"前拍摄的电影,如何在"文革"前夕被命以"反面教材"之名是一个值得探讨的问题。这里首先要提到的是电影《早春二月》和《舞台姐妹》。由北京电影制片厂1963年摄制,谢铁骊导演,孙

---

① 高炬《影片〈兵临城下〉是一棵宣扬修正主义思想的毒草》,1966年4月24日《人民日报》。

② 东锋《"三十年代"电影的借尸还魂——评新片〈舞台姐妹〉》,1966年5月16日《人民日报》。

道临和上官云珠分别担当主要角色的彩色故事片《早春二月》,问世之后便受到人们的普遍好评。有人指出,"《早春二月》成为谢铁骊风格的代表作品了,成为中国影坛上被交口赞誉的名片","整个影片将浓重的文学性与强烈的视觉性统为一体,细腻含蓄、浓郁抒情的艺术基调,产生了一种于平淡之处见深邃、于冷峻之中见热烈的动人魅力"。① 有人认为,该影片的思想艺术价值,在于成功地塑造了肖涧秋这个"一定的历史时期——20年代中期革命处于暂时低潮","有志于追求真理但还没有找到正确方向和道路,正在途中徘徊着的青年知识分子的典型"。②《舞台姐妹》摄制于1965年,当时被誉为"中国电影艺术的巧匠呈现给中华影坛的一颗耀眼的明珠"。③ 它之所以还未上映就被"封杀",原因与《早春二月》等影片一样,是由于"文革"对"十七年"文化政策实行大幅度调整,被取消了充任"正面教育教材"权利的缘故。

像《林家铺子》、《红日》和《不夜城》一样,《早春二月》和《舞台姐妹》被列为"反面教材"的罪名不外是:"美化中间人物",用"人性的矛盾"代替"阶级矛盾和阶级斗争","在怎样反映时代精神,怎样正确反映阶级斗争,怎样塑造正面人物,怎样对待中间人物等一系列带有根本性的问题上,都存在着严重的错误",等等。对这些影片思想性质的"命名"和随之而来的激烈批判,反映了60年代对"社会主义文艺"进行重新定位的想法。它显然是在为即将铺开的轰轰烈烈的"文化大革命"寻找一条更为合理的文化逻辑。但批判者虽然向青少年观众指认了这些影片的"反动性质",却无法回答一个更加棘手的问题:为什么在社会主义环境中,也会生产出"反动的电影"?这种对上述影片的"重新读解",其实间接而曲折地完成了对社会主义文化的重读和改写。当生产了"反动电影"的"十七年",不再是原来的"社会主

---

① 《中国电影家列传》(四),中国电影出版社,1985年。
② 《马德波·银幕上的徘徊者》,《当代中国电影评论选》(上),广播电视出版社,1993年。
③ 寇立光、李玉芝《中国当代优秀电影欣赏》,山西教育出版社,1991年。

义"的时候,70年代的社会主义文化还会是原来的社会主义文化吗?既然,《早春二月》等影片是在与"十七年"这一社会主义文化的互相参照下得以定位的(它们当时都获得了好评,被肯定为"正面教育"的教材),那么,它们被重新阐释的根据当然会受到"伪命题"的怀疑。

毫无疑问,许多青少年观众正是从这个明显的时代裂缝中,观看这些被批判的电影的。有意思的是,影片中充满人类关爱和同情的镜头,反而滋润了他们因为缺乏爱和同情心而几近干枯了的心田。被主流意识形态判定为"反面"的影片内容,这时可能却以一种"正面"的形象映入青少年的人生世界,与那里原先确立的"青春偶像"形成对立。例如,在电影《早春二月》中,肖涧秋被塑造成了一个虽然优柔寡断,但不乏正义感和同情心的青年知识分子形象。1926年前后,他应邀到浙东芙蓉镇中学教书。该镇带着两个孩子的年轻寡妇文嫂,是肖涧秋的同窗好友的未亡人。文嫂一家贫病交加,生活难以维持的悲惨遭遇,引起了他的强烈同情。他不仅在经济上资助她,每天在桥头接送其女采莲上学,甚至决定放弃对陶岚的爱,娶文嫂为妻。肖涧秋的举动在镇上自然招来诸多非议。最后,文嫂在羞辱中投河自杀,他也被迫离开此地。又比如,《舞台姐妹》以令人痛惜的笔触,描写了一个民间越剧戏班的两个年轻女演员如何被旧社会吞噬了艺术青春的故事。像《早春二月》一样,它试图探讨的也是一个在恶劣的社会环境中怎样做一个正直的人的人生问题。

值得注意的是,电影的批判者企图在这些作品与青少年观众之间建立一道"阶级斗争"的屏障,但许多人并不理会这番苦心。随着剧情的发展,人们反而越过这道难以逾越的鸿沟,与主人公的悲惨遭遇产生了极其强烈的共鸣。我们可以看到,尽管肖涧秋在原电影中仍然被定位为充满小布尔乔亚情调的"小资产阶级知识分子",但通过其富有正义感的表现,观众实际已完成了对他社会身份的认同,这在相当程度上抹平了观众与肖涧秋之间截然对立的鸿沟。在此情况下,肖涧秋与文嫂、陶岚的聚散离合之间不仅不再带有阶级色彩,反而与生死无常的社会日常伦理,与这一古今中外的文学母题发生了十分紧密的联系。这样的"效果"在《林家铺子》、《不夜城》、《红日》、

《逆风千里》、《北国江南》等电影的上映过程中,也都有程度不同的体现。然而也需看到,"文革"文化对"十七年"电影的解读尽管有不少可疑之处,但在当时"高气压"的社会背景中,大部分青年毕竟还缺乏历史的鉴别能力。由于长期以来反复进行的思想灌输,人们虽然在观念上已为这些"毒草"电影平反,然而在潜意识中,"小资情调"、"软弱动摇"这样一些对知识分子阶层的政治判断,却未必真正获得了"平反"。而这,正是阶级叙述作为"文革"叙述在一代人精神世界中打下的深刻烙印。

四 《列宁在十月》与成人仪式

讨论"文革"中一代人的精神成长,不能不注意到前苏联电影《列宁在十月》这个重要个案。尽管如前面所述,童年生活中的"游戏性"和"逆反心理"构成了他们成长过程中两个不可或缺的因素,但总体而言,他们是在社会正剧的大幕中走上人生舞台的。在混乱的年代,《列宁在十月》对革命严肃而崇高的释义,无疑发挥了矫正他们人生航标、在文化心理上完成必不可少的成人仪式的作用。

电影叙述了这么一个充满传奇色彩的革命经典故事:经过长期监禁、流放和流亡国外的生活,1917年早些时候,列宁从瑞士秘密潜回国内,准备以他非凡的政治意志和革命理想拯救处在风雨飘摇之中的俄国。11月7日凌晨,随着停靠在涅瓦河上的起义军舰的一声炮响,成千上万的工人、起义士兵,从四面八方涌进冬宫,推翻了沙皇政权。当一手叉腰、一手挥向远方的列宁站在很高的讲台上演讲时,他雄辩的声音一次又一次被群众震耳欲聋的欢呼声所打断,他与众不同的革命魅力,这时也一下子折服了坐在电影院里的中国少年观众。影片还对这位革命领袖的"日常生活"细节,做了非常风趣和有吸引力的描写。例如,为躲避警察追捕,个头矮小的列宁被高大的"保镖"瓦西里同志裹在大衣中在街上行走。又例如,列宁一边端坐炉前看书,一边在凝眉思考问题,直到锅里的牛奶溢了出来,他才手忙脚乱地"抢救"牛奶的情景,等等。这些看似普通的"镜头",显然为宏大的十月革命叙事注入了亲切、幽默和真实的内涵——列宁伟大的一生及其光彩照人的形象,通过电影这个特殊媒介,不独在中国青少年面前树立了起来,而且好像也加入他们成长的具体进程之中。

某种意义上,"成人仪式"是人一生中最重要的交接仪式,它表明一个人即将告别童年,走进青年的行列。而所谓青年阶段,即是确立人生观和世界观的阶段,因为他必须通过一种相对成熟、稳定的价值体系与所处社会相衔接,直至融入主流文化当中。在20世纪60年代,革命领袖无疑是最成功的文化英雄和人生楷模,表现他们人生追求和生活的电影,在中国青少年的成长道路与革命领袖之间搭起了一座梁,建立了频繁对话的通道。在这一过程中,革命领袖的思想与时代宣传一起参与了他们思想世界的"共建"工作,前者的一举一动,在广大青少年中被广泛地戏仿,可以说,当时的青少年观众普遍有一种"列宁情结"。1998年10月,中国文联出版公司出版了由学者徐友渔编选的《1966:我们那一代的回忆》一书。收入该书的作者当时大都是全国各地的中学生,考察他们思想形成的轨迹,能够从另一角度进入我们所讨论的问题。在一篇题为《我在一九六六年》的文章中,有人回溯了他当时的真实思想,他说:"我们这一代有些不幸,为什么不生在大革命的时代,为什么错过去了'五·四'大游行、抗日战争,等等。"他认为"只有在这些场合","一个人才能成为坚定的革命者"。① 在这位作者心目中,那种列宁式的既秘密又令人激动的生活,才是"真正的生活"。又有人说,他们那时过的是一种模仿式的革命生活,"我们有自己的组织,定期出版自己的报纸。我们半懂不懂地读着毛泽东、列宁、马克思和恩格斯的著作,我们真诚地讨论着国家大事","为了锻炼自己的勇敢和意志,轮流着从二楼阳台上往下跳"。② 有的作者则通过下列文字,复活了与列宁在冬宫讲演相仿的

---

① 徐友渔《我在一九六六年》,《1966:我们那一代的回忆》,中国文联出版公司,1998年。

② 蔡翔《神圣回忆》,《1966:我们那一代的回忆》,中国文联出版公司,1998年。

历史场面:"8月18日毛泽东在天安门接见红卫兵。这是红五类的盛大节日,他们激动兴奋,到了无以复加的程度。"①从某种程度看,"文革"可以说是电影《列宁在十月》的"中国版"。因为,列宁领导的十月革命建构了中国革命的基本框架和发展趋向,正像十月革命使更多的俄国青少年一夜之间跨过了童年阶段而过早走向成熟一样,"文革"则使中国青少年提前完成了成人的仪式。

一定意义上,《列宁在十月》可以说是对"文革"中一代人影响至深的一部外国电影。列宁和他的同志对俄国社会的再造,与中国这些青少年反叛与皈依相结合的青春选择在60年代的不期而遇,正是这一时期电影文化时尚的真实写照。在这里,考辨这部电影在中国的传播史,更能说明二者在特殊年代的契合是有其自身的逻辑的。据《中华人民共和国电影事业三十五年》一书记载,《列宁在十月》是50年代与其他前苏联革命电影如《难忘的一九一九》、《攻克柏林》、《斯大林格勒战役》等一起由长春电影制片厂译制,先后在中国上映的。由于当时社会正处在和平建设时期,刚刚告别战争硝烟的观众,起初对这部前苏联革命经典影片的反应并不像想像的那么热烈。②它在50年代受到的冷遇,正好与在60年代受到的热烈欢迎形成了鲜明对照。而它在60年代的幸运恰好说明了,电影在打造革命历史的同时,其实也具有打造时代文化时尚的功能。在60年代《列宁在十月》与"文化大革命"这两个文本之间,显然建立了一种相互解读的关系。正是在这个角度上,它与陷入"文革"狂热和困惑的广大青少年之间的心灵交流,远远超过了当时放映的任何一部外国影片。但这绝不是一种历史的巧合。正如北大附中"红旗战斗小组"《自来红们站起来》一文所表白的那样:"我们是顶天立地的革命后代,我们是天生的造反者,我们到这个世界上来就是为了造资产阶级的反,接无

---

① 黎若《走出藩笼》,《1996:我们那一代的回忆》,中国文联出版公司,1998年。
② 中国电影协协会编《中华人民共和国电影事业三十五年》,中国电影出版社,1985年。

产阶级的革命大旗。"①——虽然,这种不乏激进的成人仪式在今天多少令人难以接受。

五 寻找偶像的年代

建国以来,国家对广大青少年实施了一整套革命英雄主义教育的工程,在"让我们荡起双浆"的单纯明净的50年代,战争年代和和平时期英勇献身的革命英雄人物,无疑是他们心目中的"青春偶像"。但时代就像一只脆薄的花瓷瓶,在60年代中期经历了破碎后的精神危机。"那种单纯,迷醉,忘情又投入的日子,往后不会再有了",虽然,"也不会再忘记"。② 偶像的失落,必然会代之以对新偶像的重新寻找。60年代以及70年代前期的看电影热,正是那个时代留给今天的耐人寻味的文化符号。

从这个意义上说,我们选取军事题材《地道战》《地雷战》、反面题材《早春二月》《舞台姐妹》和革命历史题材《列宁在十月》作为剖析60年代一代人文化接受和精神成长的3个"样本",表面上看有偶然成分,但深入探讨,会发现其实包含着难以绕过的"轨迹"和"人生逻辑"。1968年,随着武斗的大规模展开,时代神圣的面目出现了难以遮掩的裂口。在《1966:我们那一代的回忆》中,许多人都不约而同地谈到武斗血腥的场面和同学、朋友残酷的死亡:"霎时,这群被关押的'狗崽子'(多是女生)竞相撕打起这个女生,人们挤成一团,义愤填膺高声辱骂着这个'恶毒攻击伟大领袖'的'反革命',争先恐后打着……这是'文革'中极为普遍而典型的一件事。"③"这时我见到了最

---

① 雷颐《捍卫常识的代价》,《遇罗克遗书与回忆》,中国文联出版公司,1999年。
② 胡发云《红鲁艺》,《1966:我们那一代的回忆》,中国文联出版公司,1998年。
③ 尤西林《文革境况片断》,《1966:我们那一代的回忆》,中国文联出版公司,1998年。

悲壮无畏的场面,进攻者冲到主楼顶层平台上,挥舞大旗以示胜利。就像电影里苏联士兵攻占柏林后在国会大厦上舞动旗帜一样",但"射手弹无虚发,挥舞大旗者捂胸捧腹,应声倒地,红旗随之跌落。但马上就有人拣起旗帜,继续挥舞,但接着再响一枪,又一人倒下,这样连倒数人,我在好几分钟内不见旗帜复立"。① 还有人追忆,"热兵器大战开始后,毫无掩蔽地暴露在江心的船队便成了'联指'岸上炮火的靶子,几乎全部被毁,而建国前后几十年积累起来的邕江航运力量也就在战火中几乎荡然无存了"。② 武斗将"让我们荡起双桨"这首童年歌曲的浪漫情调撕得粉碎,因为它本身即是《地道战》《地雷战》所代表的战争文化在70年代的继续书写。在这里,它以一种反题的形式凸现了当时时代不正常的喜剧性气氛,从而把"寻找偶像"的主题推向了另一个更加困难的"重组"过程。在这个意义上,正像人们对军事题材影片的"接受"意味着是对偶像重组的某种心理偏离一样,《早春二月》的"知识分子形象"显然也不外乎是重建信仰的另一次偏离。只有在电影《列宁在十月》中,"寻找"才真正由"正题"、"反题"走向最后的合题,虽然相当困难但最终还是完成了自己的文化使命。一个"无独有偶"的现象是:当时的中学生都无一例外地抨击"苏修",认为它背叛了十月革命,但却仍然不约而同地对列宁怀着一种罕见的敬意。看到了革命家列宁所说的三类人:安于奴隶地位的奴隶,处于奴隶地位却渴望爬上奴隶主地位的奴才,为改变非正义奴隶制而斗争的革命家。在这里,对偶像的崇拜超越了政治层面,而开始了对文化信仰的盲目寻找。

显然,联系当时中国社会的现状,"看电影"虽然带有一定的时尚性,但又不是一个无关痛痒的文化时尚,它不仅以人们熟悉的方式呈现着社会现实的杂音,而且以相当直接的方式传达着青少年心中的

---

① 劳班《峥嵘岁月》,《1966:我们那一代的回忆》,中国文联出版公司,1998年。
② 秦晖《沉重的浪漫》,《1966:我们那一代的回忆》,中国文联出版公司,1998年。

一份迷茫和隐痛。它表现为"精神的危机",表现为"文革"时期人们不得不面对的精神领域的匮乏,因而迫切需要一个又一个可以填充这种匮乏的英雄形象。这种似乎有些饥不择食的精神文化渴求,当然也寄托着对更加迷茫的未来的想像。其实,对处在青春期的人们来说,无论在任何时代都有一个"寻找偶像"的人生主题。只不过有的寻找的是文艺、体育明星,有的寻找的是政治文化明星而已,它们的价值趋向虽然存有差异,但其"人生的形式",却不能说有真正的天壤之别。或许在另一个时空中,我们还会与60年代电影中的英雄偶像相逢,只是那时我们面对的是与今天不尽相同的解读。

附　录

在两个世界之间
——周扬与当代文学

一

1949年后,周扬不再以文人身份,而是以文化界领导人的身份,正式登上了中国新文学的历史舞台。1949年7月2日,全国第一次文代会在北京召开,周扬与郭沫若、茅盾并列为大会主要报告人。之后,他担任了一系列重要的职务。周扬这些新的"社会身份",不仅意味着他文学家生涯的重大转变,也意味着他与中国当代文学关系的重大变化。他个人的命运,将和当代文学的历史紧紧联系在一起。

对周扬批评理论实践中出现的新变化,有人曾做过这样的概括,"周扬的批评理论更多表现为政治实践的形态,具有更鲜明的党派性。他长期担负文化领导工作,是中共首屈一指的理论权威,他的文学理论批评往往直接承担对党的文艺政策的阐释,他的主要职责之一便是根据特定的革命政治的需要而有侧重地解说、宣传与运用马克思主义文艺理论与毛泽东的文艺思想",因此,"很难只以其文论其人"。"因为'其文'多是政策性的产物,'其人'也往往以党的文艺政策的制订者与解释者的身份出现,他自觉不自觉总是要调整或隐退自己的理论个性,去适应服从政策性与党性,也就是通常所说的'个人服从组织'"。① 这种性格,不仅自然而然地渗透到他的思想行为中,更渗透到批评理论的立场、倾向和风格之中。50年代,周扬直接参与或领导了对胡适、胡风、丁玲、冯雪峰等右翼或左翼文人集团的批判和思想整肃。这些批判,显然都不是正常的文学批评,也缺乏起码的学理逻辑。例如批判胡适,贯穿着对"五四"新文化运动民主和科学精神进行"社会主义改造"的文化策略;批判胡风、丁玲和冯雪峰,则出于激进文化对"文化部门"进行"改组"②的需要。1954年,在为批判胡适撰写的长文《我们必须战斗》中,他把胡适"红楼梦研究"的方法论概括成"美国资产阶级主观唯心论——实用主义",并割裂"五四"与现代文学的历史联系,回避胡适在"五四"新文化运动中的巨大作用,做出了其"政治上"和"学术思想上"是"反动"的这种粗糙而武断的结论。③ 在批判所谓胡风"反党集团"的斗争中,周扬以毛泽东的《讲话》和俄共1925年的《关于党在文艺方面的政策》为"思想武器",把胡风的文艺观点判定为"借此解除马克思主义的武装"。④对丁玲、冯雪峰的批判,是继胡风之后对左翼文艺阵营的另一次改组。在此过程中,周扬按照"上面"的布置多次组织"批判会",直至动用"组织处理程序",致使这两位30年代左联时期的老战士、老作家,身心受到了很大伤害。"一些人高呼'打倒反党分子丁玲'的口号。气氛紧张,声势凶猛","丁玲站在讲台前,面对人们的提问、追究、指责和口号,无以答对。她低着头,欲哭无泪,要讲难言,后来索性将头伏在讲桌上,呜咽起来"。⑤ 另一部研究著作则这样谈到冯雪峰被"开除出党"时的情形:在经过无数次严厉揭发批判之后,"邵荃麟反复暗示过,只要他按照周扬的口径承认错误,'为了党的利益'牺牲自我,就可保留党籍,当他按周扬的要求作了一切而终被开除党籍

---

① 温儒敏《中国现代文学批评史》,第179页,北京大学出版社,1993年。
② 费正清主编《剑桥中华人民共和国史》,第675页,上海人民出版社,1992年。
③④周扬《我们必须战斗》,《文艺报》1954年第23、24号合刊。
⑤ 李之琏《不该发生的故事》,《新文学史料》1989年第3期。

时,就觉得受了骗","几次在办公室里哭泣过,诉说过自己被'说服'的过程"。① 出于"为贤者讳"的善意,人民文学出版社1985年出版的《周扬文集》第2卷抽掉了若干在80年代已"不合时宜"的文章,但即使如此,仍然为读者保留了历史的基本风貌,为人们研究周扬1950到1957年间的思想文化性格,提供了一个不可多得的文本。在总共32篇文章中,代表上级部门的"报告"、"讲话"、"发言"和"祝词"占26篇,信札1封,文艺论文5篇。即便寥寥可数的这5篇论文,也多是根据"形势"、按照文艺政策的"口径"撰写的,几乎没有自己的理论个性和对文艺作品的独特见解。从上述文章的修辞风格看,属于文艺性并略带形象性的政治报告,给人一种站在"正确"立场,以居高临下的理论权威姿态对整个文艺界讲话的印象。其一,贯穿着非个人化的权力话语。周扬是以文艺政策主要发言人,而非以纯粹文学理论家的身份写文章、做报告的,因此他必须压抑和排斥个人的见解、性情、态度,坚决和无条件地贯彻执行上面管理文艺工作的思想意图,并以"规范"和"压制"的方式实施落实。又因为,上级部门是国家权力的掌握者,因此它的话语最彰显的方式之一就是权力话语,这种话语在与其它话语的关系中,包含着等级制、不平等和强制的特征。例如,《怎样批判旧文学》、《坚决贯彻毛泽东文艺路线》、《社会主义现实主义——中国文学前进的道路》等。其二,文艺政策既要原则化,又应该具体化、明确化,否则就流于大而无当、空洞抽象,缺乏操作性。而避免空泛化必须借助特定时代的政治修辞,周扬的批评理论可以说是这方面的成功实践。他最喜欢使用而且出现频率颇高的政治性修辞是"思想斗争"、"阶级立场"、"革命与反革命"、"反动与进步"、"小资产阶级"、"政治热情"、"工农兵文艺"、"世界观改造"、"规律"、"教训"、"战斗"等等。这些本质化的词语以体现最高思想权威的意图为目标,具有服从政治实践并为之服务的自觉功能。《文艺思想问题》中的一段话颇具代表性:

---

① 陈早春、万家骥《冯雪峰传》,第528页,重庆出版社,1993年。

文艺作品要反映群众生活中最根本的东西,最本质的东西。什么是本质?本质就是斗争,阶级斗争与生产斗争,主要的是阶级斗争。

在长期的革命实践中,特殊的政治身份培养造就了周扬思想文化观念中的"特殊性格",同时,养成了他带有"50、60年代"鲜明特征的政治性写作。这种写作构成了周扬这一时期文学批评的基调。巴尔特在其名文《写作的零度》中曾十分精辟地指出"政治写作"的特点、目标和历史归宿。他认为,它"负有一蹴而成地将现实行动和理想目标结合起来的任务","正是这种写作的词汇的同一性才能形成解释的稳定性与方法的持久性",因为,它最终希望的是自己的语言变成一种"价值语言"。而且,它"可以通过精心制作的含糊,既包容一种存在,又具有权力的显现,既表明它是什么,又表示它让人相信的是什么"。但巴尔特断言,"这些写作在总体上是毫无出路的",因为它指向的是"异化"。① 当然,周扬这种文化性格的形成,有其历史和现实的复杂性,需要进一步审慎地分析和研究。

二

但周扬毕竟是文人,在骨子里有文人的人格和情操。他还是我国著名的、理论素养深厚的马克思主义文学理论家,在他理论体系的形成过程中,中国古典文学遗产和俄国民主主义革命时期的文学理论,在多种渠道的"影响"和"接受"中占有不可忽视的位置。他是文艺家中的政治家,又是政治家中的文艺家,虽然参与或组织了政治批判运动,但内心深处不可能完全对许多有才华、有文学贡献的老作家和解放后的青年作家的蒙难无动于衷;他党性很强,把服从和执行党的文艺政策看做一种天职,以他的文学修养和对文学的深刻见解,不

---

① 引自伍蠡甫、胡经之《西方文艺理论名著选编》下卷,北京大学出版社,1987年。

会看不到推动当代文学发展中的主观唯意志论的偏激和危害,这使他在执行过程中又陷入到矛盾、被动和无能为力的痛苦之中。这就是另一个周扬,另一个值得观察的"周扬的世界"。

1949年到1966年,是周扬领导当代中国文学的"十七年"中运动最为频繁,一直处于激烈斗争旋涡之中的一个阶段。于是,"运动中"的周扬,就成为一个非常值得探讨的有价值的问题。对周扬的"评价",在某种意义上可以说是对当代文学史的评价:一种是"周扬派"的意见。张光年说:"他太缺少友情,在历次运动中,有些情况本来可以较早地对我们这样的人有所提醒,但他没有。他对上面的东西,无论是对的错的,太忠实了,无条件地全盘接受,而且雷厉风行地执行。""在运动中他也想保护一些人,不想扩大化,但如果上面有指示,尽管想不通他也执行。"但他又能从更深层次上"理解"周扬的"处境":"在'以阶级斗争为纲'的年代,党内斗争本来是残酷的,经常的,而文艺界更是敏感的麻烦的地带。周扬何以领导这些斗争?何以自斗斗人?何以自危中自保自励?何以推进自己看重的工作?这需要很大的自持力。"①一种是"胡风派"的意见。胡风曾说:"二十年前,周扬同志是把我看成政治敌人的,解放以来,尤其是在这两年(笔者按:指50年代初),周扬同志是直接判定我是文艺上的惟一的罪人或敌人的。"②绿原认为胡风解放后"境遇"的急转直下,跟周扬有极大关系,"周扬的战斗号召发布之后,胡风立即陷入了一片鼓噪之中"。③ 另一种是毛泽东的意见。解放前,周扬一直深得毛泽东的信任,但"在1949年之后的一次次政治运动中,他几乎一开始总是受到毛泽东的批评"。④ 1953年,毛严厉批评周扬"政治上不开展";1963

---

① 王蒙、袁鹰主编《忆周扬》,第16、17页,内蒙古人民出版社,1998年。
② 《胡风自传》,第311页,江苏文艺出版社,1996年。
③ 晓风编《我与胡风——胡风事件三十七人回忆》,第542页,宁夏人民出版社,1993年。
④ 李辉《摇荡的秋千——关于周扬的随想》,《往事苍老》,花城出版社,1998年。

年,毛泽东在关于文艺的批示中指出,"许多共产党人热心提倡封建主义和资本主义的艺术,却不热心提倡社会主义的艺术",不点名地批评了周扬;1965年,毛又指责他对"资产阶级知识分子"手软,对夏衍、田汉"下不了手",从此,就不再信任他。上述意见从不同角度描绘了处在50、60年代政治运动旋涡中的周扬的"形象"。对传统的共产党人和文艺理论家的周扬来说,精神的痛苦和尴尬莫过于:对革命事业忠心耿耿,但思想上常常又跟不上"形势"的急速发展与变化莫测;他真诚地崇拜毛泽东,无保留地追随和执行毛的政治理想与文艺政策,在"文革"中,他却被诬蔑为"反对毛泽东思想的罪魁祸首"——直到晚年,他都深信那只是个"误会"。应该说,这是革命者在"理想"与"实践"之间的二难处境,也是50、60年代周扬个人命运的真实写照。

对现实一向敏感的周扬不可能不知道,在当时的时代语境中,主张当代文学继承与批判性地吸收中国古典文学和俄国民主主义革命文学理论的丰富营养,在政治上是"不合时宜"的。在中国左翼文艺运动中,周扬通常被认为是毛泽东文艺思想的主要阐释者,和"十七年"文艺政策的主要制订者、实施者。事实上,他在对中国式革命文学的理解上,与毛泽东的认识却经常存在着偏差。《讲话》发表之前,他在延安鲁艺推行后来被批评为"关门提高"的文学教育,把"五四"以来的新文学作品,西欧、俄国18、19世纪的批判现实主义作品,列为学生的"必读书"。之后,他虽然弥合了与《讲话》的距离,谨慎而努力地与毛保持了一致,但此间发表在《解放日报》的《文学与生活漫谈》,推崇的却是胡风的主观对客观"突入"和"融化"的观点,和王国维式的"清澄如水,洞澈万物"的艺术心境和创作境界。1958年后,毛泽东进一步提倡脱离现实生活的从观念到观念和政治乌托邦式的文化理想,提倡"革命浪漫主义"与"革命现实主义"相结合的创作方法,号召工农兵"破除迷信"进入文学领域。周扬在紧跟这些激进的文化主张和举措的同时,也对这种文学路线感到了忧虑。12月,在一篇题为《文艺与政治》的讲演中,周扬批评了文艺服务政治问题上的"庸俗化"理解,也不同意把文学作为政治工具的看法,并认为文艺复兴、启蒙运动和19世纪批判现实主义是人类近代文艺的三座高峰。60年代初,周扬和邵荃麟等利用极左路线暂时受挫,国家在政治、经济和文化领域全面"纠左"的有利时机,开展了一系列进一步离开毛激进的文艺路线的举动。例如,主持制订《文艺八条》、全国高等院校文艺教材编写,筹措并参与批评文艺"左倾"的"新侨会议"、"广州会议"和"大连会议"等,在《文艺报》、《人民日报》发表《题材问题》、《为最广大的人民群众服务》的"专论"和"社论"。在批评文艺简单依附政治观点的同时,他还在多种场合强调文学创作的发展应该建立在对人类文化遗产继承的基础上。而提倡继承文化遗产,目的还是强调文学规律和作家在题材、风格上一定的自由度,这和周扬注重用生动、丰富的艺术形象服务现实斗争的一贯思想,是一脉相承的。他曾尖锐地指出:

文学艺术创作上的概念化、公式化倾向之所以不容易克服,还由于一种把艺术服从政治的关系简单化、庸俗化的思想作祟。

文学艺术区别于其他观念形态的根本特点是借助于形象来表达思想,没有形象,就没有艺术,而形象是只能从生活中吸取来的。我们的有些文艺工作的领导者和不少的作家,却往往不理解艺术的这个根本特点。他们离开艺术形象的真实性去追求抽象的政治性,不去要求作品创造有典型性的、有生命、有性格的人物,而只要求作品中的人物作某种思想的简单的传声筒;其结果,人物不是在一定环境中自然地、合乎规律地行动着、发展着的活生生的人,而是听凭作者任意摆布的傀儡;思想不是渗透在作品的艺术组织当中,而只是一些硬加到作品中去的抽象的议论。①

这些言论和行动,不单疏离了激进文学思潮,反而靠近了他原先对手胡风、冯雪峰的立场,这就为周扬后来的悲剧埋下了伏笔。但是,如果仅仅从表面上,而不在深层次和思想的逻辑上展开分析,就

---

① 《周扬文集》第2卷,第242~243页,人民文学出版社,1985年。

不可能真正走进周扬的世界。毛泽东是政治家,他极其在意的是"意识形态"在社会中的作用,文学当然优先被他纳入政治运作的轨道。周扬说到底是一个文人,像大多数中国传统文人一样,他有自己固执而坚定的文学理想,自然也不愿意在文学完全变成政治"附属品"的问题上彻底让步。老作家黄秋耘认为,周扬和邵荃麟几乎是不谋而合,他们内心的主要矛盾,"是作为一个知识分子的正直的良知,和正统的马克思主义之间的矛盾","作为一个作家、一个高级知识分子的良心、良知,同作为一个共产党员的严格的纪律、铁的纪律之间的矛盾",而且"总是摆脱不开"。①

三

"文革"中,周扬在监狱中被关押达 10 年之久。1983 年,经过长期而痛苦的思考,他在几个人的协助下,完成了对当代文学的思想解放影响很大的长篇论文《关于马克思主义几个理论问题的探讨》,提出了社会主义条件下的"异化"问题。周扬重提的"异化"理论,是导向人道主义的"出海口"。他着重强调马克思主义与人道主义的关系,肯定文艺复兴以来人道主义思潮对人的解放和文艺发展的历史进步作用,包含着对历史上长期处于统治地位,而且给国家、民族和个人的精神发展造成极大损害的极左路线的深沉反省。80 年代中期文学理论和创作出现活跃的空气,越来越多的人热烈地探讨当代文学中的人道主义和人性等问题,不能说与这篇论文的深刻启发没有关系。

有人认为:"应该看到,周扬还是属于在五四时代的历史熏陶中成长的一代。身上有着人道主义乃至个人主义的影响。特别是作为

---

① 黄伟经《文学路上六十年——老作家黄秋耘访谈录(节选)》,《作家文摘》第 391 期,2000 年 8 月 1 日。

一个对艺术有独到见解、对俄罗斯文学的民主传统有一定了解的文人。"①但周扬毕竟又与同龄人巴金、老舍和曹禺等在人生道路和文化选择上有很大不同。在他的批评理论中,"从属论、形象论与本质论"作为一条线索,对人性和人道主义的探索作为另一条线索,是彼此交叉、相互矛盾的。由于中国革命的胜利,周扬由具有革命色彩的文人而成为文艺政策的推行者,后者因此受到前者的压抑,逐渐退出了他的批评话语系统;由于"文革"中的曲折经历,周扬对人性和人道主义的探索重新活跃起来,并占据了他批评活动的主导地位。周扬一生的文学批评活动,实际浓缩着半个多世纪中国现当代文学思想论争的历史。

在"红色的 30 年代",周扬没有来得及形成自己的批评理论,他的文学活动主要在译介国际无产阶级文学的各式理论和组织领导左翼文化运动这两个方面。不过,处在"文化围剿"因而特别渴望激烈反抗的政治背景中,周扬的注意力很自然会集中到文学的组织功能和政治煽动上,而对其它功能有所忽视。1929 年前后,他最为欣赏的是美国左翼作家辛克莱的名言:"一切的艺术是宣传,普遍地不可避免的是宣传;有时是无意的,而大抵是故意的宣传。"于是,"三论"便成为支配他文学批评的思想出发点。所谓从属论,即认为文学是从属于政治的,文学的主要功能是政治性的宣传教育,所以革命文学必须为特定的革命政治服务。他指出,"在广泛的意义上讲,文学自身就是政治的一定的形式",继而认为,"作为理论斗争之一部的文学斗争,就非从属于政治斗争的目的、服务于政治斗争的任务之解决不可"。② 作为职业革命家和左翼批评家,周扬在本阶级的生死关头偏重从政治角度解释文学,是有其"历史合理性"的。但革命毕竟还没有取得"合法"的地位,在当时文坛总体气氛的制约和影响下,周扬的

---

① 李辉《摇荡的秋千——关于周扬的随想》,《往事苍老》,花城出版社,1998 年。
② 《文学的真实性》,《周扬文集》第 1 卷,第 67 页,人民文学出版社,1984 年。

文人气质决定了他必然会对革命文学产生"形象性"的要求。周扬主张文学服从于政治,但又不否认两者的差别,认为文学与政治最大的不同点,是"通过形象去反映真理"。① 值得提出的是,周扬虽然认为文学是活生生的人和生活的表现,须经过作者独特的生活体验和感受,却又不承认作家的主观情感在创作过程中的主导作用。这就牵涉到他对文学"本质论"的认识。因为在他看来,"本质"体现的是历史发展的必然规律,具体地说,就是革命的目标与方向。在他的立论中,"题材"和"立场"占据了醒目的位置。一、他认为题材"含有积极的进步的(重大的)"特点,只有积极的题材才能保证积极的主题,进而揭示出社会的本质。二、作家在创作过程中所持的"辩证法的唯物论"的立场,是在其作品中体现"必然的本质的东西"的前提。② 然而,正如顾骧所指出的:"历史感是周扬理论活动的基本特点,也常常是他理论活动的深刻之处。"③处在五四新文化运动以个性自由、个性解放为主调的大时代环境中,周扬不可能将自己的敏锐思考置于"时代"之外。当他作为职业革命家通过文艺参与革命斗争的同时,也难以避免地参与到新文学几个基本母题的思考和建设之中。而人性和人道主义,就是其中一个活跃的"亮点"。1937 年,在《论〈雷雨〉和〈日出〉》中,他就指出过:"能够动摇这个基础(指周朴园的社会基础——引者),彻底毁坏封建势力,把人性解放出来的就只有下层人民。"④在这里,着眼点是"人性的解放"。由于众所周知的原因,延安"整风"中的周扬不得不针对王实味的观点把"人性论"批判了一通,从此开始远离人性论。但在内心深处,他仍然把人性作为思考文学复杂问题的一个特殊角度,这种精神矛盾,在 1946 年写作的《"五四"

---

① 《文学的真实性》,《周扬文集》第 1 卷,第 67 页,人民文学出版社,1984 年。
② 同上,第 70 页。
③ 顾骧《此情可待成追忆——我与晚年周扬师》,《忆周扬》,内蒙古人民出版社,1998 年。
④ 《周扬文集》第 1 卷,第 204 页,人民文学出版社,1984 年。

文学革命杂记》中有充分的反映。表面上看,随着革命向中国腹地的进一步推展,也随着解放后周扬"官阶"的逐步上升,"人性"问题的探索受到"三论"压抑而退出了他思考的领域。但其实,上述精神矛盾仍然顽强地在他的文学世界中时起时伏地延伸着、挣扎着,没有真正地消失。王若水回忆,在60年代初,周扬本来是批评人道主义的,但1963年10月26日他在中国科学院社会科学部委员会扩大会议上讲话时,"首次论及异化概念"。① 温济泽也在一篇文章里证实:"我知道周扬对'异化'和'人道主义'问题是早有研究的","我查找到1963年12月出版的《红旗》杂志上,有周扬在中国科学院哲学社会科学部委员会第四次扩大会议上的讲话《哲学社会科学工作者的战斗任务》,其中早就讲过有关'异化'和'人道主义'的问题。"② 周扬的"研究"显然潜藏着一个"背景"和"前提"。1957到1962年,"阶级斗争"不仅在全社会,更在文艺界"迅速升温",甚至有愈演愈烈的趋势。这些以政治简单取代文学的激进观点,不可能不使周扬产生深深的忧虑,并与他的"形象论"和关于"异化"和"人道主义"的批评理论发生抵触,产生激烈的内在冲突。他的"异化"和"人道主义"理论,是含有明显的现实针对性的。然而,正是这一与权威意识形态存在明显分歧与冲突的思考,最终把周扬推向了"文革"的"祭台"。

　　做出这样的探索,对于周扬并不是一件易事。50年代以后,"异化"一直是当代文学发展中的一个敏感问题。文学异化既涉及到作家的价值观、世界观等重要层面,也涉及主题、题材、风格和语言等领域,当代文学每一次对"异化"现象的质疑,都会成为引发下一次政治运动的导火索。周扬是意识形态在文艺方面的代言人,同时又是中国左翼文学运动的领导人之一,这一探索与苏联"拉普派"的文学理论,与世界范围内无产阶级文学运动的前途命运有极其密切的关系。因此,周扬对"异化"和"人道主义"问题的探索,反映了当代中国作家

---

①　王若水《周扬对马克思主义的最后探索》,《忆周扬》,内蒙古人民出版社,1998年。

②　温济泽《历史新时期的周扬》,《忆周扬》,内蒙古人民出版社,1998年。

对革命文学的重新认识和积极思考,他的思想触须实际已深入到无产阶级文学在20世纪世界文学中的价值、地位和成败得失等根本性的层面。

四

在上述前提下,如何重新认识历史环境与个人的关系,认识"当代条件下"的周扬的文化命运,以及这一命运对当代文学的意义等,是一些非常值得探讨的问题

与周扬同时期的马克思主义文艺理论家瞿秋白,在《多余的话》中对自己的一生曾有过这样的剖白。他说:

> 我自己忖度着,像我这样的性格、才能、学识,当中国共产党的领袖确实是一个"历史的误会"。我本是一个半吊子的"文人"而已,直到最后还是"文人结习未除"的。对于政治,从一九二七年起就逐渐减少兴趣,到最近一年——在瑞金的一年实在完全没有兴趣了。……这真是十几年的一场误会,一场噩梦。我决不推托,也决不能用我主观的情绪来加以原谅或者减轻。我不过想把真情,在死之前,说出来罢了。①

从这个特殊角度研究周扬的一生,肯定是缺乏说服力的。不过,作为政治家群体中的"书生",而且结局很难说得上是尽善尽美,他的人生道路,他与中国革命及其文学的关系,同瞿秋白的确又有很多相似之处。周扬对马克思主义文艺理论与中国革命文学相结合这一艰难曲折目标的追求,大致经历了四个时期:译介与探索期(1933~1942),思想转折期(1942~1949),服从和矛盾期(1949~1966),重新思考与个性觉醒期(1966~1989)。20世纪是革命的世纪,也是一个

---

① 保罗·皮科威兹《书生政治家——瞿秋白曲折的一生》,第247、248页,中国卓越出版公司,1990年。

矛盾与分化的世纪。思想与观念在这个世纪呈现出多元发展的趋势。在文艺理论和美学领域,则出现了结构主义、马克思主义、接受美学和符号学四大流派。其中,马克思主义文论是历史最久、影响范围最大的一个学派。但马克思主义文艺理论本身并不是一个统一的整体。由于面对的是不同的文艺对象和问题,各个国家和民族历史文化的差异,马克思主义文艺理论在西欧、俄国、日本和中国的"接受"出现了分化的趋势。在苏联马克思主义文艺理论、西方马克思主义文艺理论之后,中国马克思主义文艺理论是另一个新崛起的学派。在马克思主义文艺理论传入中国并与革命文学逐步结合的过程中,鲁迅、瞿秋白、冯雪峰、胡风和周扬发挥了不可替代的作用。鲁迅、胡风、冯雪峰在译介马克思主义文艺理论方面作出了突出贡献,但相对而言,他们译介较多,在实践中的运用则较少;瞿秋白、周扬在译介之外更偏重于运用。当周扬进入当代中国政治舞台之后,更是直接依据他的理论来制订相应的文艺政策,从而把文艺政策变为自己理论的实施。鲁迅、瞿秋白们未竟的事业在周扬手中取得了成功,并推向了现实的极致;但在中国马克思主义文艺理论学派中,却没有人能想像和经历周扬后来的矛盾和尴尬。

若从个人素质和情趣看,周扬完全可以不去走现在这条路。《巴西文学概论》(1931)、《现实主义试论》(1936)、《我们需要新的美学》(1937)、《论〈雷雨〉和〈日出〉》(1937)等一批令人刮目相看的论文、评论,译著《生活与美学》、《安娜·卡列尼娜》等,都使周扬无愧于现代文艺理论家、评论家、美学家、文学史家和翻译家的美誉。但他却没有沿着早期的道路走下去。从20年代末献身革命文学事业,到80年代中期他死前还遭受"批判"、被迫做"检查",周扬的文学道路曾经出现过一个大的转折。1937年到延安以前,他基本是一个文艺理论家、评论家、美学家和翻译家,虽然一度陷入宗派主义之争,但仍有着浓厚的知识分子气质。① 1938年，尤其是1942年以后，他的思想和生活出现了极大变化，逐渐减少的文艺论文、批评文章，与越来越多的报告和讲话形成了很大反差。全国解放后，一直到他逝世，他都尽力维持着僵硬的党的文艺理论权威的形象，没有人再会认为他是一个纯文艺理论家和翻译家。出现这样的变化，的确不失为一个引人深思的"现象"。其实，它最好的"注脚"，就在周扬1937年的一篇文章里："我们并不主张文学成为政治的附庸，但是两者的关系是不可否认的事实。在社会情势急激变化的时期，这种关系尤其明显……中国是在生死存亡的关头，每个有民族良心的作家都不能对于政治采取超然的态度。"② 在这个意义上，"良知"不失为探讨周扬人生道路"大转折"的一个关键词，也是今天认识50~70年代文学史所做出的那样不可理喻的文化选择的独特角度。由此可以认为，时代的"急激变化"是促使周扬脱离他早期道路而走上另一个轨道的最重要的原因。第二，一个无需避讳的原因是毛泽东的个人影响。1942年后，周扬与毛泽东的关系逐渐密切。毛泽东本来是一个具有坚定意志的人，革命领袖的威望和特殊地位，则使这种意志获得无限发展，无人能够比拟。凡在毛泽东身边工作的人，很难不受到毛泽东思想的影响和意志的左右。③ 于是，在这历史"时空"里，人们为周扬的"转变"而释然，在释然之后继而又陷入更深的"迷惑"之中：本来是不主张文学成为政治附庸的人，这之后不得不赞成和宣传文艺为政治服务；本来是车尔尼雪夫斯基"生活美高于艺术美"的忠实信徒，到后来却相信毛泽东的文艺作品中所反映的生活可以而且应该"比普通的实际生活更高，更强烈，更有集中性，更典型，更理想，因此就更带

---

① 从很多材料看，30年代的周扬是风流倜傥的。像上海的许多知识分子一样，他穿西服，系领带，着皮鞋，还爱去舞厅、咖啡厅、电影院，与朋友谈笑风生。
② 《周扬文集》第1卷，第228~229页，人民文学出版社，1984年。
③ 李锐《毛泽东的早年与晚年》，贵州人民出版社，1992年。

普遍性"①的说法;本来能认识到对于一个进步的优秀的作家不能以这样那样的题材强求他们,创作过程微妙而且复杂,如果从一个作家特殊的生活经验和作风用"卓越的形象"去表现生活,应该有一个相当的过程,但后来却置这些创作前提于不顾,专断地声称主题是确定的,文艺工作者应当而且只能写与工农兵群众的斗争有关的主题。文艺工作者所熟悉、所感到兴味的事物必须与工农兵群众所熟悉、所感到兴味的事物相一致……在长期艰苦有时甚至是充满风险的革命生涯中,周扬的"转变"也许是不知不觉、已经没有足够的反省能力的,但不妨又可以在他自己身上找到更复杂的原因。即使在"早期",周扬的审美观中就存在着急功近利的现实主义的另一面。由于怀着强烈的社会责任感和使命感,当时代、良知和领袖的意志要求转向政治时,尽管他内心有冲突和矛盾,但还是服从了思想的转变。因此,出现在人们面前的是两个截然不同的周扬,他的精神世界和文学世界是两个分裂的世界。

很显然,周扬所遇到的,是和瞿秋白几乎相同的"政治的怪圈"。正是因为这个怪圈,塑造了周扬和当代文学的双重精神人格与审美倾向。有人的回忆,为我们勾画了晚年周扬的"形象",在1982年前后的一个小说评奖会上,周扬说,"大概在某些作家当中,把他是看做政治家的,是'不讲良心'的,而某些政治家又把他当做艺术家的保护伞,是'自由化'的。说到这里,听众们大笑起来。然而周扬很激动,他半天说不出话来,由于我坐在前排,我看到他流出了眼泪。实实在在的眼泪,不是眼睛湿润闪光之类"。② 不能说周扬对此没有深刻的认识,但他和他的同时代人,实在又走不出那个思维的怪圈。他是精神上的"西西弗斯",永远都在重复而无望地推着那个巨大的石头。1983年,周扬借为《邓拓文集》作序的机会,分析了邓拓和自己的内心矛盾:

---

① 《在延安文艺座谈会上的讲话》,《毛泽东选集》第3卷,第861页,人民出版社,1991年。

② 王蒙《周扬的目光》,《忆周扬》,内蒙古人民出版社,1998年。

一个作家发现自己在思想认识上同党的观点有某些距离,这是一件痛苦的事。……在这种情况下,一个党员作家首先应当相信群众、相信党、以严肃认真、积极负责的态度向党陈述自己的意见,绝不可隐瞒和掩盖自己的观点,更不可把自己摆在党之上,以为自己比党还高明。另一方面,作家也应在党的正确方针和政策的引导下改变自己不正确的认识……从而在思想上政治上达到同党中央的认识一致。

应该说,这种痛苦的、困难的然而又非常坦率的精神剖白是真实的。这是一个参与和指导了当代文学建设,并为它制订了完备、严密的文学组织和创作、出版、发行制度,因而深刻影响了当代文学历史面貌的老共产党员、老知识分子,对自己一生和当代文学的精辟的总结。不能在历史之中"理解历史",就不可能理解这段话的真正含义,也不能走进和拥抱周扬复杂而丰富的世界,与当代文学进行富有历史成果的"对话"。因为,历史的真实性即在于,它已经发生过,而且还会以同样的方式在既定的轨道上运行下去。

主要参考文献

一 研究著作

1. 《周扬文集》第1、2卷,人民文学出版社,1984、1985年
2. 《毛泽东选集》第1～4卷,人民出版社,1991年
3. 罗荣渠主编《现代化理论与历史经验的再探讨》,上海译文出版社,1993年
4. 王蒙、袁鹰编《忆周扬》,内蒙古人民出版社,1998年
5. 《中华全国文学艺术工作者代表大会纪念文集》,新华书店,1949年
7. 朱寨主编《中国当代文学思潮史》,人民文学出版社,1987年
8. 葛兰西《实践哲学》,重庆出版社,1990年
9. 李锐《毛泽东的早年与晚年》,贵州人民出版社,1992年
10. 费正清《剑桥中华人民共和国史》,上海人民出版社,1992年
11. 晓风编《我与胡风——胡风事件三十七人回忆》,宁夏人民出版社,1993年
12. 保罗·皮科威兹《书生政治家——瞿秋白曲折的一生》,中国卓越出版公司,1990年
13. 叶永烈《姚文元传》,时代文艺出版社,1993年

14. 塞缪尔·P·亨廷顿:《变化社会中的政治秩序》,生活·读书·新知三联书店,1989 年

15. 苏双碧、王宏志《吴晗传》,上海人民出版社,1998 年

16. 林毓生《中国传统的创造性转化》,生活·读书·新知三联书店,1988 年

17. 马克思《资本主义生产以前各形态》,人民出版社,1956 年

18. 陈晋《毛泽东与文艺传统》,中央文献出版社,1992 年

19. 戴光中《赵树理传》,北京十月文艺出版社,1987 年

20. 高毅《法兰西风格:大革命的政治文化》,浙江人民出版社,1991 年

21. 《中华人民共和国开国文选》,中央文献出版社,1990 年

22. 邵荃麟《文学十年》,作家出版社,1960 年

23. 苏国勋《理性化及其限制——韦伯思想引论》,上海人民出版社,1988 年

24. 梅志《胡风传》,北京十月文艺出版社,1998 年

25. 李辉《往事苍老》,花城出版社,1998 年

26. 米歇尔·福柯《知识考古学》,生活·读书·新知三联书店,1998 年

27. 朱正《1957 年的夏季:从百家争鸣到两家争鸣》,河南人民出版社,1998 年

28. 刘淑春等编译《"十月"革命的选择》,中央编译出版社,1997 年

29. 《中华人民共和国电影事业三十五年》,中国电影出版社,1985 年

30. 寇立光、李玉芝《中国当代优秀电影欣赏》,山西教育出版社,1991 年

31. 徐友渔编《1966:我们那一代的回忆》,中国文联出版公司,1998 年

二 小说、电影、报刊

1. 小说:《红日》、《红岩》、《红旗谱》、《青春之歌》、《林海雪原》、《野火春风斗古城》、《暴风骤雨》、《太阳照在桑干河上》、《创业史》、《保卫延安》、《铁道游击队》、《战斗的青春》、《烈火金钢》、《敌后武工队》、《三家巷》、《艳阳天》、《金光大道》、《欧阳海之歌》等。

2. 电影:《南征北战》、《地雷战》、《地道战》、《列宁在十月》、《列宁在1918》、《海岸风雷》、《看不见的战线》、《小兵张嘎》、《红孩子》、《平原游击队》、《三进山城》、《停战之后》、《逆风千里》、《野火春风斗古城》、《白毛女》、《霓虹灯下的哨兵》、《红旗谱》、《三家巷》、《英雄儿女》、《铁道游击队》、《卖花姑娘》、《林家铺子》、《早春二月》等。

3. 报刊:《人民文学》、《文艺报》、《人民日报》、《光明日报》、《解放军日报》、《红旗》等。